本书为教育部高校示范马克思主义学院和优秀教学科研团队建设项目（优秀中青年思想政治理论课教师择优资助计划）"社会主义核心价值观引领网络流行文化的机制研究"（项目批准号：18JDSZK128）的阶段性研究成果

马克思主义与当代中国系列丛书

主　编：程京武　魏传光　陈联俊
编委会：程京武　柏元海　魏传光　陈联俊
　　　　张龙平　田　明　熊　辉　史　军
　　　　江传月　吴　昱　刘文艺

马克思主义与当代中国系列丛书

丛书主编：程京武　魏传光　陈联俊

社会主义核心价值观主导大众文化研究

任美慧　著

暨南大学出版社

JINAN UNIVERSITY PRESS

中国·广州

图书在版编目（CIP）数据

社会主义核心价值观主导大众文化研究/任美慧著. —广州：暨南大学出版社，2022.6

（马克思主义与当代中国系列丛书/程京武，魏传光，陈联俊主编）

ISBN 978 - 7 - 5668 - 3412 - 6

Ⅰ.①社⋯　Ⅱ.①任⋯　Ⅲ.①社会主义核心价值观—研究—中国②群众文化—研究—中国　Ⅳ.①D616②G249.2

中国版本图书馆 CIP 数据核字（2022）第 082930 号

社会主义核心价值观主导大众文化研究

SHEHUI ZHUYI HEXIN JIAZHIGUAN ZHUDAO DAZHONG WENHUA YANJIU

著　者：任美慧

出 版 人：张晋升
丛书策划：李　战
责任编辑：姚晓莉
责任校对：高　婷　黄亦秋　陈皓琳
责任印制：周一丹　郑玉婷

出版发行：暨南大学出版社（511443）
电　　话：总编室（8620）37332601
　　　　　营销部（8620）37332680　37332681　37332682　37332683
传　　真：（8620）37332660（办公室）　37332684（营销部）
网　　址：http://www.jnupress.com
排　　版：广州市天河星辰文化发展部照排中心
印　　刷：佛山市浩文彩色印刷有限公司
开　　本：787mm×1092mm　1/16
印　　张：19
字　　数：275 千
版　　次：2022 年 6 月第 1 版
印　　次：2022 年 6 月第 1 次
定　　价：69.80 元

总　序

　　党的十九届六中全会指出，马克思主义是我们立党立国、兴党强国的根本指导思想。马克思主义理论不是教条而是行动指南，必须随着实践发展而发展，必须中国化才能落地生根、本土化才能深入人心。马克思主义为什么能够在中国取得成功？这个问题的答案既来自于马克思主义本身，也来自于中国的实际，关键在于马克思主义能够与中国的实际相互结合！所以，对马克思主义与中国实际的结合研究关系到能否正确认识中国共产党为什么能、中国特色社会主义为什么好以及马克思主义为什么行。马克思主义为什么行是因为它指出了光明大道，只有沿着这条道路走下去，人类才有未来；是因为马克思主义理想不是空中楼阁，可以通过实实在在的努力去实现；是因为马克思主义理论随着时代的发展不断发展，始终保持着生机和活力。

　　当前世界形势动荡变革，多重因素叠加，给国际局势带来的不确定性大大增加，如何在多变的政治格局中站稳脚跟，坚定方向，是中国必须要面对和解决的问题。西方国家出现的自由之乱、民主之困、人权之苦，反映其价值理念存在缺陷，西方价值观已经失去了历史进步性，成为困扰西方社会发展的思想之源，要对其进行全面的批判性反思，才能找到革除弊病的良方善政。马克思在资本主义产生之始，就深刻地发现了资本主义制度的深层问题，穷其一生进行理论批判和实践革命，为全世界无产者和人类社会找到理想道路。无数的共产主义者选择马克思主义，并对其进行不断的推进和发展，取得了丰硕的成果，让马克思主义在不同时代发出理论光芒，照亮前行之路。中国共产党从一开始就将马克思主义写在旗帜之上，用真理的力量激励着千千万万的革命者抛头颅、洒热血，用生命书写出一篇篇壮丽的史诗，成就中国革命的伟业。无论是革命时期，还是社会主义建设时期，中国共产党都用其透彻的理论指引和实践探索证明其符合最广大人民群众的利益，不代表任何利益集团、权势团体和特权阶层的需要。从改革开放伊始，马克思主义与当代中国的结合更加深入，反映了马克思主义与中国实际的内在关联。改革开放取得举世瞩目的伟大成就，归根到底是坚持马克思主义治国理政的指导思想。中国特色社会主义道路取得巨大成功，就是由于坚持马克思主义的发展规律，脱离马克思主义与当代中国实际的结合，革命和建设事业就可能出现挫折和失误，这是历史经验教训的深刻启示。

作为马克思主义理论研究者，要将政治性与学术性相结合，既要确立正确的学术立场，破除长期以来对西方哲学社会科学理论的崇拜和模仿，坚持"四个自信"，也要善于从中国的实践中提炼中国理论，用中国理论来阐释中国实践，逐步形成中国实践与中国理论的良性互动机制，不断促进中国理论的升华，提升中国实践的影响。中国理论要及时回应中国实践的需要，不能隔靴搔痒、无病呻吟、自说自话、哗众取宠、画饼充饥，而要切中要害、入骨三分、发人深省、高瞻远瞩、凝心聚力，要在中国实践中推动理论自信，体现中国理论的主体价值，将理论价值转化为主体自觉，在无数个体的中国实践中发出中国声音，引领世界的价值走向。理论与实践转化越通畅，越能给社会发展带来正面效应。中国理论与中国实践的相互转化要经过自上而下的动员机制和自下而上的提炼机制。从动员机制来说，要破除西方理论中心论和功利主义的价值追求，将当代中国马克思主义、二十一世纪马克思主义作为中国理论的指导思想，站稳理论立场。从提炼机制来说，要防止经验主义和事务主义倾向，注重把握实践的价值导向。

暨南大学马克思主义学院始终坚持"马院姓马，在马言马"的政治导向和办学原则，为巩固马克思主义在意识形态领域的指导地位，不断推动马克思主义与当代中国的紧密结合，开展了大量研究工作。一方面是回到马克思主义经典著作，从经典作家的思想中寻找理论根基，廓清理论迷雾，拨开理论谜障，展现理论魅力；另一方面是紧密联系当代中国社会发展，从现实社会问题中寻找实践依据，搜集实践资料，提炼实践规律，推动实践发展。经过多年的努力，取得了系列成果，获批多项国家级重大项目，在国内权威期刊连续发表高质量学术论文，思想政治理论课教学取得了良好成绩，马克思主义理论学科排名持续上升，在国内产生了一定的学术影响，体现出暨南大学马克思主义学院教师的学术素养和学术水平。本套丛书展现了学者研究风貌的不同视角，希冀同行专家批评指正。

主　编

2022 年 3 月

序

习近平总书记《在文艺工作座谈会上的讲话》中指出："文艺是铸造灵魂的工程，文艺工作者是灵魂的工程师。好的文艺作品就应该像蓝天上的阳光、春季里的清风一样，能够启迪思想、温润心灵、陶冶人生，能够扫除颓废萎靡之风。"社会主义核心价值观与文化的关系问题是中国特色社会主义文化建设的重要问题，也是社会主义核心价值观培育与践行的重要问题。任美慧博士的《社会主义核心价值观主导大众文化研究》一书，以大众文化为聚焦点，探索了社会主义核心价值观同文化的关系。

《社会主义核心价值观主导大众文化研究》一书以大众文化发展的价值观困境作为着力点，聚焦于社会主义核心价值观主导大众文化发展的价值导向；以马克思主义意识形态主导性理论为基础，创造性地提出了社会主义核心价值观主导大众文化发展的宏观、中观、微观三个向度。这些探索不仅丰富了社会主义核心价值观培育和践行的理论理解，而且也拓宽了对思想政治教育文化载体的认识；不仅进一步探索了建设社会主义文化强国、提升文化软实力的相应举措，而且进一步探索了维护国家意识形态安全的相应措施。本书坚持问题导向，对中国大众文化价值取向的历史嬗变进行了系统梳理，指出了新时代大众文化发展面对的价值观困境，为社会主义核心价值观主导大众文化发展提供了有效的铺垫。本书遵从理论逻辑、实践逻辑与历史逻辑相统一的研究方法，以如何实现社会主义核心价值观主导为出发点和落脚点，在总结中国大众文化价值观误区的基础上，创新性地提出社会主义核心价值观主导大众文化发展的实践路径。

文化是不断发展的，大众文化也是日新月异的，如何以社会主义核心价值观主导大众文化的发展是一个值得不断探索的话题。预祝作者在今后的研究中不断取得新的收获。

李辉

2022 年 6 月

目 录

CONTENTS

绪　论

一、问题提出及研究意义

（一）问题提出

习近平总书记《在文艺工作座谈会上的讲话》从实现中华民族伟大复兴需要中华文化繁荣兴盛、创作无愧于时代的优秀作品、坚持以人民为中心的创作导向、中国精神是社会主义文艺的灵魂、加强和改进党对文艺工作的领导五个方面系统论述了文艺与价值观的关系，为研究新时代大众文化的社会主义核心价值观主导提供了重要的理论借鉴。党的十八大以来，习近平总书记在多次重要讲话中都有关于社会主义核心价值观、文艺工作等的论述，形成了关于社会主义核心价值观引领文艺工作的重要思想。

文化是培育和践行社会主义核心价值观的重要载体，价值观又是文化的内核。中国特色社会主义进入新时代，大众文化日渐成为影响人们思想和行为的显文化，渗透到经济、政治和日常生活等领域。伴随着改革开放带来的快速发展，市场化、全球化、信息化等时代特征交织作用，大众文化与社会主义核心价值观的关系也日渐复杂，集中表现为：文化繁荣与大众文化乱象并存，承载不同价值观的文化形态交融交锋更加明显，网络大众文化异军突起对人们的影响力度日益加大。因此，如何用社会主义核心价值观引导大众文化健康发展？如何在繁荣和发展大众文化的进程中彰显社会主义核心价值观的主导性？如何利用大众文化这个载体培育人的价值观，实现文以载道与以文化人的辩证统一？这些成为亟须回答的理论问题和现实问题。

（1）中国特色社会主义进入新时代，实现中华民族伟大复兴需要繁荣和发展大众文化，社会主义核心价值观引导大众文化发展的前进方向。

党的十八大以来中国特色社会主义进入新时代，我国社会主要矛盾已经转化为人民日益增长的美好生活需要和不平衡不充分的发展之间的矛盾。人民对美好生活的需要包含了精神文化生活需要，大众文化日益成为一种显力量，对人民的精神文化生活具有重要的作用。实现中华民族伟大复兴的"两个一百年"奋斗目标，文化大繁荣大发展是客观要求。文化在市场化的进程中成为产业，纳入经济发展的指标体系之内。文化产业在现代产业中所占比重不断增加，反过来推动了文化市场化的进程。由此，文化不仅成了产品，也成了商品。作为产品和商品的文化，其质量如何，成为不可回避的问题。对于这种现象，习近平总书记《在文艺工作座谈会上的讲话》中进行了客观论述，他说，改革开放以来，我国文艺创作迎来了新的春天，产生了大量脍炙人口的优秀作品。同时，也不能否认，在文艺创作方面，也存在着有数量缺质量、有"高原"缺"高峰"的现象，存在着抄袭模仿、千篇一律的问题，存在着机械化生产、快餐式消费的问题。在有些作品中，有的调侃崇高、扭曲经典、颠覆历史，丑化人民群众和英雄人物；有的是非不分、善恶不辨、以丑为美，过度渲染社会阴暗面；有的搜奇猎艳、一味媚俗、低级趣味，把作品当作追逐利益的"摇钱树"，当作感官刺激的"摇头丸"；有的胡编乱写、粗制滥造、牵强附会，制造了一些文化"垃圾"；有的追求奢华、过度包装、炫富摆阔，形式大于内容；还有的热衷于所谓"为艺术而艺术"，只写一己悲欢、杯水风波，脱离大众、脱离现实。[①] 大众文化在满足人们日益多元化、个性化的精神

___
① 习近平. 在文艺工作座谈会上的讲话 [N]. 人民日报，2015 – 10 – 15.

文化需求的同时，也出现了低俗、庸俗、媚俗的"三俗"现象，存在着只追求经济利益而忽视社会效益等问题，为了保证文化产品和文化商品不至于在市场经济大潮中迷失方向，就需要研究社会主义核心价值观主导大众文化市场的问题。

（2）中国特色社会主义进入新时代，培育和弘扬社会主义核心价值观是凝魂聚气、强基固本的基础工程，大众文化是社会主义核心价值观宣传教育的重要文化载体和文化场域。

文以载道，是文化的基本职能。社会主义核心价值观是新时代中国特色社会主义建设的大德，是凝聚人心的价值共识。社会主义核心价值观大众化的进程需要大众文化的承载，进而内化为个体意识。社会主义核心价值观的传播和践行需要采用社会动员等方式获得认知，也需要以大众文化为载体进行渗透。日常生活的主导价值观渗透可以通过大众文化产品的创作、生产、传播、消费等途径和渠道进行，反过来，大众文化通过日常生活对人产生教育作用、熏陶作用、感染作用，人在受到大众文化的价值冲击与洗礼的同时，也影响和改造大众文化的价值内核，人的精神需求和物质需求调节、规范、引导大众文化的发展方向和发展趋势，因此，这是一对矛盾的结合体，辩证统一于社会主义文化建设的全过程。面对西方多元文化思潮的冲击、西方话语体系的强势地位，维护马克思主义在我国意识形态领域的一元主导地位需要有强烈的使命感和责任感，维护我国的传统文化安全也是我们义不容辞的责任。当今世界正经历百年未有之大变局，文化软实力在综合国力竞争中的作用越来越凸显，文化软实力的竞争已演变成核心价值观的竞争。日常生活中的核心价值观寓于大众文化之中，因此，大力发展文化产业和文化事业，就是要用社会主义核心价值观引导大众文化，使大众文化在满足社会效益的基础上不断追求经济效益。因此，把握大众文化的一元价值主导和多元价值整合是研究的主要任务，而社会主义核心价值观主导大众文化发展的方式、方法则是研究的难点和重点。"建设当代中国主导价值观、先进价值观，也就是建设中国特色社会主义价值观。它包含四个方面的要素：一是与社会主义的基本制度相统一；二是与中华民族文化传统相适合；三是与市场经济发展规律相吻合；四是与国家法律体系相配套，并把这四个方面创造性地结合和融会在一起。"① 因此，需要从大众文化发展的宏观、中观、微观等不同维度，从大众文化的现实问题出发研究社会主义核心价值观主导大众文化的实施路径。

（3）中国特色社会主义进入新时代，培养中国特色社会主义时代新人和合格建设者需要实现文以载道与以文化人的辩证统一，大众文化是实现以文化人、以文育人的重要文化形态。

文化是人类创造活动的结晶，核心就是人的价值观念。"价值观重要，在于它们如何引导社会行动。它们起这种作用的方式，是让人们理解周围世界现状，让人们知道为什么要在其中采取有意义的行动；指引人们的注意力评估过程（例如判断我们应当照料的是什么？）；给人们的行动提供社会认可的理由，可以按照大家共有的价值观向自己和旁人证明行动是有理的；还给人们提供一种社会认同的依据——例如，相信我自己是有精神价值的人，而不认同这些价值观的人则不是（邓德拉德 1991 年）。"② "价值观决定了'好'与'坏'的标准，因而与一定历史时期群体共同的理想、信念关系密切。它要解决的是'为什么做'的问题，是人的活动取向、导向问题。"③ 随着社会的开放发展，各种文化思潮相互碰撞、交融，即使同一社会由于不同历史阶段、受到不同地域文化的影响也会产生不同的价值观念。社会主义核心价值观是我们党和国家凝聚社会共识的最大价值公约数，与中国特色社会主义发展要求相契合，与中华优秀传统文化和人类文明优秀成果相承接，是增强社会主义道路自信、理论自信、制度自信的基石。

---

① 袁贵仁. 价值观的理论与实践：价值观若干问题的思考 [M]. 北京：北京师范大学出版社，2013：4.

② 塞缪尔·亨廷顿，劳伦斯·哈里森. 文化的重要作用：价值观如何影响人类进步 [M]. 程克雄，译. 北京：新华出版社，2010：196.

③ 袁贵仁. 价值观的理论与实践：价值观若干问题的思考 [M]. 北京：北京师范大学出版社，2013：1－3.

主导是指占主要地位，起主要作用，引领事物发展方向。核心价值观主导是指发挥价值体系中核心价值的主要作用和引领作用。不同的文化蕴含着不同的价值观，社会主义核心价值观是社会主义文化之魂，决定文化的性质和方向，具有广泛的感召力和强大的凝聚力。大众文化承载社会主义核心价值观，能最大限度地调动人的积极性和创造性，人们通过消费大众文化，自觉达成价值共识，从而实现以文化人和文化育人的效果。

（二）研究意义

社会主义核心价值观是社会主义核心价值体系的精髓，是兴国之魂，是我们党和国家凝聚社会共识的最大价值公约数，是整合社会思想文化和价值观念，掌握社会主义文化的主动权、话语权和主导权，维护马克思主义在意识形态领域的主导地位，提升国家文化软实力的重要保障。因此，研究大众文化的社会主义核心价值观主导是理论与现实相结合的需要，具有重要的理论意义和现实意义。

1. 理论意义

首先，本研究有利于丰富和发展社会主义意识形态主导性理论。培育和践行社会主义核心价值观的根本是维护马克思主义在意识形态领域的主导地位。主导文化、精英文化、大众文化是文化的重要形态，三者在一定程度上呈现出此消彼长的弥合状态，一定程度上又相互促进。所以，改革开放以来，我们需要结合具体国情加强大众文化的理论研究，其中文化与价值观的关系，大众文化与先进文化的关系，社会主义核心价值观与大众文化的关系等问题是我们目前面临的重大理论问题，解决好大众文化与社会主义核心价值观的关系，对于明确大众文化的历史方位有重要借鉴意义。大众文化作为一种普遍存在的文化现象问题，渗透到日常生活的方方面面，成为道德和伦理的主要资源，正在潜移默化地改变人们的思想意识和价值观念。从大众文化理论与价值理论的结合入手，分析和解决现实生活中大众文化的价值乱象问题，具有现实指导意义。同时，在实践的基础上丰富和完善社会主义意识形态主导性理论，可以增强中国特色社会主义的文化自信和文化自觉，提升我国的文化话语权和领导权。

其次，本研究有利于丰富和发展社会主义核心价值观培育和践行理论。核心价值观在一定历史时期内处于核心地位，具有引领和规范其他价值观念的作用，是经济基础之上的上层建筑的集中反映。社会主义核心价值观的培育和践行是个系统工程，需要深入日常生活，转化成百姓喜闻乐见、耳熟能详的话语表达方式和话语体系，而大众文化是日常生活的反映方式，在满足人们的日常精神文化需要方面发挥着不可或缺的作用。用社会主义核心价值观主导大众文化的发展在一定程度上也是培育和践行社会主义核心价值观的重要途径，大众文化的发展在宏观层面受到国家经济、政治、文化、社会制度的制约和影响，受到西方多元价值思潮的冲击，受到优秀传统文化的影响。因此，从宏观上引领大众文化的发展方向，是培育和践行社会主义核心价值观的主导策略之一。在中观层面上，大众文化的发展需要法律规范、道德规范、行为规范等的约束，是社会主义核心价值观培育和践行的内在要求。由此，在中观层面上规范大众文化的价值导向，是培育和践行社会主义核心价值观的主导策略之二。在微观层面上，大众文化的创作、生产、传播、消费过程是社会主义核心价值观生活化、大众化的重要体现，社会主义核心价值观只有嵌入大众文化的具体环节中，才能体现文化育人的功能，这也是社会主义核心价值观自觉内化于心、外化于行的重要举措。所以，社会主义核心价值观从微观层面嵌入大众文化的创作、生产、传播、消费过程是其主导策略之三，在体现主导性的同时也接地气。

最后，本研究有利于拓展思想政治教育的载体。思想政治教育由主体、客体、中介和环境要素构成。载体是中介的重要组成部分。研究大众文化的社会主义核心价值观主导，就是将大众文化作为载体，探讨社会主义核心价值观培育和践行的可能性与可行性。大众文化的价值观考量可从三个角度加以合理解释：社会主义、大众、资本，而社会主义核心价值观如何具体化为个体的价值观，如何在大众文化的传播中被广大群众所认同、达成价值共识，是思想政治教育面临的时代课题。大众文化是重要的文化场域和文化载体，大众文化自身内蕴的价值观与社会主义核心价值观的关系是普遍存在的价值矛盾，这就需要形式和内容的统一。用社会主义核心价值观引领大众文化的价值导向，保障其沿着正确的方向发展，有利于人们在消费大众文化的过程中自觉或不自觉地接受思想政治教育，同时用自身的价值需要促进大众文化的发展，二者的互动关系拓展了思想政治教育的文化载体。

2. 现实意义

首先，本研究有利于推动社会主义文化的大发展、大繁荣。文化大发展、大繁荣是我国的文化强国战略。建设有筋骨、有温度的文化，离不开社会主义核心价值观的主导。面对大众文化市场化、世俗化等现实，将社会主义核心价值观嵌入其中，有利于创作和生产更多有灵魂的文化产品，提升文化产品质量和文化市场品质。面对社会主义核心价值观生活化、大众化的现实，将大众文化作为重要载体，研究在日常生活中如何通过潜移默化的方式影响广大人民群众的世界观、人生观、价值观，有利于细化、实化价值观教育，从而避免、防止文化发展的物质化和抽象化两种片面倾向。

其次，本研究有利于维护社会主义国家文化安全和意识形态的主导性。从国际视野来看，不同意识形态的竞争越来越多地采用文化渗透方式进行。最具代表性的就是美国个人主义价值观通过芯片、薯片和好莱坞大片实施渗透。研究大众文化的社会主义核心价值观主导有利于抵制西方多元文化思潮的侵蚀，维护马克思主义在意识形态领域的主导地位，维护我国的文化安全。从国内视野来看有利于国家从宏观层面加强党的领导，从顶层制度设计上制定相关的制度、政策、法律；从微观层面加强宣传教育，管理和规范大众文化的生产、消费、传播等。大众文化消费是文化产业发展的一个重要方面，消费的盲目性、趋利性等价值取向，对于文化产业的科学发展、长远发展具有阻碍作用，因此，用社会主义核心价值观加以规范和引导，对于文化市场的规范、文化产业的发展、文化软实力的提升、意识形态的安全都具有重要的实践意义和保障作用。

最后，本研究有利于促进人的自由全面发展。中国特色社会主义进入新时代，国内主要矛盾已经转化为人民日益增长的美好生活需要与不平衡不充分的发展之间的矛盾。人们对美好生活的需要是实现人的自由全面发展的必要前提。文化的主体是人，文化的发展受到经济、政治、科技发展水平的制约，又对经济、政治、社会的发展具有反作用。大众文化的创造主体、销售主体、传播主体、消费主体都是日常生活中的人，因此，大众文化的社会主义核心价值观主导研究，有利于提升人们的价值自觉，增强社会主义的价值观自信，对于提升全民族的思想文化素质、公民的道德素质也有重要的作用，从而最终促进人的自由全面发展。

二、文献综述

大众文化是西方工业社会的产物，西方研究大众文化的理论派别繁多，不同的理论派别持有不同的立场，主要集中在大众文化理论及社会影响等方面。国内大众文化的研究主要是在20世纪90年代之后兴起的，而且随着中国大众文化的发展，不同学科的交叉研究日益增多。社会主义核心价值观是党的十八大以来研究的理论热点，尤其是文化软实力作为综合国力的重要组成部分，国际、国内的学者对其给予了高度的重视。目前，学者们研究大众文化主要集中在大众文化理论具体的代表人物、大众文化的具体类型、大众文化的具体现象等方面，对中国特色社会主义大众文化的价值观的系统把握及社会主义核心价值观如何引导大众文化发展等方面的研究尚且不够深入，因此，研究大众文化的核心价值观主导是一个具有重要理论意义和现实意义的课题。

（一）国内研究概况

党的十八大以来，中国特色社会主义主要矛盾发生转变，中国特色社会主义进入了新时代。新时代的时空背景下，大众文化与社会主义核心价值观的关系问题成为一个新的理论增长点和现实关注点。学者们对大众文化理论、培育和弘扬社会主义核心价值观、大众文化与社会主义核心价值观的关系等方面的研究都予以了不同层面的关注。20世纪90年代以来，大众文化一时间成为研究的热门课题，哲学、文学、文化学、思想政治教育学等多个学科从不同理论视角展开了大众文化的研究。经查阅文献发现研究主要集中在以下几个方面：

1. 中国特色社会主义新时代的相关研究

新时代源于中国特色社会主义的基本矛盾发生转变，新时代孕育新理论，目前国内学者的研究主要集中在以下几个方面：关于新时代的划分依据的研究、关于新时代孕育新理论的研究、关于新时代的基本矛盾的研究、关于新时代产生新发展理念的研究等。丁文阁从时代分析的理论途径入手，从历史唯物主义角度观察，发现社会发展时代或时期的划分依据是社会主要矛盾，是社会基本矛盾及其矛盾主要方面的阶段性标志。① 这样就产生了三种时代划分方法，一是以生产力与生产关系矛盾统一体即生产方式，特别是生产力，作为划分依据，如将人类社会迄今为止划分为工具时代、农业时代、工业时代、知识时代四个时代或四种类型的文明。二是以经济基础与上层建筑矛盾统一体即社会形态，特别是生产关系，作为划分依据，如原始社会、奴隶社会、封建社会、资本主义社会、社会主义社会五种社会形态的划分。三是以变革制约生产力发展的经济基础或上层建筑内容作为划分依据。全方位理解新时代的复杂性需要整合生产方式、社会形态和改革战略三种途径：工业化向信息化转变的生产力水平、主要矛

---

① 丁文阁. 论中国特色社会主义新时代的依据［J］. 国家行政学院学报，2018（02）：21–26.

盾阶段性转换的社会主义、国家治理现代化导向的改革战略。秦宣在《深刻把握中国特色社会主义进入新时代的依据》一文中从五个方面指出划分依据：一是党和国家事业发生了历史性变革。二是社会主义初级阶段的社会主要矛盾发生了转化。三是国际形势发生了新变化。四是党的理论创新取得新成果。五是党和国家的奋斗目标有了新布局。[①] 2020 年 10 月，学术界召开了唯物史观与新时代中国特色社会主义理论专题研讨会。与会学者们主要聚焦以下六个方面，对中国特色社会主义新时代的论述形成了一个系统的认识：一是时代变局中的历史唯物主义认识论，深刻理解世界"百年未有之大变局"是当下认识中国特色社会主义本质特征的重要前提。二是唯物史观思想理论的创新发展，开创 21 世纪与当代中国马克思主义发展新形态，关键在于把马克思主义基本原理与时代新特征和中国新国情创造性地结合在一起。三是唯物史观视域下的中国精神与国家治理的理论探索，关于开展伟大斗争、孕育伟大精神的理论探索，关于国家治理现代化的理论探索。四是人类社会发展趋势的思考与展望。五是新时代中国特色社会主义理论的价值旨向，中国特色社会主义制度的价值是以人民为中心，人民至上。六是新时代中国特色社会主义理论的丰富和发展，一是面对新形势，提出新方法，二是新时代理论背景下政治哲学的发展。总之，中国特色社会主义进入新时代是一个崭新的时代课题，学者们的研究还在不断深入，各领域的深度合作研究也在不断加强。

2. 大众文化相关研究

关于大众文化的内涵目前学术界众说纷纭。金元浦在《定义大众文化》中指出：大众文化主要是指兴起于当代都市的，与当代大工业密切相关的，以全球化的现代传媒为介质大批量生产的当代文化形态，是处于消费时代或准消费时代的，由消费意识形态来筹划、引导大众的，采取时尚

---

① 秦宣. 深刻把握中国特色社会主义进入新时代的依据［J］. 求是，2018（3）：17 – 19.

化运作方式的当代文化消费形态。[①] 金民卿在《大众文化论——当代中国大众文化分析》中指出：大众文化是反映工业化技术和商品经济条件下大众日常生活、在社会大众中广泛传播、适应社会大众的文化品位、为大众所接受和参与的意义生成和流通的精神创造性活动及其成果。它具有社会大众性、日常生活性、复杂多样性、商业盈利性、强烈渗透性、娱乐消遣性、意识形态性等特征。[②] 范玉刚在《当下语境中的"大众"与"大众文化"》中指出："大众文化"是新质文化形态。当下语境中的"大众文化"之"大众"，并非通常意义的"民众或群众"，而是从市场经济条件下的世俗化生活中推涌出的特定消费群体。"大众文化"以价值平面化、复制化、肉身化和动态化等追逐和定位于当下的时尚。"大众义化"是契合高技术的文化现象。文学、艺术在"大众"的消费中转换成视像的快感和欲望的满足。[③] 关于中国大众文化的特点、主要问题、发展现状的代表性研究有：范玉刚的《"大众"概念的流动性与大众文化语义的悖论性》、宗立华的《大众文化的本质、作用与建设策略》、邹广文的《当代中国大众文化及其生成背景》、李凤亮的《大众文化：概念、语境与问题》、徐辉与张贞的《中国大众文化研究的理论根基与发展现状》、赵勇的《大众文化的概念之旅、演变轨迹和研究走向》、金民卿的《当代中国大众文化简论》、周中之与张娜的《当代中国大众文化发展的特点与价值导向》、王珂的《为大众文化辩护》、贾明的《对大众文化批评及大众文化特征的思考》、张汝伦的《论大众文化》、陶东风的《当代中国大众文化价值观研究》、蒋述卓与陶东风的《大众文化研究——从审美批评到价值观视野》、任玲的《大众文化功能性研究——以动漫文化为案例》、贾雪丽的《大众文化价值论：以伦理学为视角》、郑祥福的《当代西方马克思主义的大众文化批判理论研究》、王小平的《众神狂欢：后现代美学语境中的大众文

---

① 金元浦. 定义大众文化 [N]. 中华读书报, 2001 - 07 - 25 (20).

② 金民卿. 大众文化论——当代中国大众文化分析 [M]. 北京：中共中央党校出版社, 2002：1.

③ 范玉刚. 当下语境中的"大众"与"大众文化"[J]. 中共中央党校学报, 2007 (3)：98.

化》、徐海波的《意识形态与大众文化》等。

关于大众文化理论学派及不同理论学派的代表人物、代表性观点、代表性著作的研究也是国内学者研究的重点。大众文化这一概念是个舶来品，西方进入工业社会以后开始研究大众文化，影响比较深远的流派有英国伯明翰学派、德国法兰克福学派、后现代主义等。伯明翰学派的代表人物有霍加特、霍尔、威廉斯、汤普逊等，代表作有霍加特的《文化的用途》（1958 年），威廉斯的《文化与社会》（1958 年）与《漫长的革命》（1961 年），汤普逊的《英国工人阶级的形成》（1963 年），该学派强调文化工业。法兰克福学派的代表人物有阿多诺、本雅明、葛兰西、马尔库塞、哈贝马斯等，主要代表作有霍克海默和阿多诺的《启蒙的辩证法》、马尔库塞的《单向度的人》、哈贝马斯的《理论与实践》等，该学派强调文化批判、文化霸权。后现代主义的代表人物主要有约翰·费斯克、詹姆逊等，主要代表作有约翰·费斯克的《理解大众文化》、詹姆逊的《后现代主义？或资本主义的文化逻辑》，该学派强调大众文化的"生产者式文本"，将消费社会与大众文化结合在一起。国内学者研究西方大众文化流派主要有三种研究范式：第一种研究范式是系统梳理大众文化的主要流派，如陆扬的《大众文化理论》、姜华的《大众文化理论的后现代转向》、赵勇的《大众文化理论新编》、莫林虎等的《大众文化新论》、周志强的《大众文化理论与批评》、陶东风的《大众文化教程》。第二种研究范式是深入研究某一流派或某一代表人物的大众文化理论，如陆道夫的《约翰·费斯克大众文化理论研究述评》、代海燕的《法兰克福学派大众文化批判理论的反思——一个基于中国大众文化研究的视角》、杨东篱的《伯明翰学派的文化观念与通俗文化理论研究》、陈立旭的《重估大众的文化创造力——约翰·费斯克文化哲学理论研究》、王小岩的《评阿多诺的大众文化批判理论》、赵勇的《论法兰克福学派大众文化理论的生成语境》、王晓德的《美国大众文化的传播与欧洲的"美国化"——以两次世界大战之间为例》、朱永良的《鲍曼论现代性、后现代性及流动的现代性》、曹顺庆与黄宗喜的《文化的生产力视角——詹姆逊的文化意识形态观及反思》、尤战生的《流行的代价——法兰克福学派大众文化批判理论研究》、邹威华的《斯图亚特·霍尔的文化理论研究》、甄红菊的《斯图亚特·霍尔的文化理论研究》等。第三种研究范式是不同学派、不同人物的大众文化理论比较研究，如王海娜的《法兰克福学派与费斯克大众文化理论比较研究》、陈李君的《从大众文化理论看阿多诺、威廉斯和费斯克的大众传播观》、肖建华的《大众文化的批判与辩护——当代西方大众文化理论述评》、张贞的《西方大众文化理论资源反思》、郑祥福的《文化批判与后现代马克思主义》等。

　　学术界在研究我国大众文化发展时，首先注意到大众文化的内涵与西方大众文化的区别，强调本土化的大众文化。大众文化发展的主要问题是其产业化、商品化、符号化特征对主流文化、精英文化、日常生活、审美情趣、意识形态主导性、国家文化安全等形成冲击，对策主要是规范文化市场，提升大众文化的审美品位，不断加强对传统文化的弘扬与传承等。北京师范大学程正民认为，大众文化是一种活的文化，它不是在封闭、僵化的环境中，而是在开放的、充满生机的环境中生存和发展的，它随同当代社会经济、政治和文化的发展而发展，是在同当代多元文化的互动中得到提升的。……主流文化和精英文化对大众文化应起到引导而非限制的作用。清华大学王宁认为，当代中国大众文化的崛起在两个方面呈现出解构的作用，一是对主流意识形态的消解作用，使其从"领地化"走向"非领地化"；二是对精英式的现代主义意识进行了消解，使得后现代主义的平民意识浮出水面。陕西师范大学李西建认为大众文化的意识形态权力在文化发展进程中产生了深刻的引导性与辐射力，主要体现在审美意识形态层面、消费意识形态层面以及媒介意识形态领域内。辽宁大学高楠认为需要注意大众文化自身的历史合理性，区分精英文化中以大众文化为旗号的自我兜售，要将批评的锋芒指向那些并不代表大众文化的所谓"精英分子"。陶东风以一些广告和其他大众文化作品为例，表达了对公共话语空间中人类普遍价值丧失、伦理底线崩溃的深深忧虑。陕西师范大学尤西林以批判的眼光分析了诸多当代中国电影案例，认为许多电影片面追求感官刺激，叙事贫乏，失去了作为一门艺术应该承担的精神导向作用。他从叙事和道德、文化的关联性入手，认为诗意的叙事与人性深度的结合，是传世电影精品的生命核心。① 胡国胜在《革命与象征：民主革命时期"列宁符号"的建构与传播》中指出运用革命领袖象征进行革命符号装点的做法，使得中国共产党的革命成果马克思主义化。"符号为统治提供合法化游说，符号系统鼓励被统治者相信既定的社会体系。换句话说，为统治提供意识形态的水泥、黏合剂。"② 万资姿的《符号与文化创造》认为文化创造失控，信息时代是符号急剧扩张的时代，过去被理解为实在性的现实，现在已然为符号加速传播所遮蔽。现在所理解的各种现实，被各种话语、各种叙事、各种指称所代替。消费时代把一切变成商品，把一切商品变成符号，商品有时甚至只有变成符号才能被消费。这造成了价值迷失：人们似乎越来越屈从于符号的价值，在主体与符号的接触中，很少有征服、控制、超越的追求。主体被置于迎合和盲目追随符号价值的境地。个性缺失：符号文化因意义的碎片和自我拼凑而往往容易缺乏创造主体自我所特有的那种表现的能量和个性。目标迷茫：各个符号元素的相互牵扯中，人类文化创造正经历着艰难的精神跋涉，同时又陷入从未有过的目标迷茫当中。③ 金民卿的《大众文化论——当代中国大众文化分析》指出：大众文化对我国社会发展、日常生活、精神生活、政治生活产生了深刻影响。第一，提供了人民娱乐消遣的广阔空间。第二，开辟了大众启蒙教育的有效渠道。第三，造就了我国经济领域的新型产业。第四，开创了国家政府管理社会的崭新途径。第五，产生了我国民主政治建设的重要力量。第六，构成了维

---

① 蒋磊，赵卫东. "当代中国大众文化价值取向"研讨会综述 [J]. 文艺研究，2011 (10)：158－159.

② 转引自张意. 文化与符号权力：布尔迪厄的文化社会学导论 [M]. 北京：中国社会科学出版社，2005：176.

③ 万资姿. 符号与文化创造 [M]. 北京：中国社会科学出版社，2011：122－126.

护我国文化主权的有效屏障。但也存在负面影响：首先，西方大众文化在影响渗透中国大众文化的过程中，把它所隐含的价值观念、生活方式、意识形态传递到中国，形成强大的文化殖民力量。其次，大众文化在主导取向上和以意识形态为意义负载的主导文化存在着一定的冲突。再次，大众文化在基本的文化精神上和精英文化存在着矛盾和冲突。① 此外还有徐亮的《爱与谦卑：当下大众文化最缺失的道德价值》、金民卿的《大众文化：一种新的文化生产方式》、金元浦的《大众文化兴起后的再思考》、邹广文的《社会转型期的大众文化定位》、张伟的《消费语境下大众文化的生成与发展》、张贞的《中国大众文化之"日常生活"研究》、徐勇的《大众文化政治研究》、李涛的《文化产业背景下的文化艺术生产问题研究》、周兴杰的《文化霸权理论与大众文化研究的话语重构》、苗元华的《当下中国大众文化发展的现实问题及其影响》等。

3. 社会主义核心价值观的相关研究

"价值热"最早出现在 20 世纪 70 年代末 80 年代初，随着改革开放的深入和发展，人的主体性、自觉性凸显，开始从哲学研究中分化出价值哲学，比较有代表性的人物有李德顺、李连科、王玉樑、王克千、袁贵仁等。国内学界关于价值问题的哲学思考，始于"真理标准大讨论"和"思想解放"运动。"实践是检验认识之真理性的唯一标准"是"文革"结束后的思想解放，其拨乱反正和启动改革的政治意义和理论学术意义并存。随着讨论的深入，哲学界开始深入思考人在实践中的主体地位、实践中主体的价值目的性等问题，价值论应运而生。通常，学界认为中国政法大学杜汝楫教授的《马克思主义论事实的认识和价值的认识及其联系》是第一篇提出和研究价值问题的文章。1985 年，李连科的《世界的意义——价值论》出版，这是当代中国第一部价值哲学专著。1987 年，李德顺主编的

---

① 金民卿. 大众文化论——当代中国大众文化分析 [M]. 北京：中共中央党校出版社，2002：2－3.

《价值论——一种主体性的研究》出版，获得了很好的学术影响。1989年，李德顺主编的《价值论译丛》出版，分别选取了欧美、苏联和日本的价值论著作。同年出版的还有王玉樑的《价值哲学》、王克千的《价值之探求——现代西方哲学文化价值观》等。1991年后，价值论著作出版渐呈规模。从1995年至今，学者们围绕价值观和价值观念、价值观念的结构、价值观念与文化的关系、价值观的多元性与统一性、价值观念冲突和普世价值、社会转型时期的价值观念变革等问题，发表了大量的论文和著作。党中央关于科学发展观、构建和谐社会和建设社会主义核心价值体系、培育和践行社会主义核心价值观的决定，在很大程度上都与价值观念转变有着密切的联系，也对研究价值观念提出了新的要求。关于价值研究通论性的成果主要有：李连科的《哲学价值论》、袁贵仁的《价值学引论》、马志政的《哲学价值论纲要》、王克千的《价值是什么——价值哲学引论》、王玉樑的《价值哲学新探》、门忠民的《价值学概论》、李德顺的《价值新论》、李德顺与马俊峰的《价值论原理》等。关于价值研究专论性的成果主要有：评价论方面有马俊峰的《评价活动论》、冯平的《评价论》、陈新汉的《评价论导论》《社会评价论》、何萍的《生存与评价》、张理海的《社会评价论》等；价值思想史方面主要有赵馥洁的《中国传统哲学价值论》、江畅的《现代西方价值理论研究》、江畅与戴茂堂的《西方价值观念与当代中国》《传统价值观念与当代中国》、张书琛的《西方价值哲学思想简史》等；价值观方面有冯景源的《西方价值观透视》、李嗣水与刘森林的《现代价值观念的追求》、漆玲与赵兴的《价值观导论》、胡振平的《市场经济与价值观》、兰久富的《社会转型时期的价值观念》等；价值基础理论方面主要有孙伟平的《事实与价值》、牟永生的《走向价值的深处》、刘永富的《价值哲学的新视野》、邬琨与李建群的《价值哲学问题研究》、江畅的《中国传统价值观及其现代转换》、袁银传的《价值观　核心价值观　核心价值体系：中国特色社会主义核心价值观》、樊改霞的《价值观教育的现代困境与出路》、郑伟的《从主体的变迁到价值观启蒙——社会主义核心价值观研究》、张学森的《核心价值观的历史研究与当代构建》、李仁涵等的《人工智能与价值观》、晏辉的《现代性语境下的价值与价值观》、雷浩伟等的《社会主义核心价值观融入法治建设研究》、宣兆凯的《中国社会价值观现状及演变趋势研究》、蒋丽的《社会主义核心价值观的对外话语体系建构和国际传播》、汪信砚的《社会主义核心价值观与当代中国文化软实力研究》、江畅的《论价值观与价值文化》、孟轲的《社会主义核心价值观的大众认同问题研究》等；审美价值方面主要有黄海澄的《艺术价值论》、杨曾宪的《审美价值系统》等；邓小平价值思想方面主要有王玉樑的《邓小平的价值观》、袁贵仁与方军的《邓小平价值观研究》、李德顺的《邓小平人民主体价值观思想研究》等。除上述个人专著之外，还有多部论文集和系列丛书。

关于价值的研究主要集中在价值的含义、本质，价值与价值体系，价值与人的价值，价值冲突与价值认同等方面。宋希仁、陈劳志、赵仁光主编的《伦理学大辞典》认为：价值原意是指事物的用途和积极作用，表示人与各种对象之间需求和满足需求的关系。价值具有社会性，产生于人的实践活动。[①] 刘炳瑛主编的《马克思主义原理辞典》认为：价值是凝结在商品中的一般的、无差别的人类劳动，即抽象的人类劳动。它是商品的一种属性。价值体现着商品生产者之间的社会关系。[②] 罗国杰主编的《中国伦理学百科全书·伦理学原理卷》认为：价值是反映主体和客体间基本关系的哲学概念，体现的是社会关系。一定的社会关系及人的需要是价值的主体与主观前提，而能够满足主体需要的对象则是价值关系的客体与客观前提，主体与客体、主观前提与客观前提的统一，构成价值的要素。[③] 冯契主编的《哲学大辞典》认为：价值最初是经济学概念，指凝结在商品中

---

① 宋希仁，陈劳志，赵仁光. 伦理学大辞典［M］. 长春：吉林人民出版社，1989：393.

② 刘炳瑛. 马克思主义原理辞典［M］. 杭州：浙江人民出版社，1988：272－273.

③ 罗国杰. 中国伦理学百科全书·伦理学原理卷［M］. 长春：吉林人民出版社，1993：269－270.

的一般的、无差别的人类劳动，为商品基本属性之一。价值是商品的社会属性，体现着商品生产者之间的社会联系。商品的价值由生产商品的社会必要劳动时间决定。① 后来这一概念泛化到哲学、伦理学、社会学、美学等各学科。韩震在《中西方核心价值观有何不同》中指出：哲学范畴的价值是指客体的存在、变化对于一定的主体需要及其发展的某种适合、接近或一致。而价值观则是一种价值意识，是对价值关系的反映，是指导人们思想行为的根本准则。它所表达的是人们对物质世界和精神世界的判断、评价、取向和选择，所反映的是价值主体的根本地位、需要、利益以及主体实现自己利益、满足自己需要的能力和活动方式等。② 关于价值主导的研究主要集中在价值冲突与价值主导、思想政治教育与价值主导、核心价值体系建设与价值主导、价值认同与价值主导等方面。阮智富、郭忠新编著的《现代汉语大词典》认为：主导的第一个含义是指主要的并且引导事物向某方面发展的，第二个含义是指起主导作用的事物。③ 价值主导的含义主要是指在价值体系中占主导地位的价值，或者是价值如何发挥主导作用。

2006 年党的十六届六中全会提出建设中国特色社会主义核心价值体系，以"价值观"为关键词在中国国家图书馆检索，所得著作超过 2 800条，论文超过 17 万条。党的十八大以来，研究社会主义核心价值观的培育和践行成为主流趋势，以"社会主义价值观"为关键词在中国国家图书馆检索，所得著作超过 1 700 条，论文超过 4.7 万条。研究成果可谓浩如烟海，综合起来主要涉及以下三个方面：

第一，关于社会主义意识形态与价值观理论的研究。郑永廷等的《社会主义意识形态研究》和《社会主义意识形态发展研究》、俞吾金的《意识形态论》等著作从理论上廓清了马克思主义意识形态的科学性和价值

---

① 冯契. 哲学大辞典 [M]. 上海：上海辞书出版社，1992：581.
② 韩震. 中西方核心价值观有何不同 [J]. 求是，2014 (2)：50 – 51.
③ 阮智富，郭忠新. 现代汉语大词典：上册 [M]. 上海：上海辞书出版社，2009：149.

性，确认了马克思主义意识形态主导权的地位和社会主义意识形态的建构原则和方法，深化和拓展了价值观研究的视野。侯惠勤的《马克思的意识形态批判与当代中国》，从马克思的经典文本解读出发，全面驳斥了当前社会思潮中诋毁社会主义意识形态的"意识形态虚假论""意识形态淡化论""意识形态终结论"和"消解主流意识形态论"等论调，系统阐明了马克思主义的意识形态理论，为培育和践行社会主义核心价值观扫清了思想障碍。直接以价值观作为研究对象的典型论著有袁贵仁的《价值观的理论与实践：价值观若干问题的思考》，其指出当前需要研究各种文化形式在构建和改变人们价值观中的作用，研究各种文化形式在价值观教育中的地位以及各种文化形式之间相互影响、相互作用的规律和特点；研究价值观教育中真理的力量、人格的力量及其相互关系；研究个人价值中理性因素、非理性因素及其相互关系；研究个人价值观变革的心理结构和心理过程，从中揭示价值观教育不同于科学知识教育的特殊规律性。[①] 这些论著及其观点为当前培育和践行社会主义核心价值观作好了理论铺垫和前提准备。

第二，关于社会主义核心价值体系建设的理论研究。主要包括：①关于社会主义核心价值体系内涵的研究。韩震的《社会主义核心价值体系研究》、刘苍劲的《论社会主义核心价值体系与唯物史观》等从唯物史观角度界定了社会主义核心价值体系；陈新汉的《社会主义核心价值体系——从价值哲学的角度看》、高静文的《社会主义核心价值体系的本质及其功能》、李崇富的《建设社会主义核心价值体系从观念到现实的思考》等从价值哲学角度对社会主义核心价值体系进行了阐述；吴潜涛的《社会主义核心价值体系的科学内涵》从伦理学视角出发论述了社会主义核心价值体系；郑杭生的《关于指导思想和共同理想的几点思考——从社会学视角分

---

① 袁贵仁. 价值观的理论与实践：价值观若干问题的思考［M］. 北京：北京师范大学出版社，2013：1.

析社会主义核心价值体系》从社会学视角出发分析了社会主义核心价值体系；周和义的《建设社会主义核心价值体系的政治学解读》从政治学角度出发界定了社会主义核心价值体系；石开斌的《社会主义核心价值体系的解释学建构》从解释学角度对社会主义核心价值体系进行了介绍。②关于社会主义核心价值体系提出背景与意义的研究。秋石的《论社会主义核心价值体系》、李国华的《进一步深化对建设社会主义核心价值体系的认识》、韩庆祥的《论建设社会主义核心价值体系的现实意义》、韩震的《社会主义核心价值体系是构建和谐社会的精神支柱》、许志功的《大力加强社会主义核心价值体系建设》等从理论上阐述了社会主义核心价值体系提出的背景与意义；王联斌的《牢固树立社会主义核心价值体系》、郑国玺的《简论构建社会主义核心价值体系的几个理论和实践问题》、郭超的《社会主义核心价值体系的生成条件论析》等从实践角度阐述了社会主义核心价值体系的背景与意义。③关于社会主义核心价值体系的内容的研究。侯惠勤的《马克思主义的指导是构建社会主义核心价值体系之根本》、韩震的《建设社会主义核心价值体系必须始终坚持马克思主义的指导地位》等对社会主义核心价值体系的四个方面进行了深入阐述。④关于社会主义核心价值体系结构的研究。吴潜涛的《社会主义核心价值体系的科学内涵》、张利华的《试析中国特色社会主义核心价值体系的结构与内涵》、黄凯锋的《社会主义核心价值体系的责任主体、路径依赖和结构浅析》、戴木才与田海舰的《论社会主义核心价值体系与核心价值观》、荣开明的《论社会主义核心价值体系的第一要义》、巩建华的《论社会主义核心价值体系的结构》、石书臣的《社会主义核心价值体系的层次性及其把握》等阐述了社会主义核心价值体系的逻辑结构。⑤关于社会主义核心价值体系功能的研究。张民杏的《社会主义核心价值体系的基本功能》、乔法容的《论社会主义核心价值体系的功能》、田心铭的《和谐文化与社会主义核心价值体系》、何颖的《以社会主义核心价值体系指导和谐文化建设》、梁周敏的《用社会主义核心价值体系引领道德建设》、徐柏才的《论社会主义核心价值体系在和谐社会建设中的价值》、吴倬的《关于社会主义核心价值观问题的理论思考》、张国献的《论社会主义核心价值体系的重要功能》、包心鉴的《积极做好用社会主义核心价值体系引领社会思潮的工作》、韩振峰的《试论社会主义核心价值体系的重要地位及其作用》、王虎学的《社会主义核心价值体系的整合力》《社会主义核心价值体系的凝聚力》等对社会主义核心价值体系的功能进行了详细的阐述。⑥关于社会主义核心价值体系特征的研究。金显跃的《简论社会主义核心价值体系的辩证特性》、田海舰的《社会主义核心价值体系的基本特征》、韩振峰的《略论社会主义核心价值体系建设的特征》、庄锡福的《论社会主义核心价值体系的基本特征》等对社会主义核心价值体系的特征进行了不同的界定。⑦关于社会主义核心价值体系建设的研究。杨义芹的《共建共享的和谐社会与社会主义核心价值体系建设》、杨业华的《建设社会主义核心价值体系的关键》、韩庆祥的《论建设社会主义核心价值体系的现实意义》等对社会主义核心价值体系建设的原则、基础、重点和路径进行了阐述。可见，关于社会主义核心价值体系建设的研究，学界力图从学理和实践上给出一个较为清晰的阐释，这些研究为推进社会主义核心价值体系研究奠定了充分的基础。

第三，关于社会主义核心价值观培育和践行的研究。学者们对社会主义核心价值观的阐释本身就是培养和践行的过程，而且学理的分析也涉及建设路径的探索，如黄进的《论核心价值观》、袁银传的《价值观 核心价值观 核心价值体系：中国特色社会主义核心价值观》、方爱东的《社会主义核心价值观研究》、季明的《核心价值观概论》、朱颖原的《社会主义核心价值观多维研究》、戴木才的《中国特色核心价值观的传统、现实与前景》、田海舰与邹卫的《社会主义核心价值观论纲》、石刚与李丽娜的《核心价值面面观》等。这些研究可分为三个方面。首先是关于社会主义核心价值体系与社会主义核心价值观关系的研究，代表性的观点主要有两种：一种观点是以戴木才、田海舰等学者为代表的内核和最高抽象说。

戴木才、田海舰认为："社会主义核心价值观是社会主义核心价值体系的内核和最高抽象，体现社会主义的价值本质，决定社会主义核心价值体系的基本特征和基本方向，引领社会主义核心价值体系的建构。社会主义核心价值观渗透于社会主义核心价值体系之中，通过社会主义核心价值体系表现出来。"① 另一种观点是以张利华等学者为代表的整体部分说。张利华认为：社会主义核心价值体系按照从低级向高级的逻辑递升顺序排列为：社会生活价值观、经济价值观、政治价值观、伦理价值观及核心价值观，社会主义核心价值观是社会主义核心价值体系的一部分。② 其次是基于公民社会主义核心价值观现状的分析，如龚群的《当代中国社会价值观调查研究》，李建华等的《多元文化时代的价值引领——社会主义核心价值体系建设与社会思潮有效引领研究》，宣兆凯的《中国社会价值观现状及演变趋势》，程恩富、郑一明、冯颜利、辛向阳等编著的《近年社会主义核心价值体系建设情况的调查研究报告》，张书琛的《体制转轨时期珠江三角洲人的价值观》等。这些研究运用马克思主义的理论视野，采取有效措施，多层次、多渠道、多方位地对涉及政治、经济、人生、家庭、传统、道德品格等的价值观内容进行了全面调查，全面系统地展现了当前社会价值观的总体态势，具有重要的学术价值和现实意义。再次是基于社会主义核心价值观培育和践行的载体研究。这些研究集中于"怎么办"，有的放矢地提出了推进社会主义核心价值体系大众化的对策建议。在培育途径上，学者们形成的基本共识是：在基本原则上，坚持马克思主义为主导、引领多样化社会思潮、尊重差异、包容多样、继承发展和创新传统价值资源、批判借鉴西方文明资源。在具体方式上，把社会主义核心价值观贯穿于日常生活和国民教育全过程，充分发挥人民群众的主体作用、党和政府

---

① 戴木才，田海舰. 论社会主义核心价值体系与核心价值观 [J]. 中国党政干部论坛，2007 (2)：36.

② 张利华. 试析中国特色社会主义核心价值体系的结构与内涵 [J]. 中国特色社会主义研究，2007 (4)：34.

的榜样示范作用、教育的培养教化作用和媒体的宣传引导作用，使社会主义核心价值观融入政策法规、制度设计、社会管理之中，使其入脑、入耳、入心。此外，伦理学关于公民道德建设的研究、相关学科关于中华民族共有的精神家园的研究、中国特色社会主义理论体系等，也是值得借鉴的学术资源。

　　4. 关于大众文化与社会主义核心价值观关系的研究

　　近年来，大众文化成为研究的热点，出版了大量研究成果，如刘自雄与闫玉刚的《大众文化通论》、赵勇的《透视大众文化》、莫林虎等的《大众文化新论》、李炜的《中国大众文化叙事研究》、陈立旭的《意识形态与大众文化》、叶虎的《大众文化与媒介传播》、姜华的《大众文化理论的后现代转向》、金民卿的《文化全球化与中国大众文化》与《大众文化论——当代中国大众文化分析》、叶志良的《大众文化》、惠敏的《当代美国大众文化的历史解读》、徐海波的《重估大众的文化创造力：费斯克大众文化理论研究》、尤战生的《流行的代价：法兰克福学派大众文化批判理论研究》等。上述研究在介绍西方大众文化理论，特别是法兰克福学派文化批判理论的同时，重点讨论通俗小说、电影、流行音乐、动漫文化、音乐剧、时尚文化等大众文化形态，大众文化的发展与传播，意识形态与大众文化的关系、在大众文化中的转化途径等问题。

　　大众文化是当前的一种主要文化形态，而文化的内核是价值观，因此，关注和研究大众文化就要关注大众文化内蕴的价值观，价值观与主流价值观、核心价值观之间的联系。习近平在中共中央政治局第十二次集体学习时强调建设社会主义文化强国要着力提高国家文化软实力，提高国家文化软实力，要努力传播当代中国价值观念。当代中国价值观念就是中国特色社会主义价值观念，代表了中国先进文化的前进方向。①

---

　　① 习近平. 建设社会主义文化强国　着力提高国家文化软实力［N］. 人民日报，2014 - 01 - 01
(1).

　　司马云杰在《文化价值论：关于文化建构价值意识的学说》一书中认为，文化构建价值意识的理论是"把人的心理生物机制和文化世界看作是不同次第的开放体系，研究它们的交互作用怎样在人的心理生物机制上积累、凝聚、内化、整合为不同价值心态，并对外部世界进行价值判断和选择的一种学说"，"文化并不仅仅是符号、形式，而是包含着人的需要、目的、意义、价值的，是对人能够发生功能的特殊世界"。① 何萍在《文化哲学：认识与评价》一书中认为，"从文化发生方法论的视角强调文化是历史性生成的，考察人类的认识结构。文化发生方法强调符号功能的作用，符号功能的发挥和扩大，就是人的自我创造性的发挥与扩大"，"文化的创造性过程是人的价值实现过程，是人对美的追求和人的自由发展历史过程"。② 叶虎在《大众文化与媒介传播》一书中认为，"从消费社会的语境来看，大众文化消费功能日益凸显的一个重要特征是意义的生产和流通。也就是说，使用价值的有效性在不断变换的大众文化产品面前逐渐淡化，在时尚消费中，消费品主要作为一种表征、一定社会意义的符号而存在，符号价值的凸显使得大众文化产品与消费者自身的个性、特征、身份、地位、声望、权利等联结起来"③。浙江大学徐亮提出，"当下大众文化最主流的价值取向是自私和骄傲，而爱与谦卑是它最缺失的道德价值。遗憾的是，许多大众文化产品的道德宣传恰恰与此相反"④。上海大学邓金明对大众文化的价值观和文化产品的价值观进行了概念辨析。陈承新的《论当代中国政治意识引导》指出，优化文化公共产品的供给，改善政治意识引导方法，可以从几个方面入手：一是抵制商业侵袭；二是多元化增加文化公共品投入；三是均衡城乡供给和地区供给。⑤ 刘建军的《中国文化产品评

　　① 司马云杰. 文化价值论：关于文化建构价值意识的学说［M］. 西安：陕西人民出版社，2003：2，47.
　　② 何萍. 文化哲学：认识与评价［M］. 武汉：武汉大学出版社，2010：33，137.
　　③ 叶虎. 大众文化与媒介传播［M］. 上海：学林出版社，2008：103.
　　④ 蒋磊，赵卫东. "当代中国大众文化价值取向"研讨会综述［J］. 文艺研究，2011（10）：159.
　　⑤ 陈承新. 论当代中国政治意识引导［D］. 北京：中共中央党校，2012：92－93.

价体系探讨》认为文化产品评价体系由评价组织、评价主体、评价客体、评价内容、评价制度等诸多要素构成，这些要素在文化大发展大繁荣中具有重要的促进作用；要坚持正确的指导思想和基本原则，从核心价值、社会效益、产品质量、市场水平、税利能力、生态环保、发展潜力等多方面科学系统地构建文化产品评价指标体系；应加快制订出台我国文化产品评价的国家标准，实行文化产品职业评价师制度，整顿规范文化产品评价秩序，不断完善我国文化产品评价体系。① 齐仁庆的《中国文化产业发展的价值取向问题研究》认为在文化产品的生产过程中，不同的社会群体、不同的参与者对于文化产业的发展、文化产业生产的产品或提供的服务有各自不同的价值诉求，并从自身利益出发，对文化产业生产的内容、价值取向的发展方向形成不同的作用力。② 罗剑明的《"核心价值"如何主导大众文化》提出发展大众文化既要坚持以社会主义核心价值体系为主导，同时也要具有自身发展的主体地位，要认真处理好这种"主导"与"主体"的关系，既确保方向，又不断前进，为建设和谐文化与和谐社会服务。③ 冯立刚与邓建兴的《社会主义核心价值体系引领大众文化的方式与机制》指出了社会主义核心价值体系引领大众文化发展的基本原则、方式，并从五个方面分析社会主义核心价值体系引领大众文化的机制：一是优化核心价值体系的传播机制；二是建立预测大众文化发展趋势的机制；三是建立主流文化与大众文化良性互动的机制；四是建立社会主义核心价值体系融入大众文化生产的机制；五是建立区分大众文化多样性需求的引领机制。④ 韩震的《大众传媒、大众文化与民族文化认同》认为大众传媒和大众文化已经成为当代世界的重要文化交往空间，任何民族、国家都不能不关注和思考其影响力。大众文化通过大众传媒而流通，它对国家的认同利弊共

① 刘建军.中国文化产品评价体系探讨［J］.学术论坛，2012（2）：155－156.
② 齐仁庆.中国文化产业发展的价值取向问题研究［D］.长春：东北师范大学，2012：6.
③ 罗剑明."核心价值"如何主导大众文化［N］.社会科学报，2007－06－21.
④ 冯立刚，邓建兴.社会主义核心价值体系引领大众文化的方式与机制［J］.大庆师范学院学报，2013（4）：155－158.

存：既可以促进新的文化认同，也可能动摇既定的文化基础。① 其他代表作有刘永平的《大众文化：意义的生成与理论的张力》、熊黎明的《大众文化批评及其价值取向》、陶东风的《寻找核心价值体系与大众文化的契合点》、黄汀的《消费时代大众文化的文化价值批判》、程代熙的《谈"大众文化"》、王迎新的《大众文化的意识形态功能研究》、傅守祥的《大众文化的现代性悖论：技术物性的固化与日常感性的想象》、徐海波与黄冬玲的《意识形态视域下的大众文化》、冯昆的《从双重超越到双重虚无的文化畸变——中国文化现代化历程的回顾》等。

（二）国外研究现状

自从党的十九大报告指出中国特色社会主义进入新时代，西方的媒体和学者开始关注中国特色社会主义新时代的研究。大众文化是西方工业社会的产物，西方大众文化研究的流派繁多，学者的立场不同，研究的出发点和结论也不尽相同。西方大众文化理论研究主要集中在大众文化理论、大众文化与价值观的关系等方面。

1. 西方学者关于中国特色社会主义新时代的研究

自从中国特色社会主义进入新时代，国外学者对《习近平谈治国理政》、新时代中国政党制度、中国共产党建党百年、中国特色社会主义与中国传统文化的关系、习近平新时代中国特色社会主义思想、新时代的共产党、中国消除农村绝对贫困等问题都给予了一定程度的关注并发表了相关论著。主要分为以下几个方面：首先是对新时代中国政党及政党制度的研究。学者们普遍认为新时代的中国共产党坦诚开放，充满自信；善于学习，勇于创新；执政为民，尚贤使能；从严治党，堪为榜样；胸怀天下，敢于担当；视野长远，行稳致远。代表人物如全球著名的未来学家约翰·奈斯比特、美国哈佛大学教授拉什·多希、澳大利亚新南威尔士大学助理

---

① 韩震. 大众传媒、大众文化与民族文化认同［J］. 马克思主义与现实，2010（4）：70.

校长劳里·皮尔西、欧洲左翼政党主席洛塔尔·比斯基、英国学者马丁·雅克、俄罗斯科学院远东研究所首席研究员埃列奥诺拉·皮沃瓦洛娃、意大利著名国际问题专家姜·埃·瓦洛里等。国外许多政治学者认为中国共产党是中国政党制度的核心要素，中国特色政党制度的产生与发展汲取了中国传统"和合"文化的精髓，在一定程度上契合了中国人的政治思维范式和政治心理，代表性人物有郑永年、沈大伟、梅格里奥、罗德里克·麦克法夸尔、奈斯比特等。其次是关于习近平新时代中国特色社会主义思想的研究。国外许多学者考察了习近平新时代中国特色社会主义思想提出的背景，聚焦于经济发展、民主政治、强军思想、外交政策和政党建设等主要内容，并总结了习近平新时代中国特色社会主义思想的主要特点，探究了其海内外深远影响力，代表性人物有美国中国历史学家蒂莫西·奇克（Timothy Cheek）、伦敦国王学院中国研究中心主任克里·布朗（Kerry Brown）、资深中国问题专家沙恩·布雷斯林（Shaun Breslin）、东亚问题专家吴本立（Brantly Womack）、中国问题专家季北慈（Bates Gill）、美国经济学家胡永泰（Wing Thye Woo）、新加坡国立大学东亚研究所教授约翰·黄（John Wong）、澳大利亚中国政治专家格罗特（Gerry Groot）、比利时汉学家蓝露洁（Lutgard Lams）、日本学者铃木充（Suzuki Takashi）等。再次是关于中国特色社会主义与中国传统文化关系的研究。国外学者注意到中国特色社会主义的几次理论创新都重视从中华优秀传统文化中汲取养分，理论根基扎实，深受民众欢迎。代表性人物有俄罗斯科学院远东研究所所长米哈伊尔·列昂季耶维奇·季塔连科、芝加哥大学教授张大卫、德国埃森－杜伊斯堡大学教授托马斯·海贝勒、澳大利亚邦德大学国际关系学院副教授罗西塔·德利斯、英国曼彻斯特大学教授柯岚安、俄罗斯人民友谊大学教授尤里·塔夫罗夫斯基、美籍政治学教授约瑟夫·格雷戈里·马奥尼等。但也还有一些国外学者没能认识到，中国特色社会主义是在吸纳与传承中国传统文化优秀元素的基础上，创造性地发展了马克思主义的结果，我们应重视认识和说明中国特色社会主义与中国传统文化的关系，讲好中国故事。最后是关于中国共产党的研究。近几十年来，国外学术界涌现出一大批以研究中国共产党而著称的学术名家，如施拉姆、野村浩一、裴宜理、莫里斯·迈斯纳、温迪·吕贝全、傅高义等。公开出版的主要学术著作有：伊丽莎白·伊科诺米的《第三次革命：习近平与中国新国家》（2018 年版）、约翰·加里克的《习近平领导下的中国社会主义法治改革》（2018 年版）、艾格尼丝·安德瑞希的《习近平：红色中国及下一代》（2017 年版）、罗斯·特里尔的《大国领导人习近平：中国领导人的国际视角》（2016 年版）、林和立的《习近平时代的中国政治：复兴、改革还是倒退?》（2015 年版）、玛诺拉扬·莫汉的《中国的意识形态问题：从毛泽东到习近平》（2014 年版）、威廉·荷尔斯泰因的《美国媒体误判中国了吗?》（2014 年版）等。国外学者对中国共产党成立 100 年来的伟大成就、未来布局与战略设计、国际政治经济意蕴等诸多问题进行的研究，对于我们深入学习和研究中国共产党 100 年来的光辉历程、分析国外学者的立场和观点、研判这一重大历史节点的国际舆论环境、更好地建构新时代中国特色社会主义国际话语体系等具有重要的参考价值。

2. 关于大众文化的研究

大众文化的国外研究者众多，流派纷呈。主要表现在伯明翰学派、法兰克福学派、后现代主义学派等，主要代表人物有利维斯、威廉斯、葛兰西、费斯克、凯尔纳、鲍德里亚等。国外对大众文化的研究主要集中在"大众""大众文化"的内涵、大众文化的表现形态、大众文化的社会功能、大众文化与社会的互动关系等，先后出现了"文化工业""文化霸权""消费文化"等大众文化阶段。主要代表作有雷蒙·威廉斯的《出版业和大众文化：历史的透视》、马尔库塞的《单向度的人》、霍克海默与阿多诺的《启蒙辩证法》、霍克海默的《批判理论》、葛兰西的《狱中札记》、哈贝马斯的《重建历史唯物主义》与《合法化危机》、大卫·雷·格里芬的《后现代精神》、利奥塔的《后现代主义》、鲍德里亚的《消费社会》、费斯克的《理解大众文化》、詹姆逊的《后现代主义，或资本主义的文化逻辑》、约翰·斯道雷的《文化理论与通俗文化导论》、迈克·费瑟斯通的《消费文化与后现代主义》、詹明信的《晚期资本主义的文化逻辑》、弗雷德里克·詹姆逊的《文化转向》、特里·伊格尔顿的《后现代主义的幻象》等。

　　雷蒙·威廉斯的《出版业和大众文化：历史的透视》区分过大众的三层含义：第一，为民众；第二，反抗权威的大众欣赏趣味；第三，依赖市场。① 在《解构"大众"笔记》中，霍尔分析了大众文化的不同含义：首先，事物被称为"大众"的，是因为成群的人听它们、买它们、读它们、消费它们，这是这个概念的"市场"或商业定义。其次，大众文化是指"大众"在做或曾经做过的一切事情。接近大众的人类学定义。最后，用关系、影响、抗衡等延绵不断的张力来界定大众文化，集中讨论传统文化与统治文化之间的关系。② 戴维·英格利斯在《文化与日常生活》中指出：文化包含一个特定群体的观念、价值、信仰的模式以及他们"典型的"思考和感知方式；一个群体的文化有别于另一个群体的文化，即每一个群体都拥有"自己的"文化；文化包含诸多意义，且文化本身就是有意义的；一个群体的观念、价值、信仰深刻影响并共同促使人们以某种方式行事；一个群体的价值、信仰蕴含于各种符号和工艺品中；文化是习得的；文化是多变的；文化与社会权力机构紧密相连；通俗文化，即大众文化，是被大众生产的、无思想性的、不精致的并且是空洞的。③

　　对大众文化批判得最为激烈、影响最为深广的是阿多诺。"文化工业"是阿多诺用得最多的术语。它基本上是大众文化的代名词，理由是大众文化整体上是一种大杂烩，它是自上而下强加给大众的，所以是一种文化工业。④ 马尔库塞在《单向度的人》中提到，大多数流行于世的需要，如休

---

　　① 转引自陆扬. 大众文化理论［M］. 修订版. 上海：复旦大学出版社，2008：1-2.
　　② 转引自陆扬. 大众文化理论［M］. 修订版. 上海：复旦大学出版社，2008：87.
　　③ 戴维·英格利斯. 文化与日常生活［M］. 张秋月，周雷业，译. 北京：中央编译出版社，2010：9-13.
　　④ 转引自陆扬. 大众文化理论［M］. 修订版. 上海：复旦大学出版社，2008：45.

闲、享乐、广告、消费等，都可以归入虚假的类型，其被当成真正的需要而无止境追逐的结果是造成个人在经济、政治和文化等各方面都被商品拜物教所支配，日趋成为畸形的单一维度的人。① 葛兰西认为在一定的历史阶段，占统治地位的阶级为了确保他们在社会和文化上的领导地位，利用霸权，劝诱被统治阶级接受他们的道德、政治和文化价值。倘使统治阶级在这方面做得成功，就无须使用强制和武力手段。② 葛兰西强调，霸权的生产、再生产以及转化都是市民社会的产物，反之国家采用的是强制和压迫的手段。大众文化和大众传媒是通过市民社会涵盖了文化生产和消费的种种机制，来为霸权的生产、再生产和转化服务的。③

约翰·费斯克在《理解大众文化》中指出：大众的辨识力所关注的是文本的功能性，而不是文本的特质，因为它所关注的是文本在日常生活中的使用潜力。主要有三个标准：相关性、符号生产力、消费模式的灵活性。大众文化是在资本主义与日常生活提供的文化资源的交接处形成的，这就决定了相关性是核心的批判标准。他还提出了重要的"两个经济的理论"——金融经济、文化经济。④ 弗雷德里克·詹姆逊在《后现代主义，或资本主义的文化逻辑》中指出，以大众文化为后现代社会的文化模式的特点是从现代主义的语言中心文化转向后现代主义的视觉中心文化。⑤ 法国思想家鲍德里亚在《消费社会》中提出，大众文化与其说是将艺术降格为商品世界的符号再生产，不如说它是一个转折点，终结旧的文化形式，而将符号和消费引入自身地位的界定之中。⑥ 哈德罗·拉斯韦尔在《社会传播的结构与功能》中指出，在每个社会里，价值都根据特色鲜明的模式

---

① 转引自陆扬. 大众文化理论［M］. 修订版. 上海：复旦大学出版社，2008：48.
② 转引自陆扬. 大众文化理论［M］. 修订版. 上海：复旦大学出版社，2008：63.
③ 转引自陆扬. 大众文化理论［M］. 修订版. 上海：复旦大学出版社，2008：68.
④ 约翰·费斯克. 理解大众文化［M］. 王晓珏，宋伟杰，译. 北京：中央编译出版社，2001：154.
⑤ 转引自陆扬. 大众文化理论［M］. 修订版. 上海：复旦大学出版社，2008：29.
⑥ 转引自陆扬. 大众文化理论［M］. 修订版. 上海：复旦大学出版社，2008：41.

（制度）来塑形和分布。① 道格拉斯·凯尔纳在《媒体文化——介于现代与后现代之间的文化研究、认同性与政治》中提到，在当代媒体文化中，占主导地位的信息与娱乐媒体是一种深刻而又常常被误解了的文化教育学资源：它对教育我们怎样举手投足，思考什么、感受什么、信仰什么、恐惧什么、渴求什么，以及什么不能做等，有很大的作用。文化研究阐明文化产品如何表达社会的意识形态、价值观念，以及对性别、种族和阶级等的再现，揭示这些现象是怎样相互联系在一起的。②

3. 关于价值、价值观、核心价值观的研究

综观历史，从古希腊时期柏拉图《理想国》中的"智慧、勇敢、节制、正义"理念到近代的"自由、民主、平等、人权"等资产阶级价值观都为本研究提供了借鉴。自文艺复兴时期启蒙思想家确立"人权、自由、平等、博爱、法治"等价值观以来，西方社会的主流价值观逐渐成形，并逐渐融合为资本主义社会的基本精神。这一资本主义精神在后来被不同的思想家佐证和完善：在亚当·斯密（Adam Smith）的《国富论》里，资本主义精神表现为个人追逐利益和财富的正当性、合法性，在其《道德情操论》中，资本主义精神则表现为个人追求自利过程中对他利和社会公共规则的尊重；马克思·韦伯（Max Weber）在《新教伦理与资本主义精神》中分析了新教伦理与资本主义精神的亲和关系，将其定义为"天职劳动观"，即资本主义逐利精神和宗教禁欲精神的统一；丹尼尔·贝尔（Daniel Bell）在《资本主义文化矛盾》中指出，在资本主义发展初期，经济结构和文化结构都期望改革和追求解放与自由，两者可以和谐地结合并相互促进，当资本主义获得独立的发展之后，它放弃了新教伦理所倡导的禁欲主义和通过劳动实现救赎的天命观，这便意味着社会凝聚力的消解，意味着

---

① 哈德罗·拉斯韦尔. 社会传播的结构与功能［M］. 何道宽，译. 北京：中国传媒大学出版社，2013：20.

② 道格拉斯·凯尔纳. 媒体文化——介于现代与后现代之间的文化研究、认同性与政治［M］. 丁宁，译. 北京：商务印书馆，2013：10.

个人生活意义的失落。因此，通过复兴宗教精神来拯救资本主义便是必然之举。后来英格尔斯、亨廷顿、福山、罗尔斯、麦金太尔等学者从不同视角探讨了资本主义精神及其内蕴价值观，以下是对 20 世纪以来的研究进行的简单梳理和剖析。

"西方马克思主义"思潮的代表人物卢卡奇（Ceorg Lukacs）等分析了西方社会现代化过程中价值理性的退场和丧失，批判了失去价值导引后"工具理性"的过分膨胀。葛兰西提出了文化"领导权"的问题，阿尔都塞阐释了"意识形态国家机器"的问题。以"冷战"的结束、苏联东欧社会主义政权的崩溃为契机，福山（Francis Fukuyama）的《历史的终结与最后的人》从理论上系统地论证了社会主义与资本主义对抗的完结，从文化价值观的角度向社会主义提出了挑战。与此对应，20 世纪 90 年代以来拉尔夫·米利班德（Ralph Miliband）等西方社会主义学者结合当代资本主义的特点和新的科学技术革命对人类社会的影响，对社会主义进行了反思。他们重视平等、效率、自由、民主、自治、人权、博爱、福利、公平、正义等社会主义基本价值，并努力在社会主义的核心价值和主要目标上取得更大的共识。进入 21 世纪以来，特里·伊格尔顿（Terry Eagleton）在《马克思为什么是对的》中，对反马克思思潮进行了逐一驳斥，重新确立了马克思主义的科学性和价值性。① 概括而言，虽然西方马克思主义者在政治立场、文化背景上存在颇多局限，但他们在西方资本主义社会背景下提出的关于社会主义发展的价值追求的分析，为我国社会主义核心价值体系的建设提供了丰富的理论参考。

（三）研究述评

中国特色社会主义进入新时代，新时代孕育新思想，新思想指导新实

---

① 特里·伊格尔顿. 马克思为什么是对的 [M]. 李杨，任文科，郑义，译. 北京：新星出版社，2011：4.

践。大众文化越来越成为一种显力量，对中华民族伟大复兴、"两个一百年"奋斗目标的实现都具有重要的作用。社会主义核心价值观的培育和践行是一项系统工程，需要全社会力量一起参与。国内关于大众文化、价值的研究都经历了由冷到热、由隐性到显性的过程，研究著述日渐丰富、研究范围日渐宽广、研究内容日渐深入，尤其是文化产业兴起以来，关于大众文化和社会主义核心价值观的研究呈现出繁荣的趋势，但仍存在一些问题。

第一，关于社会主义核心价值观主导性的理论和对策的研究还有待继续深入和细化。目前关于社会主义核心价值观的研究主要集中在其自身的概念、定义、认同、政治功能、实现路径及与核心价值体系的关系等几个维度，而没有从理论根源上解决文化与价值观的关系问题，以及社会主义核心价值观如何主导文化发展方向的问题。社会主义核心价值观的培育和践行是个系统工程，国家、社会、学校、家庭都发挥着重要的作用，而文化的内核是价值观，因此，社会主义核心价值观的主导性发挥必须借助文化载体。大众文化是日常生活的反映方式，市场化、全球化、信息化的深入发展一方面促进了大众文化的发展，另一方面也导致了大众文化多元多样的价值取向，发挥社会主义核心价值观的主导性作用，必须要结合中国的社会现实，加强理论创新和实践创新，将其融入日常生活中。中华优秀传统文化是涵养社会主义核心价值观的文化源泉和沃土，需在继承优秀传统文化的基础上进行创新性转化和创新性发展。当前对于国外核心价值观的研究有待深入发掘，而不是停留在表层的介绍，要从西方国家工业文明和资本主义制度的根源上、理论上寻求解决的办法和经验的借鉴。

第二，关于我国大众文化理论与现实的研究还有待深入和加强。国内关于大众文化的研究目前主要集中在文学、新闻学、传播学、美学等相关学科，而且多侧重于对西方大众文化理论的梳理和比较，对于中国的大众文化理论的探讨还不够深入。关于大众文化与大众是"谁创造了谁"的问题还未达成共识，对于大众文化的价值取向定位、历史功能等还需要重新形成科学的认识，马克思主义视角下的大众文化理论还没有得到深入研究。大众文化的历史分期、不同历史时期的价值取向及发展趋势等都是必须认真面对的现实问题，需要从历史视角给予科学合理的定位。

第三，关于大众文化与社会主义核心价值观的关系的研究有待进一步提升和深化。目前关于大众文化主导性的研究主要是从精英主义、官方意识形态立场等视角进行的，对大众文化经常持批判、怀疑的态度。由于大众文化的发展受到西方多元社会思潮的影响，多数研究局限于批判其市场化、功利化的功能，而忽视了其对文化产业、文化事业的重要作用。社会主义核心价值观是各种价值观念在交流互动中产生的，对其他价值观念具有引领和规范作用，是社会的主流思想意识。大众文化一方面承载社会主义核心价值观，另一方面消解社会主义核心价值观，因此，需要从大众文化的理论变迁、发展轨迹、内涵的价值观入手，发挥社会主义核心价值观的主导作用，促进大众文化健康、持续发展，达到以文化人的目的。同时，需要结合我国社会的现实、大众文化的发展现状，加强大众文化与社会主义核心价值观的互动关系研究。

三、研究框架

本书分为五个部分，具体内容如下：

第一部分是绪论，主要论述中国特色社会主义新时代的历史背景下，核心价值观主导大众文化的选题缘由及研究意义，文献综述，研究的框架设计与研究方法。问题提出主要从三个方面展开：大众文化的健康发展需要核心价值观的引领，核心价值观的培育和践行需要大众文化作为文化载体进行普及、宣传和教育，大众文化承载核心价值观有利于实现以文化人的目的。研究意义分为理论意义和现实意义，理论意义主要包括深化社会主义意识形态主导性研究、深化社会主义核心价值观培育和践行理论研究，拓展思想政治教育的文化载体研究；现实意义包括推动社会主义文化大发展大繁荣，维护社会主义国家文化安全和意识形态的主导性，促进人的全面自由发展。文献综述主要包括梳理国内外大众文化理论与现状的研究，核心价值观理论与现状的研究，核心价值观主导大众文化的经验研究等，在此基础上为本书的写作和研究提供理论与现实的支撑。研究框架主要分为五个部分，绪论、基础性理论、现实问题与国外经验借鉴、主导路径、结语。研究方法主要采用文献研究法、比较研究法、系统研究法、调查研究法等。创新点主要包括研究主导路径、经验借鉴、现实问题的研究视角比较新。

第二部分介绍研究大众文化的基础性理论，包括第一章和第二章。

第一章从理论上厘清新时代、文化、大众文化、核心价值观、主导等基本概念，为后续的研究奠定前提和基础。从新时代背景出发，阐释大众文化与社会主义核心价值观之间的辩证关系：一方面大众文化内蕴一定的价值取向，另一方面社会主义核心价值观需要大众文化的承载。这章内容为本研究提供了扎实的理论基础。

第二章介绍新时代核心价值观主导大众文化的理论基础。中国特色社会主义大众文化是中国特色社会主义文化软实力的重要组成部分，马克思主义作为我国的指导思想，马克思主义意识形态主导性理论是社会主义核心价值观主导的理论基础；国家文化软实力的内核是核心价值观，国家文化软实力的竞争是核心价值观的竞争，国家文化软实力理论构成核心价值观主导的理论前提；大众文化的个性化、多元化发展体现出价值取向、价值观念的多元多样，越是多元多样，越是要凸显出主导性，主导性与多样性辩证统一的理论为社会主义核心价值观主导提供直接的理论指导和方法论指导。西方马克思主义对大众文化理论贡献很大，例如伯明翰学派、法兰克福学派、后现代主义等，本书主要选取文化工业理论、文化话语权理论、两种经济理论、消费社会理论加以研究，为我国大众文化的核心价值观主导提供有益借鉴。本章主要探讨核心价值观主导大众文化的理论依据和理论支撑，为后面研究社会主义核心价值观主导大众文化的合理性和可行性做理论铺垫。

第三部分分析新时代大众文化的现实问题和国外经验借鉴，包括第三章和第四章。

第三章介绍新时代核心价值观主导大众文化的必要性。在分析改革开放以来我国大众文化发展趋向的基础上，通过梳理大众文化的价值取向及其嬗变，分析其背后存在的价值困惑，以期更好地推动新时代大众文化的健康良性发展。结合最新的实证调研和典型案例分析，指出颠倒是非曲直的虚无主义价值取向、刻意追求经济效益的功利主义价值取向、注重符号消费的形式主义价值取向对新时代大众文化的健康良性发展构成了严峻挑战。

第四章为美日核心价值观主导大众文化的经验借鉴。大众文化在发达资本主义国家有较长时间的发展，大众文化与各国核心价值观之间的互动经验比较丰富，基于文化的代表性，本书选择美国和日本作为研究对象。梳理美国个人主义的核心价值观、日本整体主义的核心价值观两种不同类型的核心价值观，及其与大众文化的耦合关系、主导大众文化发展的经验，为我国社会主义核心价值观主导大众文化发展提供有益的经验借鉴和历史参考。

第四部分研究新时代社会主义核心价值观主导大众文化的可行性，是本书的主体部分和研究重点，包括第五章、第六章和第七章，分别是社会主义核心价值观主导大众文化发展的不同维度：宏观层面的引领路径、中观层面的规范路径、微观层面的嵌入路径。

第五章介绍社会主义核心价值观引领大众文化发展的路径。引领路径可以分为精神引领、思想引领、创新引领。精神引领主要是以爱国主义为核心的民族精神和以改革创新为核心的时代精神对大众文化的价值引领，凸显爱国主义的主旋律和时代最强音；思想引领主要是坚持用 21 世纪的马克思主义指导思想引领多元文化思潮，坚持一元主导下的多元文化繁荣发展；创新引领是指用"创新、协调、绿色、开放、共享"的新发展理念引领大众文化的发展方向，引领大众文化走向开放的世界，向世界讲好中国故事、传播中国好声音。

第六章介绍社会主义核心价值观规范大众文化发展的路径。规范路径可以分为制度体制规范、法律法规规范、道德行为规范。制度体制规范主要是加强党的领导，深化政治、经济、文化、社会体制改革，从顶层制度设计上规范大众文化的发展方向；法律法规规范主要是建立健全社会主义法律法规、弘扬法治精神、培养法治思维方式等，发挥法律法规蕴含的价值属性和价值目标导引作用；道德行为规范主要是加强社会主义核心价值观的宣传教育、道德榜样的示范引导、节日仪式的涵化渗透等，进行日常行为规范和约束。

第七章介绍社会主义核心价值观嵌入大众文化的路径。嵌入路径分为创作、生产、传播、消费过程的融入。首先，培养德艺双馨的文艺创作者；注重形式与内容的统一；尊重文艺创作规律和人的个性化差异，不断创作出满足人们个性化和多样化需求的文化作品。其次，从文化作品到文化产品的转变是大众文化价值实现的基础，在生产过程中企业文化、核心价值观、品牌意识、资金投入都是增加文化产品附加值的重要因素，要处理好经济效益和社会效益的辩证统一，将社会效益放在首位。再次，大众文化传播是形式与内容的统一，是文化产品实现自身价值的关键环节，社会主义核心价值观融入大众文化的传播过程中就是要对其进行重新编码，不断创造代表社会主义核心价值观的符号，通过符号传播，使人们自觉达成价值共识、形成价值认同。最后，营造公平公正的消费环境、提升大众的审美品位、培养科学合理的消费意识。

第五部分是结语。结语主要总结研究中存在的不足与疏漏，然后展望今后研究的发展趋势和方向，这是对本书的深化和总结。

四、研究方法

本书在搜集文献资料的基础上寻找研究的切入点和创新点，采用多学科交叉研究的视角展开论述，主要的研究方法有以下三种：

（一）文献研究法

利用文献研究法搜集与大众文化、核心价值观、主导性等相关的文献，进行归纳整理，从而为本研究提供坚实的文献资料。从图书系统了解相关的理论观点，从期刊、报纸、官方网站等了解最新的研究动态，从博士、硕士论文资料库了解相关研究的进展情况，从而为本书的撰写提供前期的资料准备和新的研究视角。

（二）比较研究法

对大众文化发展的历史进行纵向比较研究，对大众文化的国际化发展进行横向比较研究。我国大众文化发展的阶段在不同的历史时期有不同的特点、经验、规律，其对新时代中国特色社会主义核心价值观主导大众文化具有重要的指导意义和借鉴意义。西方大众文化发展迅速，衍生出诸多研究流派，对我国的大众文化研究具有一定的借鉴意义。本书以美国和日本为例，比较这两个国家大众文化发展与核心价值观的互动关系，从而为我国社会主义核心价值观主导大众文化发展提供经验借鉴。总结历史经验和借鉴西方核心价值观主导大众文化的理论对于我国社会主义核心价值观规范和引导大众文化发展具有重要意义。

（三）系统研究法

大众文化的要素构成与系统之间的关系研究，大众文化与文化系统的关系研究，大众文化内蕴的价值观与核心价值观的关系研究都要采取系统研究方法，从文化学、价值学、思想政治教育学等诸多学科加以系统的分析，从大众文化存在和发展的现实境遇出发，结合大众文化理论研究，进行系统的、全方位的把握。

五、创新点与不足

大众文化的理论研究和现实研究已经受到不同学科的关注，本书从思想政治教育学科的视角出发，以社会主义核心价值观的培育和践行为历史背景，分析当下大众文化价值乱象的主要根源，从而寻求有力的突破口。受个人精力所限，理论与实践相结合的研究还有待进一步深入。

（一）研究创新点

（1）社会主义核心价值观主导大众文化的实践路径是创新点。从宏观层面引领多元文化思潮，包括精神引领、思想引领和创新引领；从中观层面规范大众文化的发展，包括制度体制规范、法律法规规范、道德行为规范；从微观层面将社会主义核心价值观嵌入大众文化产品创作、生产、传播、消费的全过程。

（2）美国和日本核心价值观主导大众文化的经验借鉴是本研究的第二个创新点。美日两国分别代表了个人主义和整体主义两种不同的核心价值观类型。分析不同历史时期大众文化与核心价值观的互动耦合关系，总结出两个国家核心价值观主导大众文化的历史经验，这个视角是本研究的创新点。

（3）中国大众文化价值取向的历史嬗变是本研究的第三个创新点。本书根据世俗化、市场化、自由化三个不同的价值取向来对大众文化进行分期，研究每个历史阶段大众文化的典型特征、标志性事件，是历史与价值相统一的研究方法。

（二）研究不足

大众文化是个开放的文化场域和文化空间，随着历史的发展而不断向前发展。因此，大众文化理论的研究还有待继续深入挖掘和不断提升。社会主义核心价值观的培育和践行是一个系统工程，是凝聚社会力量、达成社会共识，最终形成价值认同，社会主义核心价值观主导地位的维护和主导性的发挥既是理论问题，也是实践问题，大众文化反映了日常生活的方方面面，承载了多元多样的价值观念，需要社会主义核心价值观对大众文化进行规范和引领。但是，受时间和精力所限，未能采取实证研究、个案分析，这也是本研究的不足。希望在今后的研究中不断加强理论的深入和实证、个案的细化，使研究能够更加具有理论解释力和现实影响力。

第一章　大众文化与核心价值观的关系

党的十八大以来，中国特色社会主义进入新时代，中国实现了从站起来、富起来到强起来的飞跃。进入新时代，我们实现中华民族伟大复兴的中国梦需要不断建设社会主义文化强国。大众文化现在已经成为一种显力量，是文化事业和文化产业的重要组成部分，因此，大力发展和繁荣文化产业需要重视大众文化的作用。目前，大众文化对人们的生产、生活都产生了深刻的影响，而其自身内蕴的价值观念和价值取向多元多样。核心价值观是一定历史时期内社会的主导价值观，在价值体系中处于核心地位，具有主导作用。社会主义核心价值观是社会主义核心价值体系的价值内核，是社会主义价值观念和思想意识的凝练和升华，是全国人民的最大价值公约数，具有强大的社会向心力和凝聚力。文化的内核是价值观，价值观越是多元多样就越需要主导；社会主义核心价值观是社会主义先进文化的内核，其培育和践行要渗透到日常生活的方方面面；大众文化是日常生活的反映方式，是社会主义核心价值观的文化载体，二者的互动构成了文化生态的独特文化景观。

第一节　大众文化的价值属性

文化是人化、化人的动态发展过程，人是文化形成和发展的主体，文化是人的本质力量的对象化，是人化自然的结果。价值观是人在改造自然的实践活动中形成的稳定的价值观念，是文化的内核。大众文化是工业化、市场化、都市化的产物，随着工业社会的发展，利益主体的自主性、个体性、多样性凸显，人的价值观念也日益多元多样。大众文化是日常生活的反映方式，满足人们日常生活的精神文化需求，同时它作为一种精神力量，不断改变着人们的价值观念。改革开放以来，在我国市场化、全球化和信息化进程中，大众文化也在不断发展，承载着世俗化、功利化、个性化等价值取向，并以这些价值取向为基础创造出丰富多彩的文化产品，形成文化产业。大众文化是文化的工业化过程，创作出来的文化作品被批量生产、复制，一方面带来了文化的普及和宣传，有利于人们精神文明素质的提升，另一方面由于片面追求经济效益，忽视社会效益，产生了低俗、庸俗、媚俗的价值倾向。

一、大众文化的内涵

（一）文化内涵的梳理

"文化"一词，在《现代汉语辞海》《现代汉语大词典》中都解释为：人类创造的物质财富和精神财富的总和，特指精神财富，如文学、艺术、教育、科学等。实际包含了广义和狭义两个角度。广义，指人类在社会历史活动过程中所创造的物质财富和精神财富的总和。狭义，则指社会的意识形态以及与之相适应的制度和组织机构。①

文化源于拉丁语 Cultura，原意是指农耕及对植物的培育，15 世纪以后，逐渐引申使用，从农业领域扩展到人类发展进程，从培育作物扩展到培育心灵。后来，文化成为人自觉的研究对象。19 世纪后期，在达尔文进

---

① 《中国百科大辞典》编委会. 中国百科大辞典［M］. 北京：华夏出版社. 1990：392.

化论的影响下，文化开始成为文化学家、人类学家、考古学家的研究对象。以人类学之父泰勒以及摩尔根、巴霍芬、麦克伦南、弗雷泽、韦斯特马克等人为代表的古典进化论学派较早地以文化问题为研究对象，并对文化进行了系统阐释。他们深受达尔文生物进化论和斯宾塞社会进化论的影响，强调文化的普遍性和进化性等特征。以弗里德里希·拉策尔、弗罗贝纽斯、施米特和威廉·佩里等人为代表的德、奥文化传播论学派却强调文化只起源于地球的某一个地方，并以此为中心向世界各地传播扩散，认为全部人类文化史就是文化传播与借用的历史。以博厄斯、克鲁伯等人为代表的历史特殊论学派提出了相对主义的文化观，强调各种文化都是各个社会独特的产物，都有其特殊的发展脉络，强调文化的民族史，反对文化的世界史。20世纪，文化学家对文化的研究逐步超越了对文化现象的实证描述和对文化在历史进化中的地位的一般探讨，开始对文化的具体功能、文化模式、文化结构等方面进行研究。比如法国社会学家涂尔干对宗教的功能与形式的研究，英国功能主义文化学派的拉德克利夫·布朗、马林诺夫斯基对文化的结构功能的研究，米德、克林顿、克拉克洪等人对文化与人格等问题的研究，以列维·施特劳斯等人为代表的结构主义人类学对具体文化现象的研究，以利奇、道格拉斯、特纳等人为代表的象征人类学对仪式问题的研究，以及以韦伯、格尔兹等人为代表的解释人类学研究等。这些学者从不同的角度、不同的层面对文化问题作了极为细致且深入的探讨。① 18世纪德国启蒙思想家赫尔德尔在《人类历史哲学概要》中给文化定位过三个基本特征：首先，文化是一种社会生活模式，它是个统一的、同质的概念，无论是作为整体还是社会生活的方方面面，人的每一言每一行都成为这一文化无可置疑的组成部分。第二，文化总是一个民族的文化，它代表一个民族的精华。第三，文化有明确的边界，文化作为一个区域的文化，它总是明显区别于其他区域的文化。这三个特征一直被认为是

---

① 郑祥福. 文化批判与后现代马克思主义 [M]. 北京：中国社会科学出版社，2008：28 - 29.

关于文化的权威定论。① 目前，学术界普遍认可的经典文化定义是人类学家泰勒在《原始文化》中做出的界定：文化或文明，按它的人种学广义来看，是一个复合的整体，其中包括知识、信仰、艺术、道德、法律、风俗以及人作为社会成员而获得的其他方面的能力和习惯。

文化在中国古代是分开的，"文"既指文字、文章、文采，又指礼乐制度、法律条文等；"化"指"教化""教行"。"古代中国，文化一般被理解为统治者的施政方法。"②《易·贲卦·象传》曰："刚柔交错，天文也。文明以止，人文也。观乎天文，以察时变；观乎人文，以化成天下。"此处，"天文"是指宇宙星象以及所昭示的政治寓意，"人文"则是指社会现象，整句话的大意是：统治者通过了解天象与社会现象来治理天下。到了西汉，刘向在《说苑·指武篇》中说，"凡武之兴，谓不服也，文化不改，然后加诛"。始将"文"与"化"组合成"文化"一词。文是文饰、文采，引申为人文、文治之义；化是化生、化成、教化之义。可见，中国的"文化"从开始即专注于精神领域，作为国家"文治教化"的缩略语。③ 从中国的文化起源来看，文化即人化，人化自然，是人的本质力量的对象化。从功能来看，文化即化人，教化人、塑造人、陶冶人，人是文化的创造主体，同时也被文化所改造，传承文化，促进人类社会文明进步。

中西"文化"一词的来源不同，但时至今日，异曲同工，狭义的文化都是指人类发展进程中的精神现象，广义的文化都是泛指人类创造的一切物质财富和精神财富的总和。

马克思和恩格斯把文化界定为文明形态，把文明形态同对人类发展的总体理解紧密结合在一起，不仅包含物质因素和精神因素，社会制度因素

---

① 转引自陆扬. 大众文化理论［M］. 修订版. 上海：复旦大学出版社，2008：7.

② 段联合，桑业明，王立洲. 当代中国马克思主义文化观［M］. 北京：中国社会科学出版社，2011：23.

③ 转引自刘自雄，闫玉刚. 大众文化通论：第二版［M］. 北京：中国广播电视出版社，2013：5.

也包含其中，文明是人类生活方式和内容的统一体。① 马克思主义认为：文化是创造性的对象化活动。文化即人化，指人的本质力量的对象化。② 马克思主义的文化观是建立在实践基础之上的唯物辩证主义文化观，文化是人与人、人与自然、人与自身之间关系的实践产物。

文化是个复杂的体系，不同的学者将其划分为不同的层次，张岱年认为文化分为三个层次："第一层是思想、意识、观念，等等。思想意识中最重要的有两个方面，一是价值观念，一是思维方式。第二层是文物，即表现文化的实物。第三层是制度、风俗，是思想观点凝结而成的条例、规矩等。文化按其所面对的问题可分为三个方面，即人和自然关系的方面、人和人关系的方面，以及人自身的关系—如灵与肉、精神生活和物质生活等方面。"③ 关于文化的结构，二分说分为物质文化和精神文化，三分说分为物质文化、精神文化和制度文化，四分说分为物质文化、制度文化、风俗习惯和思想价值。还有六分说、七分说，目前普遍认可的是三分说、四分说。④ 有学者将文化形态划分为四个层次："物态文化，它是由人类加工自然事物创制的各种器物构成的，是可触知的具有物质实体的文化事物。制度文化，它是由人类在社会实践中约定俗成或制定的各种社会规范构成的，包括各种制度、规章、法律、法规等等。行为文化，它是由人类在社会实践，尤其是人际交往中约定俗成的习惯性定势构成的，是以风俗习惯、道德风尚等形态出现的见之于动作的行为模式或习性。心态文化，也可大致上称为'观念文化''精神文化'和'社会意识'等，它是由人类在社会实践和意识活动中逐渐形成的思维方式、价值观念、审美情趣、人生态度等主体因素构成的，包括社会心理和社会意识形态两个层次。"⑤ 目前，普遍认可的是张岱年的三层次划分。

---

① 衣俊卿，胡长栓，等．马克思主义文化理论研究［M］．北京：北京师范大学出版社，2012：54.
② 衣俊卿，胡长栓，等．马克思主义文化理论研究［M］．北京：北京师范大学出版社，2012：57.
③ 张岱年，程宜山．中国文化精神［M］．北京：北京大学出版社，2015：4.
④ 谢放．中外文化发展历程［M］．长春：长春出版社，2013：21－22.
⑤ 江畅．论价值观与价值文化［M］．北京：科学出版社，2014：17－18.

关于文化与文明的区别，泰勒认为文化是文明的总和。从内容看，文化是人类征服自然、社会以及人类自身的活动、过程、成果等多方面的总和，而文明则主要指文化成果中的精华部分。从时间上看，文化存在于人类生存的始终，人类在文明社会之前便已产生原始文化，文明则是人类文化发展的成果。① 文化和文明刚开始是互通的，随着研究的深入，文化指人类历史进程中创造出的一切物质财富和精神财富的总和，文明则特指人类文化史上比较辉煌的成就、社会形态。

（二）大众内涵的厘定

"大众"一词在《现代汉语辞海》《现代汉语大词典》中都指群众、民众。② 这里的"大众"是中文语境中的解释，指人民群众的绝大多数，劳动群众的意思。在商业社会的语境中，大众常常被界定为文化消费者。大众身份的重新界定证明，强大的市场体系正在深刻地改造所有的社会关系。③ 就其词源上看，大众不是泛指普通民众，而是用来指民众的绝大部分，它的对立面是富人阶级、特权阶级和受到良好教育的阶级。④ 雷蒙·威廉斯在《出版业和大众文化：历史的透视》中区分过大众的三层含义：第一，为民众，第二，反抗权威的大众欣赏趣味，第三，依赖市场。⑤ 在法兰克福学派如阿多诺等人的视野中，大众（mass）是现代社会组织和意识形态将公民非个性化、统一化的结果，是一种固定不变、单质的群体。而英国伯明翰学派则吸收了法国罗兰·巴特、德塞图等人的思想，坚持认为，大众的内涵不是固定不变的，也不是单质的整体，它代表的是一种价值、一种相对的立场，所谓大众实际上包含了各种各样的由具体利益关

---

① 段联合，桑业明，王立洲. 当代中国马克思主义文化观［M］. 北京：中国社会科学出版社，2011：26.

② 《现代汉语辞海》编委会. 现代汉语辞海［M］. 最新修订版. 北京：中国书籍出版社，2011：201.

③ 南帆. 文学理论新读本［M］. 杭州：浙江文艺出版社，2002：129.

④ 转引自陆扬. 大众文化理论［M］. 修订版. 上海：复旦大学出版社，2008：47.

⑤ 转引自陆扬. 大众文化理论［M］. 修订版. 上海：复旦大学出版社，2008：1－2.

系、政治立场和社会联系形成的群体，是一个杂多异质的关系组合，为此他们用"people"来代替"mass"。在北美学派的费斯克眼中，"大众"是一个积极的能动的受众，是一种"集体性对抗主体"和"流动主体"。第一，"大众"是一种"下层族类"身份，总是处在社会权力关系的弱者一端。第二，"大众"是一个由不同群体不断变化的亲疏离合的多层联系构成的关系总和，他们之间的各种关系极为杂多异质，具体的人群喜欢谁或不喜欢谁，与谁的利益一致或不一致，总是处在不稳定状态，其间复杂交织的利害关系不是"对立"能定位的，这就形成了大众主体的流动性。"大众"的命名虽有特定性，但不特指固定的某些人，其内涵与"大众文化"互动生成，以在某一特定时刻是否受到所谓"大众文化意识形态"（消费主义意识形态）支配为尺度。也就是说，在一定意义上"大众"和"大众文化"具有生产的互为性，价值的相互指涉性。① 笔者比较认同费斯克的观点，即大众是在工业社会形成之后出现的群体，有基本的知识背景和消费能力，不仅是文化的创作主体，也是文化的消费主体。大众是相对精英知识分子而言的，不是固定不变的群体，而是具有流动性的开放的群体，随着经济社会的发展而不断发生变化。

（三）大众文化的内涵

"大众文化"是由"大众"和"文化"两个词合成而来的概念，大众的概念是流动性的，不固定的，文化的概念具有广泛性，例如人的生活方式说、狭义文化说、广义文化说等，广义的文化指人类在实践活动中创造的物质财富和精神财富的总和，狭义的文化主要指人类在实践活动中创造的精神财富。就文化的狭义概念而言，文化的内核是价值观，文化的多元多样构成了多元多样的价值观。大众文化是随着工业社会和都市生活的兴

---

① 范玉刚. "大众"概念的流动性与大众文化语义的悖论性［J］. 人文杂志，2011（1）：107－112.

起而产生的，是目前世界各国普遍流行的文化形态。不同的流派因立场不同，对大众文化有不同的解释，目前西方比较有代表性的学者有霍尔、阿多诺、葛兰西、费斯克、詹姆逊、鲍德里亚等。关于大众文化的意义及其阐释，根据威廉斯等人的概括，可以归结为三个方面的问题：首先，是谁，是什么决定着大众文化？大众文化从何而来？其次，如何看待商业化和产业化对大众文化的影响？最后，大众文化扮演何种意识形态角色？[①]19 世纪，欧洲贵族知识分子认为大众文化就是"低能的人（morons）为低能的人所写的东西"[②]。20 世纪下半叶，约翰·哈特利站在民粹主义立场，以美国总统林肯提出的"民有、民治、民享"理论来解释大众文化，将其界定为："为普通民众所拥有；为普通民众所享用；为普通民众所钟爱的文化。"[③] 费斯克认为，"大众文化是大众在文化工业的产品与日常生活的交界面上创造出来的。大众文化是大众创造的，而不是加在大众身上的，它产生于内部或底层，而不是来自上方。大众文化乃是一门艺术，它权且应付着体制所提供的东西"[④]。弗雷德里克·詹姆逊认为，以大众文化为后现代社会的文化模式的特点是从现代主义的语言中心文化转向后现代主义的视觉中心文化。[⑤] 法国思想家鲍德里亚提出，"大众文化与其说是将艺术降格为商品世界的符号再生产，不如说它是一个转折点，终结旧的文化形式，而将符号和消费引入自身地位的界定之中"[⑥]。法兰克福学派的阿多诺用"文化工业"代替"大众文化"，理由是大众文化整体上是一种大杂烩，它是自上而下强加给大众的，所以是一种文化工业。文化工业在大众传媒和日益精巧的技术效应的协同下，大肆张扬带有虚假光环的总体化整

① 转引自陆扬. 大众文化理论 [M]. 修订版. 上海：复旦大学出版社，2008：21.

② 雷蒙德·威廉姆斯. 文化与社会 [M]. 吴松江，张文定，译. 北京：北京大学出版社，1991：384.

③ 转引自约翰·费斯克，等. 关键概念：传播与文化研究辞典 [M]. 李彬，译. 北京：新华出版社，2004：212.

④ 约翰·费斯克. 理解大众文化 [M]. 王晓珏，宋伟杰，译. 北京：中央编译出版社，2001：31.

⑤ 转引自陆扬. 大众文化理论 [M]. 修订版. 上海：复旦大学出版社，2008：29.

⑥ 转引自陆扬. 大众文化理论 [M]. 修订版. 上海：复旦大学出版社，2008：41.

合观念，一方面极力掩盖严重物化的异化社会中主客体间的尖锐矛盾，一方面大批量生产千篇一律的文化产品，来将情感纳入统一的形式，纳入一种巧加包装的意识形态，最终使大众将个性无条件交出，淹没在平面化的生活方式、时尚化的消费行为，以及肤浅化的审美情趣之中。[①] 葛兰西强调，"霸权的生产、再生产以及转化都是市民社会的产物，反之国家采用的是强制和压迫的手段。大众文化和大众传媒是通过市民社会涵盖了文化生产和消费的种种机制，来为霸权的生产、再生产和转化服务的"[②]。霍尔分析了大众文化的不同含义："首先，'事物'被称为大众的，因为成群的人听它们、买它们、读它们、消费它们，这个概念的'市场'或被商业定义。其次，大众文化是指大众在做或曾经做过的一切事情。最后，用关系、影响、抗衡等延绵不断的张力来界定大众文化，集中讨论传统文化与统治文化之间的关系。"[③] 戴维·英格利斯则认为："'通俗文化'，即是大众文化，是被大众生产的、无思想性的、不精致的并且是空洞的。"[④] 约翰·斯道雷归纳总结了大众文化的六种定义：第一种定义认为，大众文化是指那些被很多人所广泛热爱与喜好的文化。第二种定义认为，大众文化就是除了"高雅文化"之外的其他文化，是一个剩余的范畴，是那些无法满足"高雅"标准的文本和实践的"栖身之所"。第三种定义将"大众文化"等同于"群氓文化"。第四种定义认为，大众文化是来源于"人民"的文化。鉴于此，"大众文化"一词仅指属于"人民"的"本真的"文化，等于民间文化，乃是一种民治、民享的文化。大众文化的第五个定义来自意大利马克思主义者葛兰西的政治分析，与霸权这一概念的发展密切相关。葛兰西用"霸权"这个词来指涉社会统治集团如何通过文化控制"智力与道德的领导权"来赢取被统治阶级的赞同。大众文化的第六个定

---

① 转引自陆扬. 大众文化理论［M］. 修订版. 上海：复旦大学出版社，2008：45.
② 转引自陆扬. 大众文化理论［M］. 修订版. 上海：复旦大学出版社，2008：68.
③ 转引自陆扬. 大众文化理论［M］. 修订版. 上海：复旦大学出版社，2008：87.
④ 戴维·英格利斯. 文化与日常生活［M］. 张秋月，周雷亚，译. 北京：中央编译出版社，2010：102.

义是在对后现代主义争论的思考中发出的，后现代主义的核心观点是：后现代文化已不再具有高低之分。关于商业和文化互相渗透的现象，后现代主义模糊了"本真文化"与"商业文化"之间的区别。这可以从电视广告和流行音乐的关系中一窥究竟。① 总体来看，对于大众文化的界定存在着两种主要观点：大众文化是自上而下的，是统治阶级实行统治的文化手段，和大众文化是自下而上自发形成的、由大众创造并被大众影响的文化。

国内研究大众文化比较有代表性的学者有王一川、金元浦、金民卿、邹广文、陶东风、徐海波等。王一川将大众文化界定为："以大众传媒为手段、按商品规律运作、旨在使普通市民获得日常感性愉悦的体验过程，包括通俗诗、通俗报刊、畅销书、流行音乐、电视剧、电影、广告等形态。"② 莫林虎等也认同此观点，"王一川这样界定，这个定义是比较精当的"③。金元浦认为，"大众文化主要是指兴起于当代都市的，与当代大工业密切相关的，以全球化的现代传媒为介质大批量生产的当代文化形态，是处于消费时代或准消费时代的，由消费意识形态来筹划、引导大众的，采取时尚化运作方式的当代文化消费形态"④。邹广文认为，"大众文化是在工业社会中产生的、以都市大众为消费对象、通过现代媒体传播的、按照市场规律批量生产、集中满足于人们的感性娱乐的文化。大众文化是现代社会快节奏、高效率、方便、时髦、流动的生活方式的集中体现"⑤。金民卿认为，"大众文化是反映工业化技术和商品经济条件下大众日常生活、在社会大众中广泛传播、适应社会大众的文化品位、为大众所接受和参与的意义生成和流通的精神创造性活动及其成果。它具有社会大众性、日常

---

① 约翰·斯道雷. 文化理论与大众文化导论 [M]. 常江, 译. 北京：北京大学出版社, 2010：6-15.

② 王一川. 大众文化导论 [M]. 北京：高等教育出版社, 2004：8.

③ 莫林虎, 等. 大众文化新论 [M]. 北京：清华大学出版社, 2011：4.

④ 金元浦. 定义大众文化 [N]. 中华读书报, 2001-07-25（20）.

⑤ 邹广文. 社会转型期的大众文化定位 [J]. 吉林大学社会科学学报, 1998（6）：56.

生活性、复杂多样性、商业盈利性、强烈渗透性、娱乐消遣性、意识形态性等"①。陶东风认为，"大众文化是一个特定的范畴，它主要是指随着现代大众社会的兴起而形成的，与当代大工业生产密切相关，以大众传媒为主要传播手段，进行大批量文化生产的商业化的当代文化形态"②。范玉刚认为，"大众文化是一个特定范畴，它主要是指兴起于当代都市的、以文化工业作为生产途径、以全球化的现代传媒为介质大批生产的当代文化形态，是由消费意识形态来筹划引导大众，采取时尚化运作方式的当代文化消费形态。它是现代工业和市场经济充分发展后的产物，是有史以来历史上规模最大、人类广泛参与的文化事件"③。刘自雄等认为，"大众文化是指民主化、工业化、市场化社会中为普通民众生产、并为普通民众所参与和消费的一切物质、符号、观念和活动。或者简化为一句话，大众文化就是现代社会中普通民众的生活方式"④。杭之将大众文化界定为："一种都市工业社会或大众消费社会的特殊产物，是大众消费社会中通过印刷媒介和电子媒介等大众传播媒介所承载、传递的文化产品，其明显的特征是它主要是为大众消费而制作出来的，因而它具有标准化和拟个性化的特色。"⑤　陈刚认为："大众文化是在工业社会中产生，以都市大众为其消费对象，通过大众传播媒介传播的无深度的、模式化的、易复制的、按照市场规律批量生产的文化产品。"⑥　还有学者认为，"大众文化是工业社会以来与现代都市及大众群体相伴而生的，以大众传播媒介为物质依托的，受市场规律支配的，平面性、模式化的文化产品形式。最高原则是极大地满足大众消费"⑦。总体来看，学者们普遍认为大众文化是工业化、市场化的

①　金民卿. 大众文化论——当代中国大众文化分析 [M]. 北京：中共中央党校出版社，2002：1.
②　陶东风. 当代大众文化价值观研究：社会主义与大众文化 [M]. 沈阳：辽宁教育出版社，2014：54.
③　转引自徐海波. 意识形态与大众文化 [M]. 北京：人民出版社，2009：165 – 166.
④　刘自雄，闫玉刚. 大众文化通论：第二版 [M]. 北京：中国广播电视出版社，2013：15.
⑤　杭之. 一苇集 [M]. 北京：生活·读书·新知三联书店，1991：141.
⑥　陈刚. 大众文化与当代乌托邦 [M]. 北京：作家出版社，1996：22 – 23.
⑦　吴世彩. 大众文化的和谐价值 [M]. 北京：中央编译出版社，2008：3.

产物，主要从大众传播媒介、消费娱乐功能、意识形态功能、国际化背景等方面来阐释大众文化。

本书所说的大众文化是改革开放以来工业化、市场化的产物，以大众传媒为介质进行价值观传播，大批量生产、制作并且按商业化规律进行运作，具有消费性、娱乐性、通俗性等基本特征。

二、大众文化的外延及特征

（一）大众文化的类型

大众文化是大众日常生活的反映方式，包含文学作品、音乐、美术、电影、电视、广告、广播、新闻、游戏、休闲娱乐服务、网络文化等。大众文化按照不同的划分标准可以划分为不同类型，按照大众文化的共时性形态可以分为文化服务与文化产品；按照大众文化的历史性形态可以分为口头大众文化、印刷媒介大众文化、电子媒介大众文化、数字媒介大众文化；按照大众文化的受众类型可以分为青年亚文化、女性大众文化、其他群体大众文化等；按照大众文化的内容（形式）可以分为电影、电视、音乐、广告、文学作品、报纸杂志、网络、"互联网＋"等；按照大众文化的地域可以分为国内大众文化与国际大众文化、城市大众文化与农村大众文化等。随着网络化生存方式和数字技术的深入发展，大众文化的外延也在不断延伸，大众文化的传播方式也从传统文化传播例如报刊、电视等，发展到网络化传播，再到手机自媒体传播。

（二）大众文化及相关概念

大众文化的实质是现代工业社会产生的、与市场经济发展相适应的一种市民文化。它一方面与共时态的官方主流文化、学界精英文化相互区别，另一方面也与传统自然农业经济社会里的各种民间文化、通俗文化有着一些原则差异。

大众文化与主导文化相互补充，相互影响。主导文化主要是指政党或政府通过官方渠道、行政手段所倡导的文化，具有强大的影响力。大众文化和主导文化都是文化的基本形态，两者内蕴的价值取向存在以下关系：有的大众文化与主导文化有共同的价值取向，有的大众文化与主导文化的价值取向相背离。

精英文化是知识分子群体创造的，具有较高的专业性和一定的高雅旨趣。精英文化与大众文化相冲突，但也有一定的互动。精英文化与大众文化的创作主体和消费主体有很大区别，精英文化针对的是特定的高素质群体或知识分子等，精英文化的特点也与大众文化的商业性、娱乐性、平面性等背道而驰。

通俗文化是普通大众自发的、流行的文化，满足普通大众日常生活的精神文化需要。大众文化与通俗文化有所区别，大众文化是商业化的、娱乐化的、批量生产的，而通俗文化是民间约定俗成的，与风俗习惯有着密切的联系，不以营利为目的，只是为了满足日常的精神需求。

（三）大众文化的特征

大众文化的基本特征表现为属性商品化、传播媒介化、制作标准化、审美日常化、形式娱乐化、趣味时尚化。

三、大众文化内蕴一定的价值观

（一）文化的内核是价值观

文化即人化，文化从本质上讲是人的力量的对象化，是人类社会在改造自然界的实践中所形成的，反过来讲人类在改造自然中形成的文化对人的发展具有重要的熏陶作用，即"以文化人"和"以人化文"二者是辩证统一的关系。

从文化的构成要素来看，无论是三要素说（思想意识观念、文物、制度风俗），还是四要素说（物态文化、制度文化、行为文化、精神文化或观念文化或观念心态文化），思想意识观念、精神文化都是文化构成要素中最核心的部分。"文化是一个整体，主要由物质文化、制度文化和精神文化构成。物质文化属于文化的表层部分，是文化的物质载体；制度文化属于文化的中层部分，是文化中最权威的因素；精神文化是文化之魂，是文化的内层部分，是民族历史长期沉淀的结晶，是民族的集体潜意识，具有相对稳定性和历史性。"① 文化具有自身独特的价值体系，既包含了对现实世界的意义，又指向理想的未来世界，形成具有一定价值取向的稳定的思维、倾向、态度，对人类社会发展起着规定性和导向性的作用。在人类历史的长河中，文化的价值属性具有极强的吸引力和凝聚力。通过价值观的传承与发展，精神文化可以流传万古千秋，而物质文化、制度文化会随着历史的发展、社会的进步而消失或者改变。

从哲学视角来看，文化是以观念、意识形态等上层建筑的方式存在和发展的，价值观念是所有构成要素中最核心的要素。"不同的生产方式会带来不同的生活方式，如农业要求人们安土乐居，久而久之，会形成乐土重迁的习惯，还会带来眼界狭隘的弊病。不同的生产方式还会影响人口的稀密、交往的繁疏、人们之间关系的性质、政治治理的方法，等等。总而言之，生产方式会对文化的各个层次、各个方面产生深刻的影响。观念文化与经济政治制度有最密切的内在联系，与不同时期垄断了生产资料从而也垄断了精神生产的阶级有最密切的内在联系。"② 俞吾金先生也认为无论是广义的文化还是狭义的文化，核心都是价值问题，他认为，当代中国社会，存在三种相互冲突的文化价值倾向：第一种是前现代的价值体系如集

---

① 薛晓芳. 近代中国的三次文化递嬗：基于文化构成角度的解读 [J]. 福建论坛（人文社会科学版），2010（8）：61.

② 张岱年，程宜山. 中国文化精神 [M]. 北京：北京大学出版社，2015：127.

权化、等级化、身份化、男权中心主义；第二种是现代性的价值体系如整体化、一体化、中心化、必然性等；第三种是后现代性的价值体系如个体化、多样化、边缘化、偶然性等。①

从历史视角来看，中西文明对比，核心是价值观的比较与较量。文化承载价值观，价值观影响文化的形成与传播。文化价值是价值的核心，文化价值研究是价值论研究的具体化和深化，也是哲学"价值论转向"的关键。当代人面临的最大问题之一就是文化价值的冲突、困惑和危机。它们包括：①科学技术对人性和人的理念的挑战。②现代化的陷阱引发的价值冲突、困惑和危机。③全球化时代的价值冲突与整合问题。② 马克斯·韦伯从宗教角度指出新教伦理与资本主义制度之间的关系，美国学者本尼迪克特认为，每一种文化模式都有特定的价值系统，即社会价值和价值观念，是一种文化的主导特质，决定着文化模式的差异。③ 塞缪尔·亨廷顿也曾在《文明的冲突与世界秩序的重建》《我们是谁：对美国国家认同的挑战》等著作中提到文化的较量实际上是核心价值观的较量。

综上，文化的内核是价值观，价值观需要以文化载体为中介进行传播。价值观与文化是内容与形式、"魂"与"体"的关系。文化发展在不同历史时期呈现出不同样态，文化内蕴的价值观也在不同的历史时期中受到经济、社会发展的影响而呈现出多元多样的发展趋势。

（二）大众文化是价值观的重要文化载体

大众文化是人们日常生活的反映方式，满足人们日常生活的精神文化需求，同时作为一种精神力量，不断改变着人们的价值观念。作为一种重要的文化形态，大众文化与精英文化、主流文化相对应，是社会主义核心

---

① 俞吾金. 历史大错位中的文化价值重建 [J]. 探索与争鸣，2009（11）：8 – 11.

② 孙美堂. 从价值到文化价值——文化价值的学科意义与现实意义 [J]. 学术研究，2005（7）：44 – 49.

③ 露丝·本尼迪克特. 文化模式 [M]. 王炜，等译. 北京：生活·读书·新知三联书店，1988：190 – 194.

价值观宣传、教育的重要文化载体。大众文化是工业社会发展的特殊产物，"文化与经济利益结合，产生了文化市场，所谓文化搭台、经济唱戏，就是文化市场化的集中体现。文化市场化导致了文化的世俗化，流行歌曲、大众电影、电视剧、网络文学、网络视频、动漫等都是文化市场化的产物。国际互联网等信息技术的日新月异，导致了文化网络化的产生"①。工业社会的典型特征是资本的商品化逻辑，文化受到市场化、商业化的强烈冲击，文学艺术、音乐美术、电视电影、广播娱乐等都变成了自由买卖的大众文化形式，文化产品变成了满足消费者日常生活需求的商品，商品的最终目的是实现自身的价值。"一种商品要成为大众文化的一部分，就必须包含大众的利益。大众文化不是消费，而是文化——是在社会体制内部，创造并流通意义与快感的积极过程：一种文化无论怎样工业化，都不能仅仅根据商品的买卖，来进行差强人意的描述。"② 大众文化产品作为一种特殊的商品，具有经济属性和意识形态属性的双重属性，一方面，大众文化商品的生产和消费实现了自身的经济价值，促进了文化产业的发展；另一方面，大众在消费大众文化产品时依据自身的思想文化素质不断地对大众文化产品蕴含的价值观念进行解读，同时大众文化内蕴的价值观念也会影响人们的思想意识和价值观念。

大众文化作为工业化的产物，具有批量生产、复制的特点，能够将文化作品迅速转化成商品，进而满足大多数社会成员的需求。工业社会的形成和发展，对人的精神品格塑造具有双重影响，由于社会生产效率的提升，劳动力被大大解放，人们有了更多的闲暇时间；由于社会生产水平和消费水平的提升，人们的生活水平和消费水平也不断提高，人们有了更高的消费能力，对精神文化的需求也不断提升，大众文化正是为了满足人们不断增长的精神文化需要而发展起来的。但是，工业化的快速发展也带来

---

① 李辉．"以文化人"的价值论思考［J］．思想教育研究，2015（11）：23.
② 约翰·费斯克．理解大众文化［M］．王晓珏，宋伟杰，译．北京：中央编译出版社，2001：28.

了社会利益格局的深刻变革，社会分层加剧，激烈的竞争给社会成员带来了生活上和工作上的精神压力，为缓解精神压力，娱乐化、通俗化的大众文化便应运而生。随着全球化、信息化的深入发展，大众文化开始在全球生产、流通和消费，在网络空间中创作、流通和消费，突破了国家、民族、种族、地域的限制，在国际文化的交流、交融、交锋中发挥了重要的作用，体现了国家文化软实力在国际上的影响力和话语权。科学技术的发展引发了工具理性对价值理想的挑战，尤其是互联网的发展改变了人们的生存方式和思维方式。在传统、现代与后现代并存的历史背景下，现代化带来的断裂式发展对人们的精神家园建设也产生了不利影响。全球化的深入发展，文化的国际交流，带来了不同价值观念的冲突与碰撞，对文化安全形成了一定的挑战。新时代面临着百年未有之大变局的深刻变革，大众文化成为提升国家文化软实力的重要文化载体。

（三）大众文化发展的价值取向

大众文化是新时代中国文化样态的重要组成部分之一。一方面，大众文化传播正能量，满足人民大众对美好生活的精神需求；另一方面，受到国际国内经济、政治、社会等多重因素的影响，大众文化的价值取向日趋多元多样，甚至出现无文可化和有文异化的取向。

大众文化是工业社会的产物，具有工业社会发展的典型特征，作为我国的基本文化形态之一，与精英文化、主流文化相互联系、相互影响。"主流文化引领着社会风尚与文化的前进方向；精英文化则身兼文化传承与文化批判的使命，批判反思文化的不足，保障社会文化的合理性发展态势，以提高大众的审美趣味、提升大众的生活追求、丰富大众的人生意义为取向。大众文化是主流文化与精英文化的试金石。大众作为受众一方面接受主流文化与精英文化的熏陶，同时还是文化创新的基本力量，是社会主义现代化文化建设的主体。"① 大众文化与精英文化、主导文化共同构成了我国的文化生态，三者具有不同的价值取向和社会功能。大众文化作为日常生活的反映方式，具有世俗化、娱乐化、个性化、市场化的基本特征；大众文化产品以商品形式进入消费领域，具有市场化、消费化的基本特征；大众文化作为社会主义基本的文化形态，具有道德示范、行为示范、价值规范等基本功能。大众文化对我国文化产业的健康稳定发展具有十分重要的意义，对国家文化软实力的提升具有重要的支撑作用，对发挥"以文化人"的文化育人功能也具有很大的隐性渗透作用。因此，发挥大众文化的积极价值取向，将社会效益放在首位，是推动社会主义精神文明建设的题中之义。发挥"以文化人"功能的前提是提升文化的审美品位、道德品质、艺术价值等，例如《战狼2》《红海行动》《觉醒年代》等影视作品，都给人传递出正能量，让人们在欣赏影视作品的同时，自觉不自觉地提升对我国主流意识形态的认同。诸如此类，大众文化深入日常生活的方方面面，对大众的价值观念、思维方式影响比较深远。大众文化不仅能将社会主义核心价值观转化成百姓喜闻乐见的形式、方式，而且更容易使社会主义核心价值观落细、落小、落实，促使其转化成人们自觉的价值认同。

大众文化包括多元多样的价值取向，既有积极的价值取向，又有消极的价值取向。大众文化消解对主流意识形态的认同。我国的大众文化是在传统、现代与后现代并存的历史条件下产生与发展起来的，具有多元多样的价值取向，各种价值之间相互冲突、相互碰撞。"受到市场化、世俗化等现代性因素的影响，现有物态文化普遍存在着另类价值张扬、核心价值观被弱化的倾向。个别大众媒体不断翻新选秀、娱乐主题，把隐私当噱头的低俗价值观被放大到公共平台上。漫画、动漫等文化产品在创造过程中

---

① 邹广文，宁全荣. 当代中国文化形态及其走向 [J]. 北京行政学院学报，2012（4）：110.

随心所欲，缺乏价值凝练，导致青少年的价值错位和价值混乱。"① 例如，中央网信办从 2020 年启动了"清朗"专项行动，专门整治网络文化乱象，尤其是 2021 年 6 月开展的"清朗·'饭圈'乱象整治"专项行动，让吴亦凡、赵薇、张哲瀚、郑爽等失德艺人都受到了应有的惩罚。这不仅仅是网络违法违规行为的专项整治活动，也是社会主义核心价值观融入法治建设的具体体现。流量明星背后体现的是资本的逐利逻辑与主流意识形态背离、与核心价值观对立的一种社会现象。大众文化自身内蕴的价值取向往往受到现代科技、商品经济、西方社会思潮的影响，一方面，技术崇拜导致只注重大众文化产品形式的创新，忽视了大众文化自身价值观的建设；商品经济以追求利润最大化为目标，忽视了大众文化产品自身的审美品位、道德规范、价值追求等；西方社会思潮如功利主义、虚无主义、自由主义、个人主义、民族社会主义等对大众文化的影响导致了大众文化自身的价值冲突。另一方面，大众文化的发展受到社会转型、利益分化等社会经济基础的影响，为了满足市场主体多样化、个性化的需求，出现了多元多样的价值取向。大众文化多元多样的价值取向一旦出现价值观念混乱、价值观念冲突就会对人的思想意识造成不利影响。文化荒漠化、文化异化就是特殊历史背景下的时代产物。

我国大众文化的价值取向是随着我国社会主义市场经济体制的确立、发展而不断发展变化的。"改革开放以来，中国社会价值观发生的变迁具有两个最明显的特征，这就是社会主流价值观发生了一定变化，一元价值观与多元价值观、整体价值观与个体价值观、理想价值观与世俗价值观、精神价值观与物质价值观各自形成了一种张力关系。这些变化与社会结构的变迁和经济体制的转轨、全球化进程中的文化开放和文化碰撞以及主体意识的觉醒等密切相关。"② 随着社会主义市场经济的深入发展，利益主体

---

① 李辉. 培育和践行社会主义核心价值观的文化载体 ［N］. 光明日报，2014 - 09 - 10 (13).

② 廖小平. 改革开放以来我国价值观变迁的基本特征和主要原因 ［J］. 科学社会主义，2006 (1)：64.

的分化、分层不断凸显，社会结构发生着深刻变革，利益结构的调整会带来人的价值观念、思维方式的改变。全球化、信息化的深入发展，使全球经济、政治、文化交流日益密切，人们接受西方消费方式、生活方式的过程也是对西方的价值观念产生认同的过程。"当代中国大众文化在走向价值虚无主义中有不同的路径，大致包括金钱至上的物质主义价值观、宣扬自我的个人主义价值观、追求感官刺激的享乐主义价值观，以及社会批判功能的消退等。"① 大众文化既包含积极的价值取向，也包含消极的价值取向，两者之间形成了稳定的张力结构。功利主义、享乐主义、社会批判功能弱化等消极价值取向与社会主义核心价值观相背离。大众文化深入日常生活的方方面面，对大众的价值观念、思维方式影响比较深远。大众文化作为重要的文化形态之一，对于文化产业的健康持续发展、国家文化软实力的提升、文化育人功能的发挥都有重要的影响，因此，发挥大众文化的积极价值取向，将社会效益放在首位，是推动社会主义精神文明建设的题中之义。"以文化人的大前提是'文'的品质。不同品质的文化对人的价值观会产生不同质的影响。混乱的文化也只能产生混乱的价值观。因而，要重视无文可化和有文异化两种现象。所谓无文可化不是说文化已经沙漠化了，处于荒芜状态，而是杂多的文化中缺乏正能量、有阳光的作品和产品。有文异化侧重的是那些偏离甚至消解社会主义核心价值观的文化只能产生副作用。"②

第二节　大众文化是核心价值观的载体

大众文化是我国现阶段重要的文化形态之一，具有生活化、通俗化、

---

①　和磊. 论当代中国大众文化价值虚无主义的取向路径［J］. 当代文坛，2015（3）：146.
②　李辉."以文化人"的价值论思考［J］. 思想教育研究，2015（11）：23.

生动化等基本特征，以大众文化为载体进行社会主义核心价值观的培育和践行能够使人们在消费大众文化产品的过程中将社会主义核心价值观自觉内化于心，外化于行。社会主义核心价值观是先进文化的精神内核，是我们党和国家的最大价值公约数。"培育和践行社会主义核心价值观，是推进中国特色社会主义伟大事业、实现中华民族伟大复兴中国梦的战略任务。面对世界范围思想文化交流、交融、交锋形势下价值观较量的新态势，以及改革开放和社会主义市场经济条件下思想意识多元多样多变的新特点，积极培育和践行社会主义核心价值观，对于巩固马克思主义在意识形态领域的指导地位、巩固全党全国人民团结奋斗的共同思想基础，对于促进人的全面发展、引领社会全面进步，对于集聚全面建成小康社会、实现中华民族伟大复兴中国梦的强大正能量，具有重要现实意义和深远历史意义。"① 社会主义核心价值观的培育和践行具有重要的历史意义和现实意义，社会主义核心价值观一方面体现了社会主义意识形态的本质，另一方面彰显了社会主义社会的凝聚力和感召力。

一、核心价值观的内涵

价值主要是指基于实践基础上的客体的属性满足主体需要的程度，即主体的需要和满足主体需要的关系。价值观在词典中的解释有以下几种：① "人们对于价值的总的和根本的观点。在伦理学中，价值观是人们对于人生价值、人生理想的总的和根本的观点。"② ② "在一定社会条件下，人的全部生活实践对自我、他人和社会所产生的意义的自觉认识。"③ ③ "作为哲学概念，它指关于价值的理论体系，是人对世界系统化、理论化的评

---

① 中共中央办公厅印发关于培育和践行社会主义核心价值观的意见 [N]. 人民日报，2013 - 12 - 24（2）.
② 罗国杰. 中国伦理学百科全书·伦理学原理卷 [M]. 长春：吉林人民出版社，1993：270.
③ 金炳华. 马克思主义哲学大辞典 [M]. 上海：上海辞书出版社，2003：272.

价意识，马克思主义认为价值既不是纯主观的也不是纯客观的，而是主体需要与客体属性的统一，是客观事物对人的有用性。"① 第一种解释侧重于人生价值的思考，第二种解释侧重于实践基础上的认识，第三种解释则侧重于主体的需要。

袁贵仁认为，价值观，广义的观念，表示一切形式的思想、认识、看法，泛指客观现实在人脑中的主观反映这些第二性的东西。狭义的观念，指人们对于客观事物的总的看法和理解。从宏观的角度说，价值观念是社会文化体系的核心。从微观的角度说，价值观念是人的世界观的组成部分。从根源的角度说，它同主体的需要、理想联系在一起，它受制于人的经济地位、社会地位。一般情况下，"价值观念"和"价值观"作为同个概念使用。严格来说，价值观念是关于某类事物的意义或价值状况的看法，价值观是关于价值的根本看法。② "价值观念不同于严格意义上的'价值观'。严格意义上的价值观，如同物质观、时空观、真理观、历史观等，作为一门理论分支，是关于某个对象领域的学说系统。而价值观念，却是指人们内心深处的价值取向或价值理念。价值观念作为人类特有的一种精神状态，它是人们关于基本价值的信念、信仰、理想的系统。"③ 江畅认为，"价值观是人们在关于各种事物所具有的各种价值的观点或看法基础上所形成的对这些事物所具有的这些价值的信念"④。马俊峰认为，"价值观念是理智观念层面的价值意识，是建立在一定知识基础上的具有相当的理想色彩的价值意识"⑤。罗国杰认为，"所谓价值观，简单地说，就是主体对客体有无价值和价值大小的立场和态度的总和，是对价值及相关内容的基本观点和看法。价值观是人们对周围世界的意义和价值的反映和判

① 康绍邦，胡尔湖. 新编社会主义辞典 [M]. 北京：中国广播电视出版社，1991：108.
② 袁贵仁. 价值观的理论与实践：价值观若干问题的思考 [M]. 北京：北京师范大学出版社，2013：129－131.
③ 李德顺. 价值论——一种主体性的研究 [M]. 北京：中国人民大学出版社，2013：137.
④ 江畅. 理论伦理学 [M]. 武汉：湖北人民出版社，2000：51.
⑤ 马俊峰. 马克思主义价值理论研究 [M]. 北京：北京师范大学出版社，2012：213.

断，是对世界、社会、他人以及与自己的关系的一种具有系统性、综合性和稳定性的观点"①。有学者认为，"价值观是价值的凝练和观念表达。价值观通常被看作人们在社会生活实践中形成的关于价值的总观点、总看法，是具有高度普遍性、概括性和广泛社会性的价值观念或观念体系，表现为人们的价值信念、信仰、理想、标准和具体价值取向等观念形态"②。综上所述，学者们普遍认为价值观是一种对价值的观念、观点、看法，而且价值观从时间上看是稳定的，从主体上看是主观的，从实践的基础上看是客观的。

价值观和价值观念在很多情况下都是通用的，但二者在理论上还是有区别的，李德顺认为，"时下所说的'价值观'，严格地讲是指'价值观念'。在学理上，价值观是指关于价值的理论、知识、学说体系，就像物质观、时空观、历史观等一样；价值观念则是指人们关于基本价值的立场、取向、态度等。这两个概念的区别，相当于宗教学和宗教信仰、伦理学和个体道德之间的关系：前者主要是学者研究的话题，后者则与每个人的人生追求和选择都有关。虽然这种区别在科学和法律上有严格意义，但在生活中人们已经习惯了把二者不加区分"③。价值观和价值观念从严格意义上讲是有区别的，区别在于价值观是理论和学说体系，价值观念是立场和态度。价值观念的外延比价值观更广泛，价值观念是一种取向、态度、观点等，而价值观是长期以来形成的对于价值的系统看法和观点。

美国功能主义代表人物帕森斯认为价值观是"社会中人们一直接受的象征系统（文化系统）中的一个因素，是社会各种选择或行为目标的标准"④。"20世纪50年代，克拉克洪提出的价值观定义在西方心理学确立了支配地位，从操作层面对价值观的定义进行整合，是关于对大自然的看

① 罗国杰.马克思主义价值观研究［M］.北京：人民出版社，2013：13.
② 吴育林，等.当代中国价值问题与价值重建［M］.北京：人民出版社，2014：34.
③ 李德顺.什么是价值观［N］.学习时报，2001－06－11（5）.
④ 塔尔科特·帕森斯.社会行动的结构［M］.张明德，等译.南京：译林出版社，2003：56.

法、人在大自然的位置的看法、人与人的关系的看法及在处理人与人、人与环境关系时对值得做和不值得做的看法，克拉克洪称之为'价值取向'。20世纪70年代，罗克奇把价值观理解为一种持久的信念，分为终极价值观和工具性价值观两个方面。20世纪80年代，以施瓦茨为代表的学者从需要和动机方面解释价值观的深层次内涵，试图构建一个具有普遍文化适应性的价值观心理结构。"① 哲学、心理学等诸多学科都对价值观予以了广泛的关注。

"核心"在现代汉英词典中对应三个单词，分别是 nucleus、core、kernel：如领导核心 the core of leadership，核心人物 key person，起核心作用 play a key role，抓住问题的核心 get to the heart of the matter，辩证法的核心 the kernel of dialectics，核心家庭 nuclear family，核心课程 core curriculum，核心内阁 inner cabinet，核心小组 core group。核心力量 force at the core。在《现代汉语大词典》中"核心"是"中心、主要部分"的意思。② 因此，无论是中国还是西方，"核心"从地位来说都指中心位置，从作用来看都指主导、主要作用。

核心价值观是指在所有价值观中居于核心位置，起主导作用，对其他价值观起着规范、引领作用的价值观；或者可以理解为一个社会或主体对核心价值的观点和看法。核心价值观在我国主要是指在中国特色社会主义实践活动基础上形成的、处于价值体系的核心地位，对其他价值观具有引领和规范作用的价值观，即社会主义核心价值观。社会主义核心价值观在党的十八大报告中表述为"倡导富强、民主、文明、和谐，倡导自由、平等、公正、法治，倡导爱国、敬业、诚信、友善"③，它是从国家、社会、个人三个主体层面加以概括、凝练、提升出来的基本价值取向和价值

① 廖小平. 价值观变迁与核心价值体系的解构和建构［M］. 北京：中国社会科学出版社，2013：26－27.
② 阮智富，郭忠新. 现代汉语大词典：下册［M］. 上海：上海辞书出版社，2009：2077.
③ 十八大报告辅导读本［M］. 北京：人民出版社，2012：32.

准则。

价值体系是指一个社会或主体在实践中所形成的所有价值观构成的一个系统，核心价值体系指在价值体系中具有核心地位、起主导作用的价值体系。"社会主义核心价值体系是兴国之魂，是社会主义先进文化的精髓，决定着中国特色社会主义发展方向。"[①] 核心价值体系在价值体系中居于核心地位，核心价值观在主体的诸价值观中居于核心地位。在我国，核心价值体系是指马克思主义指导思想、中国特色社会主义共同理想、以爱国主义为核心的民族精神和以改革创新为核心的时代精神、社会主义荣辱观。四个方面相辅相成，共同构成了中国特色社会主义的兴国之魂、文化精髓。

社会主义核心价值观是社会主义核心价值体系的灵魂与精髓，是在社会主义核心价值体系基础上的凝练和升华。社会主义核心价值体系是社会主义核心价值观的基础和价值源泉。

主导价值观是一个社会占主导或统治地位、对社会其他价值观的发展方向和基本走向具有引导和规范作用的价值观，核心价值观就是这样的价值观。在我国社会主义核心价值观就是主导价值观，二者具有本质上的同一性。

主流价值观是一个社会大多数民众所信奉、或者说对社会大众具有较强影响力的价值观。主流价值观在一定历史阶段可能与核心价值观相一致，在特定的历史条件下可能与核心价值观相冲突，因此需要社会主义核心价值观的引领和培育。

---

① 中共中央关于深化文化体制改革推动社会主义文化大发展大繁荣若干重大问题的决定（二〇一一年十月十八日中国共产党第十七届中央委员会第六次全体会议通过）［N］. 人民日报，2011 - 10 - 26（1）.

二、核心价值观需要大众文化承载

社会主义核心价值观是社会主义先进文化的内核，具有引领和规范作用。大众文化是日常生活的反映方式，借助大众传媒和大众文化产品对人们的思想意识和价值观念产生影响。同时，大众文化自身的通俗性、娱乐性、商业性等特点容易使大众在消费大众文化产品时潜移默化地接受其内蕴的价值取向和价值观念。社会主义核心价值观的培育和践行需要深入日常生活中，引导人们日常生活的思想道德观念和行为意识。因此，社会主义核心价值观需要以大众文化为载体，大众文化承载社会主义核心价值观，更容易使其转化成日常生活中大众所喜闻乐见的形式和话语表达方式，从而提升社会主义核心价值观的影响力。

（一）核心价值观是社会主导意识形态

社会主义核心价值观是对社会主义核心价值体系的凝练和升华，是社会主义核心价值体系的价值内核。社会主义核心价值体系的指导思想是马克思主义思想，坚持马克思主义指导思想在意识形态领域的主导地位是社会主义社会的本质体现。社会主义核心价值观的基本内容是"倡导富强、民主、文明、和谐，倡导自由、平等、公正、法治，倡导爱国、敬业、诚信、友善"，从国家、社会、个人三个层面规定了基本的价值规范和价值准则，具有广泛的感召力和现实的凝聚力，体现了中华民族的精神追求，是中国特色社会主义制度自信、道路自信、理论自信和文化自信的精神内核。"价值体系在文化中处于核心地位。价值体系在与文化的共同发展中，形成了独特的文化属性。在人类历史的长河中，这种文化属性既有高度的稳定性和凝聚力，又有极强的渗透力和持续力。"① 以爱国主义为核心的民族精神和以改革创新为核心的时代精神是社会主义先进文化的集中体现，不仅体现了中华优秀传统文化的价值精髓，而且体现了与时俱进、开拓创新的精神追求。"民族的整合，国家的统一，不仅需要协调各民族、种族以及阶级、阶层、社会集团，还要协调这些社会群体中个人的行为及其规范。不论哪一种社会过程，群体整合都要求其成员在文化规范、价值意识、目标取向等方面顺从和适应群体的价值。因此，整合实际上是文化的整合，是价值意识的整合，它是一个共建群体文化意识和价值参照系统的过程，其目的是为了使群体成员共享一种文化规范和价值观念，以便进行共同的价值认识、判断和选择。"② 价值观是一个民族、国家在长期的历史实践中形成的稳定的价值规范和行为准则，是国家凝聚力和民族向心力的重要标志。核心价值观是一定历史时期内在社会的价值观系统中占据核心地位、发挥主导作用的价值观，对其他价值观具有引领和示范作用，也是一个国家、一个民族在特定历史时期内的主要意识形态的体现，通过核心价值观的宣传和教育，引导社会成员自觉形成价值共识，从而达成价值认同、民族认同和国家认同。

社会主义核心价值观是在社会主义社会的实践活动中形成的，是对社会主义价值体系的凝练和升华，体现了全国各族人民的共同价值追求和理想信念。改革开放以来，中国经济、社会发生深刻转型，利益主体、利益格局发生深刻变革，经济全球化、科技信息化发展速度日益加快，加剧了我国社会转型的变革，经济体制、政治体制、社会体制和文化体制也都面临着深化改革的机遇与挑战。"文化转型目前刚刚开始，尚未取得自觉性，它一方面通过中国民众的主体意识、个体性、参与意识、创造性的增强而体现出来，另一方面则通过原有价值的失范、文化观念的冲突和精神世界

① 杨建义. 论社会主义核心价值体系的文化属性和建设路径 [J]. 福建师范大学学报（哲学社会科学版），2008（1）：24.

② 司马云杰. 文化价值哲学 [M]. 济南：山东人民出版社，1990：122 - 123.

的混乱而曲折地表现出来。这种历史错位给中国的现代文明进程造成了极为特殊的历史定位，它使得原本以历时的形态依次更替的农业文明、工业文明和后工业文明在置身于开放的世界体系之中的中国社会这里，转化为共时的存在形态；与此相适应，以人与自然的自在的和原始的合一为内涵的传统农业文明的文化精神、以工具理性为内涵的传统工业的文化精神和以知识理性为内涵的现代工业文明在中国的现代文明进程中同时出现，同时从不同角度冲撞、挤压着中国人。"① 历史上每一个社会变革时期，都是价值观念、价值意识多元多样的时期，核心价值观是一个地区、民族、国家在特定历史时期内发挥主导作用、引领和规范其他价值取向的价值观。价值观是区分不同种族、民族、国家的文化标志，对社会思想意识和行为规范具有导向作用，先进的、科学的价值观能够引领社会的发展。例如古代春秋战国时期、近代"五四"新文化运动时期等，社会发生变革，思想流派纷呈各异，各种思想体系、价值观念交织，有的时候甚至发生价值冲突，核心价值观是特定历史背景下社会上的主导意识形态的体现，对社会的发展进步发挥了重要的规范和引领作用。

（二）核心价值观的培育和践行需要以大众文化为载体

社会主义核心价值观是社会主导意识形态的集中体现，是社会主义先进文化的内核，对经济、社会、文化的发展具有引领和规范作用，培育和践行社会主义核心价值观是一个系统工程，需要社会、学校和家庭形成一个有机联系的整体相互促进、相互配合；需要以文化为载体寓于精英文化、主导文化、大众文化的作品和产品之中，使人们在接受文化产品的同时也能自觉受到社会主义核心价值观的熏陶和感染，在情感认同的基础上，自觉产生文化认同和价值认同。"核心价值观是文化的组成部分，其培育和践行更需要文化的支撑。面对文化发展色彩纷呈、各种思想文化交

---

① 江涛. 新发展方式与社会主义文化价值体系的调适 [J]. 中共中央党校学报, 1999 (2): 73.

流交融交锋日益频繁、人民文化权益诉求不断增强的态势，开发和利用文化载体，增强社会主义核心价值观培育和践行的实效性，不仅必要，而且可行。"① 大众文化产品丰富多样，能够满足不同社会主体的各种精神需求，而且深入社会日常生活的各个方面。大众文化产品的消费和流通过程一方面是文化产品的经济价值的流通，另一方面是文化产品内蕴的情感意义、审美品位、价值取向的流通。"社会主义核心价值观通过引领社会生活，凝集社会共识来影响文化产品。文化产品源于生活、反映生活并影响生活，这是文化工作者的社会责任。社会主义核心价值观是社会主义先进文化的内核，是文化创作与传播的精神之魂。从根本上讲，价值观内蕴于文化之中，指导着文化生产传播。不同的价值观产生不同的文化成果。"② 社会主义核心价值观的培育和践行需要文化场域的构建、文化氛围的营造，大众文化是重要的文化载体，要将社会主义核心价值观嵌入文化产品的创作、生产、传播和消费过程中，通过文化情境的创设，转化社会主义核心价值观的话语表达方式，创新故事的叙事方式、历史的讲述方式和媒体的传播方式，使社会主义核心价值观的话语表达不断生活化、艺术化、生动化。

　　社会主义核心价值观是中国特色社会主义先进文化的价值内核。文化通过语言、声音、文字等载体进行传播，价值观是文化的内核，也需要以文化为载体进行传播。大众文化包括文学、艺术、美术、电视、电影、休闲娱乐、文化服务等不同的种类，随着科学技术尤其是互联网的迅速发展，"互联网＋"模式已经改变了人们的生活方式、思维模式，大众文化出现了新的形态——网络大众文化。网络小说、网络视频、网络购物、网络虚拟游戏等对人们日常生活的影响日益深远，而网络文化的创作主体、传播主体、消费主体多元多样，加之网络文化自身具有即时性、交互性、虚拟性等特点，给大众文化的监督和管理带来了机遇和挑战。社会主义核

① 李辉．培育和践行社会主义核心价值观的文化载体［N］．光明日报，2014 - 09 - 10（13）．
② 李辉．社会主义核心价值观嵌入文化产品探析［J］．社会主义核心价值观研究，2016（1）：43.

心价值观的培育和践行需要适应时代发展的特点，不断拓宽宣传教育的渠道和载体，对网络文化的引导和规范是促进网络舆论良性健康发展的重要条件。大众文化与精英文化、主导文化的良性互动，是承载核心价值观，实现核心价值观大众化、生活化的重要途径。"一种价值观要真正发挥作用，必须融入社会生活，让人们在实践中感知它、领悟它。要注意把我们所提倡的与人们日常生活紧密联系起来，在落细、落小、落实上下功夫。"① 社会主义核心价值观像空气一样发挥作用，就是要深入日常生活中，达到润物无声的效果。大众文化是与大众日常生活联系最为紧密、关系最为密切、最能满足大众各种生活需求的文化形态，因此，社会主义核心价值观的培育和践行需要以大众文化为载体，需要大力发展文化产业，提升我国的文化软实力和文化竞争力，增强文化自觉和文化自信。

第三节　核心价值观主导大众文化的发展

文化的内核是价值观，不同国家、不同民族之间文化的不同主要是核心价值观的不同。文化体现为一定的价值观，价值观通过文化载体进行传播。随着社会的进步，生产力的不断发展，文化的丰富性、多样性日益凸显，同时多元多样的价值观相互交流、交织，价值观越是多元多样，越是需要核心价值观的引领和规范。大众文化是工业化、市场化、都市化的产物，自身蕴含了多元多样的价值取向，而且由于受到资本逻辑和商业逻辑的驱动，出现了片面追求经济效益的现象，从而导致了消费异化、低俗化、道德缺失、价值虚无等。社会主义核心价值观的培育和践行需要以文化为载体，大众文化是文化的一种重要形态，其自身蕴含了多元多样的价

---

① 习近平. 使社会主义核心价值观的影响像空气一样无所不在 [J]. 党史纵横，2014 (3)：1.

值取向。二者的互动关系一方面有利于大众文化的健康良性发展，另一方面有利于核心价值观的大众化和生活化，有利于核心价值观的宣传教育和隐性渗透。因此，大众文化需要用社会主义核心价值观进行引领和规范，以保证其发展的正确方向。

一、核心价值观主导的内涵

（一）主导的概念

"主"是指事物的主体部分或主要的；"导"是引导、领导、疏通、启发的意思。"主导"主要指"主要的并且引导事物向某方面发展的；起主导作用的事物"①。《现代汉语辞海》中，"主"是指最重要的，最基本的。②《中国百科大辞典》中，"主导"指主要的并且引导事物向某方面发展的，起主导作用的事物。③ 石书臣在《思想政治教育主导性概念的界定与内涵》一文中指出："思想文化领域的主导作用主要指导向、统领、核心、先导、示范等作用。主导一词基本上是一个与作用相关的概念，其主要内涵包括统领、领导、指导、引导、支配、控制、保证、促进等意思。当用作形容词时，指'发挥主导作用的'。"④ 韩民青则认为，"精神文明建设在现代化建设中的主导作用主要体现在两点：一是精神文明建设在现代化建设中具有重要的支配地位，决定着整个社会活动的性质和特色；二是精神文明建设具有导向作用，整个社会活动包括物质文明建设要受其引导并向其凝聚和靠拢"⑤。本书中主导主要是指引导、引领、规范、导向等

---

① 阮智富，郭忠新．现代汉语大词典：上册 [M]．上海：上海辞书出版社，2009：149．
② 《现代汉语辞海》编委会．现代汉语辞海 [M]．最新修订版．北京：中国书籍出版社，2011：1393
③ 《中国百科大辞典》编委会．中国百科大辞典 [M]．北京：华夏出版社，1990：1385．
④ 石书臣．思想政治教育主导性概念的界定与内涵 [J]．学校党建与思想教育，2004（7）：15．
⑤ 韩民青．以物质文明建设为基础，以精神文明建设为主导 [J]．道德与文明，1996（4）：2-4．

作用。主导具有双重含义，一是指向性，二是规定性。指向性指的是主导的导向功能、导向作用；规定性指的是主导的引领和规范功能。

（二）核心价值观主导的概念

社会主义核心价值观是社会主义核心价值体系的价值内核，是中国特色社会主义文化的本质体现，体现意识形态领域的本质属性。主导是指处于主导地位，发挥主导作用。社会主义核心价值观主导是指发挥社会主义核心价值观在社会主义价值体系中的主导作用，对其他价值观念和价值规范发挥引领、引导、规范、导向的作用，保证社会主义的正确发展方向。社会主义核心价值观主导的本质是通过社会主义先进文化的引领作用，始终保持与时俱进的革命品质，坚持包容开放、一元主导、多元并存的基本原则，通过社会主义核心价值观的培育和践行，维护马克思主义指导思想在意识形态领域的指导地位，使社会主义核心价值体系不断凝练和升华。社会主义核心价值观主导的作用体现在引领社会思想意识，整合多元文化思潮，凝聚社会力量，达成社会共识，进而形成价值认同、国家认同、制度认同、道路认同和文化认同。社会主义核心价值观主导的功能是作为社会主义社会的基本价值准则和价值规范，通过规范人的思想意识、调节人的行为，从而自觉地将社会主义核心价值观内化于心、外化于行，达到文化育人、以文化人的效果。

二、核心价值观主导的机理

核心价值观主导的机理是指核心价值观发挥主导作用的基本原理、原则、方式，从宏观、中观、微观三个层面，可以分为引领机制、规范机制、嵌入机制，三个层面环环相扣，紧密结合，从理论到实践、从抽象到具体、从宏观到微观，为文化的价值观主导提供了有效的途径。

核心价值观的引领机制是指核心价值观作为一种观念或者理想信念，

在主体的实践活动中发挥宏观的导向作用，是主导机制的第一个层面。核心价值观的引领机制作为价值观主导机制的首要机制，主导的前提和基础是价值取向、价值观念的多样性、复杂性，因此，引领机制主要是引领多元化的社会思潮，使社会成员在共同利益的基础上达成价值认同，坚持马克思主义在意识形态领域的主导性。实现核心价值观的引领就要使核心价值观处于主导地位，在整个价值观生态中发挥引领作用，在经济发展中发挥导向作用，保证社会主义的性质和发展方向。核心价值观的引领作用主要是通过宣传、教育、舆论引导等方式实现的。

核心价值观的规范机制是主导机制的第二个层面，规范是引领的保障和必要条件。核心价值观通过一定的社会规范体系来体现，价值目标通过价值规范的制约、调节作用来实现。核心价值观的规范机制是人的社会化活动的必要条件和必然结果，规定和指导人在一定的价值标准和价值目标下活动，是评价和衡量个人思想、行为的价值尺度和社会依据，是社会稳定发展的基本保障手段之一。核心价值观的规范机制主要是对人们的思想、行为发挥制约、调节作用，使人们的思想、行为符合社会主义核心价值观的基本要求。核心价值观的规范机制是保障其引领机制实现的重要措施，是核心价值观主导机制实践层面的具有操作性的机制。首先是制度规范，其中政治制度、经济制度、法律制度是主要手段；其次是伦理规范，如道德规范、审美规范、宗教规范等。

核心价值观的嵌入机制是实现核心价值观主导的第三个层面，在细微之处感受到核心价值观的引领作用和规范作用，达成思想和行为的无缝对接，使核心价值观就像空气一样无处不在。核心价值观的嵌入机制与引领机制、规范机制层层联系、环环相扣，引领机制针对当前多元文化思潮的冲击，规范机制针对当前人们思想和行为多元多样的冲突，嵌入机制针对当前大众文化市场的价值乱象、大众文化产品的价值观混乱，三个机制分别从宏观、中观、微观的视角加以阐述，形成核心价值观主导机制的理论建构。核心价值观的嵌入机制是核心价值观融入日常生活、渗透到日常生活的方式、方法和原则，其实现过程就是在大众文化的创造、生产、传播、消费过程中融入核心价值观，就是用核心价值观引领和规范大众文化发展的过程。

三、大众文化需要核心价值观的主导

大众文化是文化的基本形态，社会主义核心价值观是社会主义先进文化的内核，对文化的发展具有引领和规范作用，大众文化自身内蕴多元多样的价值取向，有的与社会主义核心价值观相吻合，有的与社会主义核心价值观相背离；用社会主义核心价值观主导大众文化的发展，有利于保证大众文化正确的发展方向，促进其健康良性发展。持续健康发展的大众文化是提升文化产业竞争力的重要力量，是推动社会主义文化普及、提升大众思想道德素质和科学文化素质的重要因素，是贯彻和落实社会主义核心价值观的重要载体。因此，必须用社会主义核心价值观引领和规范大众文化的发展方向。

（一）大众文化发展的价值追求需要核心价值观的引领

大众文化的生产和消费相互制约、相互影响，"促成大众文化产生的因素主要有三个：一是大众社会的形成，二是人们闲暇时间的增多，三是现代传播媒介特别是电子传媒的发展"①。改革开放以来，我国生产力水平不断提升，大众的消费能力和消费水平日益提高，休闲时间和休闲需求不断增加，为大众文化的发展提供了有利的条件。"现代社会的文化改造主要是由于大众消费的兴起，或者由于中低层阶级从前视为奢侈品的东西在社会上的扩散。在这一过程中，过去的奢侈品现在不断升级为必需品。"②

---

① 徐海波. 意识形态与大众文化 [M]. 北京：人民出版社，2009：166.
② 丹尼尔·贝尔. 资本主义文化矛盾 [M]. 赵一凡，蒲隆，任晓晋，译. 北京：生活·读书·新知三联书店，1989：113.

大众文化作为一种流行文化，时尚消费成为大众文化消费的推动力量，为了满足大众追新、求异的心理需求和精神需求，大众文化产品不断升级创新。大众文化的快速发展带动了文化产业的发展，"文化产品被迅速而大量的拷贝，使得自身成为无穷无尽的复印件，从而成为批量制作又批量生产但又脍炙人口的艺术快餐"①。这也导致了大众文化产品质量良莠不齐。受西方多元文化思潮的影响，大众文化产品隐性渗透的价值观与社会主流价值观相互冲突。"在今天，大众文化已构成了意识形态领域斗争的前沿阵地。如大众文化的传播动力在于'流行'，流行是一种强大的整合力量，流行风刮过后就意味着占领，意味着同化，流行之前的价值、观念、判断等已经悄悄地被置换。由于现代媒体的快捷传播和全方位渗透，大众文化隐含的'诉求'、'导向'和'判断'，在主体毫不知觉的情况下实现着意识形态整合。"② 大众文化是大众日常交往和互动的主要方式，其借助大众传媒和商业化运作机制，拥有经济性和文化性的双重属性，是文化产业的重要支柱，对人们的人生观、价值观和世界观具有重要的影响作用。大众文化自身的广泛性、参与性、互动性和即时性等特征，刺激着人们的消费欲望和消费需求，使人们不断产生消费冲动，而大众文化自身内蕴一定的价值观，使人们在消费大众文化产品时潜移默化地接受其价值观，达成价值共识。

大众文化的发展是时代进步的标志，具有历史的进步性。传统农业社会精英知识分子掌握文化的话语权，精英和劳动大众之间的文化互动很少，而大众文化的产生消除了阶层的差异，文化开始平民化、开放化，但是大众文化自身内蕴的思想意识和价值观念却变得日益多元多样。大众文化对社会主义意识形态形成冲击，大众文化使精英文化边缘化，大众文化

① 潘知常. 美学的边缘：在阐释中理解当代审美观念 [M]. 上海：上海人民出版社，1998：551.

② 徐海波. 意识形态与大众文化 [M]. 北京：人民出版社，2009：181.

存在后现代精神和精神因素。① 大众文化对意识形态的冲击实际上是大众文化自身蕴含的价值观与社会主义核心价值观相背离，偏离社会主义的发展方向。"任何一种文化都不可避免地要成为一种意识形态，对其批判的差异和其文化影响也必然引起文化讨论和争辩。"② 大众文化承载着多元的价值观，依托大众文化产品的传播和消费，并借助大众传媒的互动和参与，发挥着任何文化都无法比拟的影响力，快速渗入日常生活中。随着市场化、全球化、信息化的快速发展，多元文化思潮涌入我国，形成了多元价值观的交流、交融、交锋，其中一些不良社会思潮内蕴的价值观如自由主义、个人主义、功利主义、虚无主义等对大众的思想意识、价值观念产生了负面影响，甚至对社会主义核心价值观的主导意识形态进行了解构，对中国特色社会主义的文化安全构成威胁。因此，需要用社会主义核心价值观主导大众文化的发展方向，不断融入中国元素，发掘优秀传统文化资源，并进行创新性转化，不断提升文化产业的竞争力，使人们在消费大众文化的过程中能够自觉形成中国特色社会主义文化认同和文化自信。

（二）大众文化发展的价值取向需要核心价值观的规范

文化的内核是价值观，文化的发展过程也是价值取向和价值观不断变化发展的过程；文化是社会存在基础上的社会意识的反映，文化的发展是由经济基础决定的，价值观的发展从根本上讲也是经济基础上的上层建筑的反映。经济体制的深刻变革是大众文化价值取向嬗变的根本原因，政治体制的改革和转型是重要原因，国际、国内社会形势的变化是直接原因。我国处于并将长期处于社会主义初级阶段的基本国情，市场经济发展的不平衡，社会经济成分与经济利益、社会生活方式、组织形式、就业方式和分配方式的多样化导致了社会价值观的多元多样。"在这种正在定型化的

---

① 郑祥福，叶晖，陈来仪，等. 大众文化时代的消费问题研究 ［M］. 北京：中国社会科学出版社，2008：48－53.

② 孟繁华. 众神狂欢：当代中国的文化冲突问题 ［M］. 北京：今日中国出版社，1997：65.

社会结构中，出现了多方的断裂。首先，是一部分人被甩到社会结构之外，成为淘汰者。其次，城乡之间出现新的断裂，由过去行政主导型二元结构叠加上市场主导型二元结构。断裂的根本含义是多个时代的社会成分共存在一个社会之中。"① 所谓的断裂是指经济快速发展，社会生活建设、政治建设、文化建设、道德建设没有跟上经济发展的节奏，进而出现了伦理经济学现象，道德调节成为经济发展的重要组成因素，"诚信、尊重、效率、互利"等成为市场经济的道德维度。随着物质生活水平的提高，个人的经济支付能力不断提高，市场化的运行规则已经普遍渗入日常生活中，对精神需要的满足往往是从对物质的占有来获得的。消费主义、享乐主义成为大众文化产生和发展的重要推动力。对物质的追求欲望和占有欲望，导致了精神生活的空虚，而大众媒介、广告、时尚的推动则把人们带到了利益至上、消费至上的空间，从改革开放初期的精神解放走向了过度沉迷于物质追求。

随着全球化进程的加快，政治、文化、社会各个层面都受到了全球化的冲击。随着信息技术的进步，互联网的普及，网络大大缩短了时空的距离，中国的经济、政治、文化、社会在面临着重大机遇的同时也遭遇了极大的挑战。"如果说全球化的主要特征之一是世界的压缩，那么其主要后果之一便是各种文明的、社会的共同体的叙事之间的碰撞加剧。"② 时空压缩是全球化的重要特征之一，也是现代性的重要表征，互联网技术的普及和应用成为全球化的重要推动力量。进入 21 世纪，经济全球化迅猛发展，信息革命带动了产业革命，知识经济时代的到来，使个体的个性化、自主化意识加强，经济的多元化、多样性更加突出。互联网的推动使经济全球化进程加速，文化与经济在某种程度上成为连体婴儿，二者的联系越来越

---

① 孙立平. 定型——节选自《90 年代以来中国社会结构演变的新趋势》［J］. 南风窗，2003（6）：25.

② 罗兰·罗伯森. 全球化——社会理论和全球文化［M］. 梁光严，译. 上海：上海人民出版社，2000：202.

紧密，文化经济化、经济文化化成为一种新的发展趋势，文化资本成为新型的资本力量。经济全球化带来了文化全球化，文化的传播内含价值观、意识形态的传播，因此，我们在消费国外文化产品、技术产品、物质产品的同时也在隐性或者无形之中接受其他国家的意识形态、话语体系、生活方式。全球化不仅带动了经济的一体化，同时也给政治治理、政治稳定、国家主权安全带来了极大挑战。传统的宣传教育、舆论引导、统一的思维方式和价值观念、理想信念逐步被多元多样的利益分化所冲淡。总之，21世纪以来，经济全球化改变了人们的生活节奏，科技进步、网络普及改变了政治、文化、社会的发展进程。网络化的生存方式逐渐成为日常生活方式，个性化凸显、自主性加强，在网络文化中，个体既是生产主体又是消费主体，既是知识的发布者又是知识的接收者，网络传播的自由度大大增强，网络文化的门槛降低，网络舆论效应扩大，后现代的解构意识成为影响网络文化发展的重要因素。受这些因素影响，大众文化创造、生产、传播、消费主体的价值取向也日益多元多样，凸出差异性和个体性，社会主义核心价值观的主导显得尤为必要和紧迫。当代中国大众文化的价值取向嬗变是综合因素作用的结果，如宏观层面的制度变化，中观层面的体制变革，微观层面的生活方式、思维方式、行为方式转变等。社会主义核心价值观是 21 世纪马克思主义理论中国化的最新理论成果，是在我国现实国情基础上的高度凝练和升华，具有广泛的感召力和吸引力，具有强大的凝聚力和引领力。发挥社会主义核心价值观的主导作用，就是用社会主义核心价值观的基本价值准则和价值标准引领社会风尚，凝聚社会力量，整合社会思想意识，达成价值共识，使人们形成文化自觉和文化自信。

第二章　社会主义核心价值观主导
大众文化的理论基础

　　大众文化与社会主义核心价值观都是社会主义经济基础的反映，是社会意识的重要表现形式。社会主义核心价值观是中国特色社会主义意识形态的重要组成部分，马克思主义指导思想是我们国家的主导意识形态，因此，马克思主义意识形态主导性理论构成了社会主义核心价值观主导大众文化发展的理论基础，为社会主义核心价值观主导大众文化发展提供科学的理论基础和合理的方法论指导。社会主义核心价值观是社会主义先进文化的内核，对社会主义文化发展具有引领和规范作用，国际间的竞争越来越成为国家文化软实力的竞争，大众文化是文化软实力的重要组成部分，文化软实力的竞争实际上是核心价值观的竞争。因此，国家文化软实力理论构成了社会主义核心价值观主导大众文化发展的直接理论基础和现实理论支撑。随着市场化、全球化、信息化的深入发展，经济的全球化带动了文化的国际交流与沟通，经济成分、经济结构的多样化为多元文化的发展提供了坚实的经济基础，多元文化的发展产生了多元的价值取向，多样性的产生是主导性的基础，主导性与多样性的辩证关系原理是社会主义核心价值观主导大众文化发展的重要理论支撑。大众文化是市场化、工业化、都市化的产物，西方大众文化理论为我国大众文化的核心价值观主导提供了间接的理论借鉴。

第一节　马克思主义意识形态主导性理论

马克思主义的意识形态理论是在解决社会存在与社会意识的关系、批判商品拜物教基础之上形成的历史唯物主义的重要理论之一，主要代表作有《德意志意识形态》《共产党宣言》《路易·波拿巴的雾月政变》《经济学手稿（1857—1858）》《政治经济学批判》《资本论（第一卷）》《哥达纲领批判》《人类学笔记》《反杜林论》及恩格斯晚年的重要书信等。意识形态的产生、发展、灭亡是与社会物质生产和经济制度的变革相联系的。大众文化与核心价值观都是社会意识，受社会存在的决定并反作用于社会存在。社会存在和社会意识辩证关系理论、经济基础和上层建筑关系理论、意识形态主导性理论等共同构成了核心价值观主导大众文化发展的理论基础。

一、社会存在和社会意识辩证关系理论

社会存在和社会意识辩证关系理论回答了大众文化和核心价值观变化发展及互动的社会基础。人类文明经历了农业社会、工业社会和信息社会等几个阶段。在农业社会，人力及其延伸力量主导下的小农经济的社会意识主要是通过宗法观念、道德伦理、宗教等文化体现出来的。在工业社会，随着机器化大生产的诞生和发展，科学技术成为生产力的组成部分，印刷术、广播、电视等大众传播媒介兴起并改变了文化的形态，社会意识从政治、道德、宗教等文化形态扩展到大众文化，社会意识形态呈现出丰富多样的特点。在信息社会，随着电子媒介的产生并不断更新换代，大众文化从自上而下的传播方式向多元多点的互动方式转变，社会意识形态更

加丰富多彩。未来，伴随着生产方式的进步，大众文化的形式也将得到更新。

马克思主义认为，社会存在决定社会意识，社会意识反映社会存在并且能动地反作用于社会存在。物质资料生产方式作为社会存在的决定性因素，决定了社会的基本状态和变迁动力。社会意识是社会存在在人脑的客观反映，是客观的、必然的产物。"思想、观念、意识的产生最初是直接与人们的物质活动，与人们的物质交往，与现实生活的语言交织在一起的。人们的想象、思维、精神交往在这里还是人们物质行动的直接产物。"① 观念上层建筑是物质生产实践基础上的社会意识，物质生产实践成为连接社会存在和社会意识的纽带和桥梁。"意识一开始就是社会的产物，而且只要人们还存在着，它就仍然是这种产物。"② 这就表明社会意识是一定生产力基础上的社会物质生产方式的一种反映，物质资料生产方式决定人类的意识。"社会意识是对社会存在的反映，是人们对于自己周围环境、社会关系、社会过程的认识。"③

社会意识并不是被动受到社会存在的决定，其对社会存在具有能动的反作用。社会意识的反作用，首先表现为社会意识具有相对独立性。社会意识一旦产生，上升为社会意识形态，就以政治思想、道德、法律、文学艺术、宗教等形式保存下来。社会意识形态可以同步反映社会存在，也可以超前或滞后反映社会存在，这就是其相对独立性的体现。其次，社会意识能动反作用于社会存在。"任何意识形态一经产生，就同现有的观念材料相结合而发展起来，并对这些材料进一步的加工；不然，它就不是意识形态了，就是说，它就不是把思想当作独立地发展的、仅仅服从自身规律的独立存在的东西来对待了。"④ 社会意识反作用于社会存在主要表现为促

① 马克思恩格斯选集：第 1 卷 [M]. 北京：人民出版社，2012：152.
② 马克思恩格斯文集：第 1 卷 [M]. 北京：人民出版社，2009：533.
③ 艾思奇. 辩证唯物主义　历史唯物主义 [M]. 北京：人民出版社，1978：310.
④ 马克思恩格斯文集：第 4 卷 [M]. 北京：人民出版社，2009：304.

进社会进步和阻碍社会进步两个方面。反映社会发展规律的社会意识能够指导人的思想和行为，成为精神动力，促进社会发展；落后于社会发展的社会意识则成为精神障碍，阻碍社会发展。大众文化是文化的一种类型，能动作用于社会存在根源于其对人的影响，并通过人的素质来改变社会。

二、社会主义意识形态主导性理论

马克思主义社会意识形态主导性理论是本研究的核心指导理论。特斯杜·德·托拉西创制了"意识形态"概念并将其界定为观念的科学。此后，对于意识形态存在着不同的解读。

关于意识形态的概念：有学者将分歧归结为虚假与真实、肯定与否定、有意识与无意识、理论形态与实践倾向、存在与终结、认识分析与阶级分析等诸多对立性认识。[①] 马克思和恩格斯在《德意志意识形态》中将意识形态界定为观念的上层建筑，并从虚伪和真实两个视角分析了德意志意识形态。在列宁时期，人们对"意识形态"的理解发生了质的变化。列宁着重分析了资产阶级意识形态与社会主义意识形态的区别和对立。"意识形态不再是取消冲突的必然的扭曲，而是成了一个涉及到阶级（包括无产阶级）的政治意识的中性的概念。"[②] 意识形态的概念在辞典中也有不同的解释，主要分为以下几种类型：第一种从意识形态的形式入手，主要介绍意识形态的构成形式，各形式之间的相互关系及各形式在意识形态中的地位和作用。第二种从观念上层建筑与经济基础的关系入手，凸显意识形态作为上层建筑是对现存经济基础的能动反映，随经济的发展而发展，反过来意识形态作为上层建筑又有能动的反作用，与经济发展不完全同步，在阶级社会中具有阶级性。第三种从系统论的视角，侧重强调意识形态是

---

① 刘孝友."意识形态"内涵六辨 [J]. 当代世界与社会主义，2011 (6)：173.

② 俞吾金. 意识形态论 [M]. 修订版. 北京：人民出版社，2009：204.

经济基础上的完整的思想体系，具有阶级倾向和价值属性，作为有机整体，意识形态各形式之间的作用方式是整体大于部分之和。意识形态与社会意识、社会心理相互区分，相互影响。综上所述，马克思主义的意识形态是经济社会发展的客观产物，是人们在社会分工基础上形成的，受经济基础决定并能动反作用于经济社会的观念上层建筑、思想体系，在阶级社会具有阶级性。

关于意识形态的基本特征：首先，意识形态的本质属性是阶级性。在阶级社会，意识形态作为统治阶级维护国家统治和社会稳定的观念上层建筑具有明显的阶级性。在不同的历史时期，不同的生产力发展阶段，意识形态的阶级属性不同。其次，意识形态的基本属性是客观性和发展性。意识形态是由经济基础决定的上层建筑，因此是客观存在的，不以人的主观意志为转移。每个时代的政治、法律、宗教、道德、艺术都深深打上了时代的烙印，不同的时期、不同的民族、不同的国家会产生不同的意识形态。再次，意识形态的功能属性反作用于经济基础，具有相对的独立性。最后，意识形态的隐蔽属性是虚假性。意识形态的隐蔽属性是指在阶级社会，统治阶级为了维护其阶级统治，不得不将自己的利益上升为阶级的利益、国家的利益、民族的利益，从而通过意识形态的教育和灌输达到维护其自身利益的目的。在阶级社会，统治阶级试图通过意识形态的教育和灌输，让个人接受这些意识形态的统治而自觉转化成情感、思想方式和行为方式，成为个人行为方式的动机和出发点。

（一）意识形态具有主导性

意识形态作为观念上层建筑对经济基础具有能动作用。意识形态是经济基础上的观念上层建筑，是统治阶级维护自身统治的思想体系。意识形态作为客观的社会意识的存在形式，必然对经济基础具有反作用，先进的意识形态促进经济社会的发展，落后的意识形态阻碍社会的前进和发展。同时，意识形态作为观念上层建筑具有特殊性，即意识形态的相对独立性，主要表现在历史沿承性、滞后性、超前性等方面。"恩格斯把经济关系看作是一条中轴线，认为意识形态的发展归根到底是围绕这一中轴线而波动的。但是，意识形态并不是经济关系的消极的伴生物，它是整个社会生活中的一个能动组成部分，不仅给予经济关系巨大的反作用，而且表明自己具有相对独立性。"① 意识形态能动的反作用主要是通过政治制度、法律制度等形式来体现的，"公平正义"是古希腊以来流传至今的西方国家的价值追求，"仁义廉耻"是春秋战国以来中华民族的价值追求，一定意义上两者是社会和谐稳定发展的价值目标的不同表达方式，而以之为目标的人类社会发展，经历了奴隶制、封建主义、资本主义、社会主义等不同的意识形态设计。"社会生活和政治权力的世俗化，为'意识形态'的兴起和扩散创造了条件。在这一背景下，'意识形态'首先被理解为一种世俗信仰体系，具有进行调动和使之合法的作用。"② 意识形态作为一种精神动力和信仰体系，对社会的发展具有能动的反作用，意识形态作为系统的观念上层建筑，对人的主观世界具有能动的改造作用。

作为意识形态的马克思主义不仅揭示了人类社会发展的一般规律，而且通过教育无产者形成自觉的阶级意识，用马克思主义理论指导行为，改造旧世界。"马克思主义意识形态的科学内涵是指：作为意识形态的马克思主义是当代社会主义国家的观念的上层建筑，严格意义上的意识形态，即作为系统化的人类思维诸样式及其物化形式等复杂而开放的关系体所构建的社会文化运行机制，是现代社会的产物，是现代共同体即国家意志的集中体现，而其发挥作用的主要平台是社会的上层建筑，特别是作为其中的'观念的上层建筑'而发挥作用。"③ 换言之，观念的上层建筑首先是一种具有引领性的精神力量，成为上层建筑的组成部分；其次是通过改变

---

① 俞吾金. 意识形态论［M］. 修订版. 北京：人民出版社，2009：136－137.
② 约翰·B. 汤普森. 意识形态与现代文化［M］. 高铦，等译. 南京：译林出版社，2012：88.
③ 陈先达，等. 坚持马克思主义在意识形态领域指导地位研究［M］. 北京：经济科学出版社，2015：17.

人的自发性形成自觉性，成为个体精神动力。在此基础上，意识形态成为主导的精神资源。

（二）意识形态的主导基础是其在社会有机体中的定位

社会有机体的概念是 19 世纪英国资产阶级哲学家和社会学家斯宾塞提出来的，他认为社会生活也需要服从于生物学的规律。马克思则认为"社会不是坚实的结晶体，而是一个能够变化并且经常处于变化过程中的机体"①。生产力与生产关系、经济基础与上层建筑的矛盾运动是社会发展的根本动力。意识形态属于上层建筑，并通过上层建筑确立其在社会有机体中的定位。"市民社会这一名称始终标志着直接从生产和交往中发展起来的社会组织，这种社会组织在一切时代都构成国家的基础以及任何其他的观念的上层建筑的基础。"② 观念的上层建筑包括法律、宗教、道德、艺术等多种形式。"在不同的占有形式上，在社会的生存条件上，耸立着由各种不同的、表现独特的情感、幻想、思想方式和人生观构成的整个上层建筑。整个阶级在它的物质条件和相应的社会关系的基础上创造和构成这一切。"③ 上层建筑指的就是意识形态。"人们借以意识到这个冲突并力求把它克服的那些法律的、政治的、宗教的、艺术的或哲学的，简言之，意识形态的形式。"④ 马克思起初是从批判视角对观念上层建筑进行阐释的。他提出，意识形态并不是随人类社会的出现而出现的，而是在物质劳动和精神劳动分工形成后才产生的。"分工也以精神劳动和物质劳动的分工的形式在统治阶级中间表现出来，因此在这个阶级内部，一部分人是作为该阶级的思想家而出现的，而另一些人对于这些思想和幻想则采取比较消极的态度，他们准备接受这些幻想，因为实际上该阶级的这些代表才是它的

① 马克思恩格斯全集：第 23 卷［M］. 北京：人民出版社，1972：12.
② 马克思恩格斯全集：第 3 卷［M］. 北京：人民出版社，1960：41.
③ 马克思恩格斯选集：第 1 卷［M］. 北京：人民出版社，1995：611.
④ 马克思恩格斯文集：第 2 卷［M］. 北京：人民出版社，2009：592.

积极成员，所以他们很少有时间来编造关于自身的幻想和思想。"① 脑力劳动和体力劳动的分工在一定历史阶段不是自发形成的，而是强制性的，意识形态对于绝大多数社会成员是异己的力量存在。"在现代，物的关系对个人的统治、偶然性对个性的压抑，已具有最尖锐最普遍的形式。"② 马克思后来将其发展为批判资本主义"商品拜物教"的意识形态理论。

经济基础决定上层建筑，经济基础是生产力与生产关系的总和即生产方式，通常是指一定历史时期内占统治地位的生产方式；上层建筑是政治上层建筑与思想上层建筑的系统总和，是经济基础之上的上层建筑，上层建筑各形式之间相互关系、相互影响，其中政治上层建筑处于核心地位、主导地位，思想上层建筑受政治上层建筑的影响。经济基础中起决定作用的是生产力要素，一定的生产力水平代表了一定的经济基础模式。经济基础起决定性的作用，观念上层建筑是现实生活的产物。"手推磨产生的是封建主的社会，蒸汽磨产生的是工业资本家的社会。"③ 经济基础的性质和内容决定了上层建筑的性质和内容。上层建筑的产生、发展和变革都是以经济基础的变动为依据的，"随着经济基础的变更，全部庞大的上层建筑也或慢或快地发生变革"④。马克思与恩格斯曾提出了著名的"两个必然"和"两个绝不会"的论断。⑤

同时，上层建筑对经济基础具有能动的反作用。"人们在自己生活的一定的社会生产中发生的一定的、必然的、不以他们的意志为转移的关系，即同他们的物质生产力的一定阶段相适应的生产关系。这些关系的综

---

① 马克思恩格斯全集：第 3 卷 [M]. 北京：人民出版社，1960：53.

② 马克思恩格斯全集：第 3 卷 [M]. 北京：人民出版社，1960：515.

③ 马克思恩格斯文集：第 1 卷 [M]. 北京：人民出版社，2009：602.

④ 列宁选集：第 2 卷 [M]. 北京：人民出版社，1995：424.

⑤ 马克思和恩格斯在《共产党宣言》中论证了"资产阶级的灭亡和无产阶级的胜利是同样不可避免的"（简称"两个必然"）这一重要论断。马克思在 1859 年写的《〈政治经济学批判〉序言》中提出"无论哪一个社会形态，在它所能容纳的全部生产力发挥出来以前，是决不会灭亡的；而新的更高的生产关系，在它的物质存在条件在旧社会的胎胞里成熟以前，是决不会出现的"（简称"两个决不会"）这一重要论断。这两个著名的科学论断揭示了人类社会历史发展的规律，构成了科学社会主义的理论核心。

合构成社会的经济结构，即有法律的和政治的上层建筑竖立其上并有一定的社会意识与之相适应的现实基础。"① 上层建筑是生产方式基础上的经济结构的反映，尤其是政治和法律制度是与之相适应的社会意识形态，同时对经济社会发展起着促进或阻碍的能动作用。"政治、哲学、宗教、文学、艺术等的发展是以经济发展为基础的。但是，它们又都互相作用并对经济基础发生作用。并非只有经济状况才是原因，才是积极的，其余一切都不过是消极的结果。这是在归根到底总是得到现实的经济必然性的基础上的互相作用。"② 上层建筑的意识形态思想不是被动的经济基础的反映，意识形态具有相对独立性、历史继承性、超前性或滞后性、相对稳定性等特征，一定历史时期内只有先进的上层建筑才能促进经济社会的发展，否则起阻碍作用。一定历史时期内多种意识形态并存，只有经济上占统治地位的意识形态成为主导意识形态，社会经济才能顺利发展。意识形态作为观念上层建筑的重要内容和组成部分，是经济基础的能动反映。适应一定经济基础的社会观点、思想体系是"社会意识形式中的上层建筑部分，包括政治思想、法律思想、道德、艺术、哲学、宗教和大部分社会科学。意识形态体现着人们之间的思想关系，通常称为思想上层建筑或观念上层建筑"③，"也称社会意识形态或社会观念形态，即反映社会物质生活条件的种种思想形式，它们包括政治、法律、道德、艺术、宗教、哲学等。一定社会的意识形态，是由该社会的经济状况决定的，并随着社会经济状况的变化发展而变化发展。但是，社会意识形态又具有相对独立性，对社会发展具有巨大的能动作用，它可以超前或落后于社会经济发展的状况。在阶级社会中，意识形态具有阶级性"④。可见，意识形态作为上层建筑是对现存经济基础的能动反映，随经济的发展而发展，反过来意识形态作为上层建筑

① 马克思恩格斯全集：第 31 卷 [M]．北京：人民出版社，1998：412.
② 马克思恩格斯文集：第 10 卷 [M]．北京：人民出版社，2009：668.
③ 刘炳瑛．马克思主义原理辞典 [M]．杭州：浙江人民出版社，1988：810 - 811.
④ 李忠尚．软科学大辞典 [M]．沈阳：辽宁人民出版社，1989：645 - 646.

又有能动的反作用，与经济发展不完全同步，在阶级社会中具有阶级性。

马克思主义意识形态主导性理论是指根源于经济基础的上层建筑对社会发展、文化发展具有主导性作用，意识形态的主导性建立在一定历史时期的一定经济基础之上，统治阶级的思想是经济上占统治地位的阶级的思想，社会存在决定社会意识，经济基础决定上层建筑。意识形态主导性发挥作用的层面就是同一历史时期不同性质的意识形态作用大小不同，经济上占统治地位的主流意识形态发挥主导作用。

（三）意识形态的主导性从根本上说是由统治地位决定的

意识形态的本质属性是阶级性，其功能是维护统治阶级利益并反作用于经济基础，同时具有相对独立性。"占统治地位的思想不过是占统治地位的物质关系在观念上的体现，不过是以思想的形式表现出来的占统治地位的物质关系；因而，这就是那些使某一个阶级成为统治阶级的关系在观念上的表现，因而这也就是这个统治阶级的思想。"[①] 在阶级社会里，一个阶级隶属于或从属于一个阶级，主要体现在阶级对生产资料的占有情况，占有大多数生产资料的阶级成为统治阶级，意识形态是经济基础之上的观念上层建筑和思想体系，必然体现统治阶级的思想。从意识形态的形成来看，意识形态不是统治阶级个人的思想，而是统治阶级内部的思想家凝练提升出来的思想体系。"支配着物质生产资料的阶级，同时也支配着精神生产资料，因此，那些没有精神生产资料的人的思想，一般地是隶属于这个阶级的。"[②] 一定历史时期内，意识形态反映该时期的经济基础，经济上占统治地位的阶级不仅在物质生产上占据统治地位，在精神生产上也占据统治地位。"它基于一种在一个又一个背景中重复出现的基本阶级分野，这种分野在现代资本主义社会中采取了资本—雇佣劳动关系的形式。毫无

---

① 马克思恩格斯文集：第1卷 [M]. 北京：人民出版社，2009：550-551.
② 马克思恩格斯文集：第1卷 [M]. 北京：人民出版社，2009：550.

疑问，阶级关系和阶级冲突仍然是现代社会中统治与从属的一个重要基础：阶级与阶级冲突并没有在 20 世纪晚期的社会全景中消失。"① 即使生产力发展到一定水平和阶段，阶级关系和阶级冲突依然没有解决，意识形态依然披上隐蔽的虚假外衣，充当统治阶级维护自身利益的思想体系。

精神劳动和物质劳动分工的形成是统治阶级意识形态形成和发展的前提，精神劳动者们生产的思想体系、道德体系、法律制度等一方面束缚着统治阶级的思想，一方面披上隐秘的、虚假的意识形态的外衣。"意识形态是由所谓的思想家通过意识，但是以虚假的意识完成的过程。推动他的真正动力始终是他所不知道的，否则这就不是意识形态的过程了。"② 意识形态是经济基础的反映，是经济上占统治地位的阶级的思想，是维护社会稳定的安全阀，通过宗教、道德等形式教化人遵守政治制度、法律制度，通过文化、艺术等形式引导人们的思想。阶级社会里意识形态带有遮蔽性、虚假性，而共产主义社会没有阶级，共产党人也没有属于自身利益的意识形态，是相对科学的意识形态，是代表无产阶级利益的意识形态，如何使意识形态被无产阶级接受，列宁指出需要自上而下的灌输，使无产阶级形成自觉的意识。"我们应该积极对工人进行政治教育，发展工人阶级的政治意识。"③ 马克思主义意识形态主导性理论对核心价值观主导大众文化具有重要的指导意义，确立了核心价值观主导的合理性理论支撑、核心价值观主导的必要性前提，提供了基本的方法论依据。社会主义核心价值观作为社会主义政治意识形态的内核，对大众文化具有重要的引领和规范作用。社会主义核心价值观是社会主义经济基础上的上层建筑，是社会存在基础上的社会意识，大众文化作为当代中国的主要文化形态，是道德、艺术、政治等的文化载体，大众文化的发展必须遵循社会主义核心价值观的客观要求，体现社会主义核心价值观的价值属性。

---

① 约翰·B. 汤普森. 意识形态与现代文化 [M]. 高铦，等译. 南京：译林出版社，2012：167.
② 马克思恩格斯文集：第 10 卷 [M]. 北京：人民出版社，2009：657.
③ 列宁选集：第 1 卷 [M]. 北京：人民出版社，1995：342.

第二节　国家文化软实力理论

　　提升国家文化软实力是提升国家竞争力的重要战略目标，文化软实力越来越成为综合国力的重要组成部分，全球化进程中，经济和文化的多元化、多样化趋势加强，越是多元多样，文化的认同和文化的自觉就越会受到挑战。社会主义核心价值观是社会主义先进文化的价值内核，引领文化的发展方向，凝聚社会力量，达成价值共识，是文化软实力的灵魂。国家文化软实力提升的关键在于核心价值观发挥其引领和规范作用，不断促进文化的创新和发展。

一、核心价值观是文化软实力的灵魂

　　社会主义核心价值观是社会主义先进文化的价值内核，是对社会主义核心价值体系的凝练和升华，是社会主义社会成员在实践活动中形成的基本价值目标和价值准则，具有广泛的凝聚力和感召力，能够使全民族形成共同的价值追求和文化认同。"核心价值观是一定社会形态社会性质的集中表现，在社会思想观念体系中处于主导地位，决定着社会制度、社会运行的基本原则，制约着社会发展的基本方向。"[①] 社会主义核心价值观体现社会主义社会的基本性质，规定中国特色社会主义文化的发展方向，对社会主义社会文化的发展具有引领和规范作用。社会主义核心价值体系是社会主义文化的精髓，在社会主义的价值系统中处于核心地位，具有引领作用。

---

① 十八大报告辅导读本 [M]. 北京：人民出版社，2012：251.

国家文化软实力的概念最早由美国学者约瑟夫·奈提出，他认为："国家软力量主要来自三种资源：文化（在能对他国产生吸引力的地方起作用）、政治价值观（当它在海内外都能真正实践哲学价值时）及外交政策（当政策被视为具有合法性及道德威信时）。"① 国家文化软实力主要是指发挥文化在国际竞争中的影响力，在新的历史时期，文化、政治、外交等因素的影响力的竞争已经超过传统的经济、军事实力的竞争，各个国家开始重视文化建设和文化输出。文化的内核是价值观，文化输出的实质是价值观的输出，提升文化的国际影响力就要通过核心价值观引领文化的发展，促进文化的大繁荣大发展。

党的十六届六中全会通过的《中共中央关于构建社会主义和谐社会若干重大问题的决定》明确提出："建设社会主义核心价值体系，形成全民族奋发向上的精神力量和团结和睦的精神纽带。马克思主义指导思想、中国特色社会主义共同理想、以爱国主义为核心的民族精神和以改革创新为核心的时代精神、社会主义荣辱观，构成了社会主义核心价值体系的基本内容。"② 社会主义核心价值体系是兴国之魂，决定着中国特色社会主义的发展方向。"建设社会主义核心价值体系的战略任务，强调用马克思主义中国化最新成果武装全党教育人民，用中国特色社会主义共同理想凝聚力量，用以爱国主义为核心的民族精神和以改革创新为核心的时代精神鼓舞斗志，用社会主义荣辱观引领风尚，努力形成全民族奋发向上的精神力量和团结和睦的精神纽带。"③ 党的十八大报告中进一步对社会主义核心价值体系进行提炼和概括，更加体现出社会主义的公平公正和现代化建设特征，"倡导富强、民主、文明、和谐，倡导自由、平等、公正、法治，倡

---

① 约瑟夫·奈. 软力量：世界政坛成功之道［M］. 吴晓辉，钱程，译. 北京：东方出版社，2005：4.

② 中共中央关于构建社会主义和谐社会若干重大问题的决定［J］. 求是，2006（20）：8.

③ 中国共产党第十七届中央委员会第六次全体会议文件汇编［M］. 北京：人民出版社，2011：20.

导爱国、敬业、诚信、友善,积极培育和践行社会主义核心价值观"①。社会主义核心价值观从国家、社会、个人三个层面规定了基本的价值准则和价值规范,对于塑造国家形象、彰显制度优越性和维护社会公平公正具有重要的引领和规范作用,是对核心价值体系的深化和细化。

二、核心价值观主导是文化软实力提升的重要目标

文化事业是社会主义事业的重要组成部分,对于经济、政治、社会、生态建设的发展具有重要的引领作用,文化的创新能够为社会的发展提供持久的动力。"一个民族、一个国家,如果没有自己的精神支柱,就等于没有灵魂,就会失去凝聚力和生命力。有没有高昂的民族精神,是衡量一个国家综合国力强弱的一个重要尺度。"② 社会主义文化建设功能越来越凸显,定位也越来越清晰,从"二位一体"框架体系到"五位一体"战略格局的调整,我们党对文化的战略地位和战略作用的认识不断深化。党的十七大报告从中国特色社会主义经济、政治、文化、社会建设"四位一体"总体布局的高度,提出要深化文化体制改革,兴起社会主义文化建设新高潮,推动社会主义文化大发展大繁荣。③ 文化大繁荣大发展是因为"文化越来越成为民族凝聚力和创造力的重要源泉、成为综合国力竞争的重要因素、越来越成为经济社会发展的重要支撑,丰富精神文化生活越来越成为我国人民的热切愿望"④。文化在"五位一体"的战略布局中处于重要地位,提升国家文化软实力成为重要国家战略,文化的发展需要高度的文化自觉和文化自信,需要民族素质的提升。社会主义文化的大繁荣大

---

① 胡锦涛. 坚定不移沿着中国特色社会主义道路前进 为全面建成小康社会而奋斗——在中国共产党第十八次全国代表大会上的报告 [J]. 求是, 2012 (22): 15.

② 江泽民文选 [M]. 北京: 人民出版社, 2006: 230.

③ 胡锦涛. 高举中国特色社会主义伟大旗帜, 为夺取全面建设小康社会新胜利而奋斗 [N]. 人民日报, 2007 - 10 - 16 (2).

④ 周正刚. 对文化地位和作用认识的新高度 [N]. 人民日报, 2012 - 04 - 16 (7).

发展越来越成为综合国力的重要标志，成为国际竞争的重要因素，国家文化软实力的提升不仅关系到国家文化安全和意识形态主导性的安全，而且关系到中国的国际影响力和话语权，影响到中国在世界的竞争力。习近平总书记在中国文学艺术界联合会第十次全国代表大会、中国作家协会第九次全国代表大会开幕式讲话中指出："文化是一个国家、一个民族的灵魂。文化自信是更基础、更广泛、更深厚的自信，是更基本、更深沉、更持久的力量。坚定文化自信是事关国运兴衰、事关文化安全、事关民族精神独立性的大问题。"① 文化的兴衰成败关系到国家、民族的精神独立和意识形态安全。文化软实力的提升关系到中华民族伟大复兴的中国梦的奋斗目标的实现。

中国梦是共同理想，核心价值观是兴国之魂，文化软实力是综合国力的重要标志。国际间的竞争越来越成为软实力的竞争，软实力竞争的核心是文化价值观的较量和竞争。习近平总书记在党的十八届中央政治局第三次集体学习时的讲话中系统分析了社会主义核心价值观与文化软实力的辩证关系，"核心价值观是文化软实力的灵魂、文化软实力建设的重点。这是决定文化性质和方向的最深层次要素。一个国家的文化软实力，从根本上说，取决于其核心价值观的生命力、凝聚力、感召力。要切实把社会主义核心价值观贯穿于社会生活方方面面。要发挥政策导向作用，使经济、政治、文化、社会等方方面面政策都有利于社会主义核心价值观的培育。把培育和弘扬社会主义核心价值观作为凝魂聚气、强基固本的基础工程，继承和发扬中华优秀传统文化和传统美德，广泛开展社会主义核心价值观宣传教育"② 。因此，要用社会主义核心价值观引领先进文化的前进方向，用中国梦构筑中华民族的共同理想，用文化软实力建设提升中国的国际地位和话语权，不断推动中华文化走出去发展战略，提升中国的文化自觉和文化自信，增强中国特色社会主义的制度自信、道路自信和理论自信。

---

① 习近平谈治国理政：第二卷［M］. 北京：外文出版社，2017：349.
② 习近平谈治国理政［M］. 北京：外文出版社，2014：163 - 165.

第三节　主导性与多样性相统一理论

主导性与多样性的关系实质上是矛盾的普遍性与特殊性的关系，矛盾的普遍性与特殊性相互联系、相互依存，在一定条件下相互转化。主导性和多样性是相互联系、相互依存的关系，主导性在多样性的基础上实现主导，多样性的存在与发展需要主导性的引领和规范。"主导性与多样性又是统一的。这种统一性表现在：第一，两者的理论依据相同，都是以辩证唯物主义的世界统一性与多样性辩证统一原理为其理论依据。第二，主导性与多样性是相辅相成的，两者相互联系、相互作用、相互制约、不可分割。主导性源于多样性，又高于多样性，指导、选择多样性，制约多样性发展的方向。多样性则以主导性为前提，并丰富主导性，服务主导性，推动主导性发挥主导作用。多样性不能离开主导性的指导和制约。"① 社会主义文化的发展奉行"弘扬主旋律、提倡多样化"的指导原则，主旋律指的是坚持马克思主义在意识形态领域的主导性，多样化指的是百家争鸣、百花齐放的文化发展方针。主导性的前提是多样性，主导性在多样性的基础上发挥主导作用，发挥马克思主义意识形态的主导性是保证社会主义性质和方向的基础；多样性是普遍存在的，多样性的发展需要主导性的规范和引领，社会主义文化随着市场化、国际化、信息化的发展不断多元多样，越是在多元多样的背景下越要凸显社会主义先进文化的引领作用，社会主义核心价值观是社会主义先进文化的价值内核，因此，促进社会主义文化的繁荣发展需要社会主义核心价值观的引领和规范。多样性是主导性的前

① 徐志远. 主导性与多样性：现代思想政治教育学的重要对偶范畴 [J]. 探索，2008（1）：162.

提，主导性是在多样性的基础上形成的，两者相互联系、相互依存；主导性引领多样性的发展方向，多样性促进主导性的发展，主导性不是消灭多样性，而是促进多样性的发展。主导性与多样性的辩证关系原理为社会主义核心价值观主导大众文化提供了直接的理论指导和方法论指导。

一、多样性是主导性的前提

事物是普遍联系、不断发展的，事物的发展方向是由主导性引领和规定的，主导性是在事物发展过程中形成的，事物发展的多样性是普遍存在的，因此，多样性是主导性存在的基础。"从哲学层面上讲，所谓主导性是指在整个事物的发展过程中处于统领的、导向的地位，起着主要的引导作用的特性。所谓多样性是指事物的发展所呈现的一种多姿多彩的、各不相同的发展态势。辩证唯物主义认为，世界在本质上是物质的，一切事物和现象都是在物质的基础上统一起来。但是物质的表现形态是多种多样的，大千世界纷繁复杂，千差万别的事物构成了世界这个物质统一体，因此，世界的统一性是一种多样性的统一。物质决定意识，意识、精神是物质变化的派生物，是物质发展的最高产物——人脑的机能。上述观点从本体论的意义来说是'一'和'多'的关系，即主导性和多样性的关系。"①世界的物质统一性原理是主导性和多样性辩证关系的基础，矛盾的普遍性和特殊性关系原理构成了主导性和多样性辩证发展的内在依据。社会主义核心价值观是在社会主义实践活动中形成的，是主导意识形态的核心，中国特色社会主义经济成分和利益格局的多样化决定了多元多样的价值观的存在，社会主义公有制占主体的经济基础决定了社会主义核心价值观的主导地位，因此，社会主义核心价值观的存在和发展离不开多元多样的价值

---

① 徐志远. 主导性与多样性：现代思想政治教育学的重要对偶范畴 [J]. 探索，2008（1）：161.

观的存在，其是在多元多样的价值观基础上形成的，规定了社会主义的发展方向。"德育的一元主导是实质和根本，它规定着德育的性质和发展方向；在主导性上要坚持鲜明性和坚定性，否则，德育的方向、性质就会发生偏差甚至变质。德育多样性是前提和基础，它展示德育的丰富多彩，体现学生全面发展的需要，在多样性上要坚持开放性与和谐性，否则，德育就会形式化、教条化。主导是对多样性的主导，没有多样性就无所谓主导。"① 思想道德教育是社会主义核心价值观培育和践行的重要组成部分，思想道德教育坚持"一元主导、多元并存"的原则，就是利用了主导性和多样性的辩证关系原理。大众文化是日常生活的反映方式，内蕴多元多样的价值观，社会主义核心价值观的主导性是在多元多样的价值观的基础上凝练和升华而成的，对大众文化的发展具有引领和规范作用。

二、主导性是在多样性的基础上形成的

主导性是指规定事物的发展方向，对事物发展具有引领和规范作用。"主导性的概念应包括两个方面的涵义：从事物本身讲，是指事物保持其引导的主要方向、方面和重点的特性，即本质主导性；从事物与其作用对象的关系讲，是指事物具有主要的和引导的作用的特性，即功能主导性。事物的主导性是本质主导性与功能主导性的有机统一，本质主导性规定着功能主导性的性质和方向，功能主导性则是本质主导性的实现条件。"② 主导性包含了规定性和指向性的基本功能，对事物的发展起决定性的作用，多样性是事物普遍的存在形式，主导性是在多样性的基础上形成的。"世界的统一性问题，是回答世界上的万事万物有没有统一性，即有没有共同的本质或本源的问题。马克思主义认为，世界的本源是物质，世界的真正

① 郑永廷，江传月. 主导德育论：大学生思想政治教育一元主导与多样发展研究 [M]. 北京：人民出版社，2008：6.

② 石书臣. 现代思想政治教育主导性研究 [M]. 上海：学林出版社，2004：13.

统一性在于它的物质性。"①　世界的本质是物质，物质是多元多样的，一与多的关系也就体现了本质和形式的关系。"世界的多样性，就是世界各种物质表现形态的差别性。世界既是统一的，又是多样的，二者有不可分割的内在联系。统一性存在于多样性之中，即统一的物质存在表现于各种物质形态中，没有多样性，也就没有统一性。反之，没有统一性，也就没有多样性，统一性（即物质）是多样性（即物质的表现形态）的依据。统一性与多样性的统一构成了不依人们意识而转移的千差万别的客观物质世界。"②　主导性和多样性相互依存，相互联系，多样性是基础和前提，主导性是在多样性基础上形成的，本质上是多与一的关系，也是形式与本质的关系，主导性体现了事物多样性发展的客观规律。"思想政治教育主导性是一个系统的理论体系，具有丰富而独特的内涵和要求：首先，从思想政治教育主导性的本质来讲，就是要坚持一定的意识形态方向和社会主导价值取向。其次，从思想政治教育主导性的功能来讲，就是发挥思想政治教育的主导作用。再次，从思想政治教育主导性的内容来看，思想政治教育主导，主要是目标主导、价值主导、趋势主导。最后，从思想政治教育主导性的要素结构看，思想政治教育主导性包括思想政治教育各个基本要素的主导性。"③　社会主义核心价值观是在多元多样的价值观基础上形成的，思想政治教育是贯彻和落实社会主义核心价值观的重要举措，对人的思想道德素质的提升具有重要的影响。

三、主导性引领多样性发展

在主导性和多样性的依存关系中，主导性体现了事物发展的方向，多

---

① 石书臣，等. 主导论：多元文化背景下的高校德育主导性研究［M］. 北京：人民出版社，2011：122.

② 刘延勃，张弓长，等. 哲学辞典［M］. 长春：吉林人民出版社，1983：159－160.

③ 石书臣. 现代思想政治教育主导性研究［M］. 上海：学林出版社，2004：13.

样性体现了事物的普遍存在方式，因此，主导性要引领多样性的发展。主导性的引领作用不是消灭多样性，消除多样性，而是规范和引领多样性的发展方向，使事物朝着更加健康、持续的状态发展。"德育多样性发展需要主导，即在德育多元化发展中要遵循正确的目标与规范，选择进步的内容与合理的方式。否则，德育就会发生冲突与偏差，或以多样性冲击、淹没主导性，使德育呈现'西方化'、'复古化'倾向。为此，德育必须坚持主导性前提下的多样性，必须坚持多样性发展中的主导性。"① 多样性是基础，主导性是方向，主导性在多样性的基础上发挥引领作用，思想道德教育要坚持"一元主导，多样并存"，社会主义核心价值观的培育和践行也要弘扬主旋律，提倡多样化，以开放包容、多元整合的方式促进社会主义文化大繁荣大发展。"在当今时代，我们只能在坚持主导性的前提下发展多样性，在发展多样性的过程中坚持主导性。我们既要吸取过去时代只讲主导性，排斥多样性的教训，也要警惕一些人只讲多样性，忽视主导性的倾向。"② 社会主义核心价值观的主导性主要体现在：社会主义核心价值观，从本质上讲，是社会主义意识形态主导性的内核，是社会主义性质的体现；从功能和作用上讲，对社会主义社会多元多样的价值观具有引领和规范作用；从内容上讲，从国家、社会、个人三个层面引领人的思想意识和价值观念；从目标上讲，通过主导性的发挥，凝聚社会共识，从而使人们自觉达成价值共识，形成社会主义的制度自信、道路自信、理论自信和文化自信。

---

① 郑永廷，江传月. 主导德育论：大学生思想政治教育一元主导与多样发展研究 ［M］. 北京：人民出版社，2008：6.

② 石书臣. 现代思想政治教育主导性研究 ［M］. 上海：学林出版社，2004：161.

第四节　西方相关理论借鉴

大众文化的产生具有特定的历史背景，大众文化消费也是生产力发展水平提高到一定历史阶段的产物。"大众文化是现代的产物，它的产生必须具备下述几个条件：政治的民主化、经济的市场化、生存空间的城市化、教育的大众化、市民阶层的兴起、大众媒介的出现。"① 西方马克思主义对大众文化理论的贡献很大，产生了不同的学术流派，如伯明翰学派、法兰克福学派、后现代主义等。不同的学术流派持不同的立论点，法兰克福学派持精英主义立场，批判大众文化的商业性、平面化、复制性等特点；伯明翰学派持平民主义立场，认为大众文化具有商业性与意义性的双重属性；后现代主义则认为大众文化实现了从语言中心向视觉中心的转换，随着消费社会的到来，大众文化发展到了虚假性需求的符号消费阶段。西方的大众文化研究主要是通过解说三个问题来逐次展开的：首先，是谁？是什么决定着大众文化？大众文化从何而来？其次，如何看待商业化和产业化对大众文化的影响？最后，大众文化扮演何种意识形态角色？② 西方大众文化的不同学术流派从不同侧面回答了上述三个问题，毫无疑问的是大众文化具有商业属性和意识形态属性的双重属性，本书主要选取文化工业理论、文化话语权理论、两种经济理论、消费社会理论四个不同的派别加以研究，为我国大众文化的核心价值观主导提供有益的理论借鉴。

---

① 刘自雄，闫玉刚. 大众文化通论：第二版 [M]. 北京：中国广播电视出版社，2013：28 – 29.
② 陆扬. 大众文化理论 [M]. 修订版. 上海：复旦大学出版社，2008：21.

一、文化工业理论

　　法兰克福学派的代表人物主要有阿多诺、霍克海默、马尔库塞、阿尔都塞等，其对大众文化持批判的态度，认为大众是被动的、消极的乌合之众，大众文化是经资本家批量生产的统治阶级意识形态的包装，因此，具有标准化、复制性、商品化的特征，大众文化将艺术品降格为商品，受到资本利润的驱使，本质是反大众的，是为维护统治者自身利益和现存资本主义制度服务的。大众文化是异化的文化，是商品拜物教、货币拜物教、资本拜物教的外在表现形式。商业化取代了文化自身的艺术性和精神性，借助大众传媒、流行广告等扩大了大众的消费需求，形成了一种虚假需求的文化。

　　文化工业是一种整合的概念。"阿多诺认为，文化工业在大众传媒和日益精巧的技术效应的协同下，大肆张扬戴有虚假光环的总体化整合概念，一方面极力掩盖严重物化的异化社会中主客体间的尖锐矛盾，一方面批量生产千篇一律的文化产品，来将情感纳入统一的形式，纳入一种巧加包装的意识形态，最终是将个性无条件交出，淹没在平面化的生活方式、时尚化的消费行为，以及肤浅化的审美情趣中。"① 阿多诺借文化工业来解释大众文化，实际上对工业社会发展带来的文化异化现象进行了严重批判，表面上大众文化消费的是时尚、情趣、生活方式，实质上兜售的是统治阶级的意识形态，是对大众情感的欺骗。统治阶级利用强制手段和措施对文化加以控制和引导，加上资本利润的强大驱动力，大众文化实际上是统治阶级维护统治的商业逻辑与政治逻辑的统一体。同时阿多诺也认为，大众是在经济、政治和文化上受到宰制力量支配的、被动的同质化的群体，几乎没有反抗能力。"大众文化成为标准文化、程式文化、重复文化

---

① 转引自陆扬. 大众文化理论 [M]. 修订版. 上海：复旦大学出版社，2008：45.

和肤浅文化的同义语，是为一种虚假的感官快乐而牺牲了许多历史弥新的价值观念。"① 大众文化消费作为日常生活的消费方式，把大众变成了千篇一律、丧失自主性的同质化群体，随着大众传媒的商业炒作和大肆宣传，大众的社会心理和情感受到强大的冲击形成趋同的趋势，日益成为大众文化的被动接收者和消费者。

文化工业理论实质上是将文化的商业价值发挥到极限、将大众的个性抹平、将消费的虚假需求放置在最高的位置上，说到底是虚假需求下人的本质异化的表现。"文化工业引以自豪的是，它凭借自己的力量，把先前笨拙的艺术转换成为消费领域内的东西，并且使其成为一项原则，文化工业抛弃了艺术原来那种粗鲁而又天真的特征，把艺术提升为一种商品类型。"② 文化产品过于强调自身的交换价值和使用价值，而忽视文化自身的精神价值和引领价值，在一定程度上反而会麻木人们的精神，隐性灌输和渗透着资本主义社会现行体制的意识形态，形成自上而下的隐性的统治。"在文化工业中，个性就是一种幻象，这不仅是因为生产方式已被标准化。个人只有与普遍性达成完全一致，他才能得到容忍，才是没问题的。虚假的个性就是流行：从即兴演奏的标准爵士乐，到用卷发遮住眼睛，并以此来展现自己的原创力、特立独行的电影明星等，皆是如此。"③ 标准化生产带来的是虚假的个性展示，而虚假的个性追求受到大众文化的引领，大众的休闲、娱乐、广告、消费等，都被当成真正的需求而不断得到满足。"家庭逐渐瓦解，个人生活转变成为闲暇，闲暇转变成为连最细微的细节也受到管理的常规程序，转变成为棒球和电影、畅销书和收音机所带来的快感，这一切导致了内心生活的丧失。"④ 在日常生活的方方面面，大众文

---

① 陆扬，王毅. 大众文化与传媒 [M]. 上海：上海三联书店，2000：20.

② 马克斯·霍克海默，西奥多·阿多诺. 启蒙辩证法 [M]. 渠敬东，曹卫东，译. 上海：上海人民出版社，2020：137.

③ 霍克海默，阿多诺. 启蒙辩证法：哲学片断 [M]. 渠敬东，曹卫东，译. 上海：上海人民出版社，2003：172.

④ 霍克海默. 霍克海默集：文明批判 [M]. 曹卫东，编选，渠敬东，付德根，等译. 上海：上海远东出版社，2004：216.

化受到资本逻辑的支配，大众也成了马尔库塞所说的"单向度的人"。

　　法兰克福学派的文化工业理论对文化异化现象的抨击和批判，对大众文化的平面化、标准化、商品化、意识形态性的批判，虽然有很强的现实意义和进步意义，但是站在精英主义的价值立场上低估了大众的主体性，低估了大众文化的社会作用，具有片面性。文化工业理论对我国社会主义核心价值观主导大众文化的发展具有的启发和借鉴意义主要有以下几点：第一，大众文化是社会主义核心价值观宣传和教育的重要文化载体，要将社会主义核心价值观内嵌到文化产品中，使人们在消费大众文化的同时，自觉接受、认同核心价值观，形成共同理想和价值共识。第二，大众文化的文化品位和审美趣味对大众有深刻影响，要不断提高大众文化的艺术性和价值性，提升大众文化的软实力。第三，大众文化是商品文化，具有商业属性和意识形态属性的双重属性，因此，要科学引领和合理规范大众文化的发展，使大众文化在推动文化产业发展的同时，最大限度地兼顾其社会效益。

二、文化话语权理论

　　20 世纪 70 年代，福柯提出了话语与秩序理论，他认为话语的运作与权力及道德之间存在着一定的联系。"在我们这样的社会里，真理的政治经济有五个重要特征。真理以科学话语的形式和制造它们的制度为核心。它受制于经常性的经济和政治刺激（由于经济权利和政治权利对真理的需求）。它以各种形式成为无边无际的传播和消费的对象（通过教育和文化设备传播——这些设备尽管有其局限性，在社会体系中还是非常广泛地存在的）。它在一些强大的政治和经济设备（大学、军队、文章和媒体）的控制下——这种控制即使不是唯一一个，也是主要的。最后，这是整个政治争论和社会对抗的中心。"① 话语受到权力的控制和制约。诺曼·费尔克拉夫在 20 世纪 80 年代从语言分析的视角反思批判现代性的话语，在《话语与社会变迁》一书中提出了话语的社会理论，在继承福柯话语理论的基础上，将语言学研究推及到社会实践基础上的话语研究，展示了话语与社会之间的变迁关系。葛兰西的文化霸权理论对大众文化影响深远，他认为文化霸权是统治者通过非强制手段的实施让市民社会产生认同的文化策略和文化手段，大众文化是市民社会的产物，也是统治者实施意识形态控制、意识形态斗争的重要场域，因此，大众文化是统治者确立文化霸权的文化场域、斗争场域。葛兰西的文化霸权理论一方面强调经济基础决定上层建筑，另一方面又强调文化的意识形态属性具有能动的反作用。"文化霸权主要指在意识形态、文化和价值领域里，官方与民间、国家与社会的广泛而密切的联系，既有斗争又有广泛共识和认同的辩证关系。"② 葛兰西认为统治者维护其统治既有政治性强制手段，也有文化性非强制手段，文化霸权主要指国家与市民社会在文化领域里相互斗争与联系，通过矛盾互动从而达成价值共识和价值认同。文化的社会功能通过意识形态斗争发挥作用，"艺术始终同一定的文化或文明休戚相关，为改革文化而进行的斗争势必导致改变艺术的内容，人们不应当谋求从外部去创立新的艺术（例如提倡教诲性的、宣传性的、道德说教式的艺术），而须从自身开始，因为人的情感、观念和关系一旦改变，作为这一切的必然体现者，人自然随之整个地改观"③。资本主义社会发展到一定阶段，统治者通过文化艺术等形式对市民进行统治，文化资本成为权力资本运作的重要方式。文化霸权理论是经由文化领导权发展而来的，葛兰西将其提升到意识形态领导权的高度，对西方马克思主义产生了深刻影响，后来受到阿尔都塞的强烈推崇。

---

① 转引自丹纳赫等. 理解福柯 [M]. 刘瑾，译. 天津：百花文艺出版社，2002：47 - 48.
② 姜华. 大众文化理论的后现代转向 [M]. 北京：人民出版社，2006：51.
③ 安东尼奥·葛兰西. 葛兰西论文学 [M]. 吕同六，译. 北京：人民出版社，1983：22.

　　葛兰西的文化霸权理论强调了文化领导权的争夺问题。国家与市民社会的联系与斗争是个矛盾运动的过程，文化领导权的确立过程是统治者与被统治者之间谈判、妥协、认同的过程，知识分子在其中发挥了重要作用。"简言之，它们可以被某个权力集团殖民化，这个集团不仅由经济上占统治地位的阶级构成，同样也包含了它的联盟和它的下属阶级。"① 大众文化的产生不是统治者操纵的，也不是大众自发产生的，而是两者兼具的动态的形成过程。"每个国家都是伦理国家，因为它们最重要的职能就是把广大国民的道德文化提高到一定的水平，与生产力的发展要求相适应。学校具有正面的教育功能，法院具有镇压和反面的教育功能，因此，是最重要的国家活动。"② 文化霸权的生产转化以生产力为基础，国家在生产力水平持续发展时不是通过强制手段和压迫手段维持统治的，大众文化的宣传教育，大众传媒的流行和传播，大众消费的广泛和日常化，都为自由民主的政治服务，这也是意识形态和文化霸权大行其道的社会根源。统治者利用文化的霸权地位强制推动大众文化的发展，同时大众文化也是市民社会发展的产物，大众传媒涵盖了种种机制，一方面大众文化具有意识形态性，另一方面大众文化具有能动的反作用。

　　葛兰西的文化霸权理论对大众文化的发展形成了强大的冲击，开拓了大众文化的研究领域，对大众有了新的角色定位：大众是有主体能动性的，对大众文化的态度也是辩证的。这一方面深化了法兰克福学派关于大众文化承载统治阶级意识形态的观点，承认统治阶级维护自身统治有两种方式：强制手段和利用劝诱的隐性渗透手段。另一方面，大众与统治阶级的矛盾斗争运动达成价值共识和价值认同，大众文化提供了重要的文化载体和文化场域，而知识分子起到了推波助澜的作用。文化霸权确立的前提是大众自愿接受和认同某种文化，达成舆论与社会准则等的基本一致，同

　　① 转引自陆扬．大众文化理论［M］．修订版．上海：复旦大学出版社，2008：65.
　　② 安东尼奥·葛兰西．狱中札记［M］．曹雷雨，等译．郑州：河南大学出版社，2014：315.

时也是一个充满斗争、冲突、妥协、平衡的复杂过程。

托尼·本尼特对文化霸权理论的评价为："霸权概念指出，统治集团的支配权并不是通过操纵群众来取得的，为了取得支配权，统治阶级必须与对立的社会集团、阶级以及他们的价值观念进行谈判，这种谈判的结果是一种真正的调停。换言之，霸权并不是通过剪除对立面，而是通过将对立一方的利益接纳到自身来维系的。为了说服那些心甘情愿接受其领导的人，统治阶级的政治取向必须有所修正，这就使得意识形态中任何简单的对立，都被这一过程消解了。"[①] 葛兰西的文化霸权理论充满着辩证法的智慧，对我国社会主义核心价值观主导大众文化的发展也有重要的借鉴意义：第一，大众文化承载着社会主义核心价值观，大众对价值观的产生和发展具有能动的反作用，因此，大众自身的道德素质和审美品位对大众文化有重要作用，不仅要提升大众文化的品位，更要提升大众自身的综合素质。第二，大众文化是意识形态斗争的重要场域，在贯彻和落实社会主义核心价值观的同时，要积极抵制西方不良社会思潮的影响，如虚无主义、新自由主义、民主社会主义等。第三，文化领导权确立的基础是大众自愿认同和接受共同价值观，因此，作为深入日常生活的最接地气、最流行的文化形态，大众文化要努力传播社会主义核心价值观，积极发挥广大知识分子的参与作用，创作出更多、更优秀的文化产品以满足大众的精神文化需要。

三、两种经济理论

费斯克的两种经济理论指出大众文化既是一种金融经济，又是一种文化经济；从金融经济的视角看，大众文化突出强调其商业化、货币化的特征，从文化经济的视角看，大众文化突出强调其消费流通的意义、快感、

---

① 转引自罗钢，刘象愚．文化研究读本［M］．中国社会科学出版社，2000：17.

认同。费斯克以电视为例指出，在资本主义社会里，电视节目作为商品，生产和发行于这两种平行而且共时的经济系统之中，其中金融经济注重的是电视的交换价值，流通的是金钱；文化经济注重的是电视的使用价值，流通的是意义、快感和社会认同。① 大众文化兼具经济效益和社会效益的双重属性，文化产品作为商品具有使用价值和交换价值，消费者购买文化产品，流通的是意义、快感和认同，大众根据自身的不同价值需求对同一文化产品有不同的文化解读。

费斯克认为，大众文化并不受统治阶级宰制力量的控制，而是大众自发产生的，大众不是一个固定的概念，而是主动的、开放的、互动的群体。"大众文化是由大众而不是文化工业促成的。文化工业所能做的一切，乃是形形色色的'大众的层理'制造出文本'库存'或文化资源，以便大众在生产自身的大众文化的持续过程中，对之加以使用或拒绝……大众文化是大众在文化工业的产品与日常生活的交界面上创造出来的。大众文化是大众创造的，而不是加在大众身上的。"② 费斯克认为文化产品只是资本家生产出来的产品，而大众自身对文化产品的意义、快感和认同的解读才是大众文化的本质。大众不是消极地、被动地接受大众文化产品，而是依据自身的消费优势和自身的创造力，在消费文化产品的同时，自觉生产和流通各种意义，由此，大众文化的产生是大众主动参与、主动生成的，同时，受到经济基础与上层建筑辩证关系的制约。"费斯克将大众文化置于布迪厄的文化场域内，文化场域是宰制性文化或官方文化与大众文化彼此博弈的场所。文化间的斗争是经济或技术力量的抽象产物，并最终由经济与技术力量共同决定。"③ 大众文化的双重聚焦体现在大众文化产品的文本受到体制和机制的影响，大众文化流通的意义、快感、认同受到意识形

① FISKE J. Television culture：popular pleasures and politics ［M］. London：Routledge，1987.
② 约翰·费斯克. 理解大众文化 ［M］. 王晓珏，宋伟杰，译. 北京：中央编译出版社，2001：29 – 30.
③ 约翰·斯道雷. 文化理论与大众文化导论 ［M］. 常江，译. 北京：北京大学出版社，2010：270.

态的影响。"于是大众乃由宰制力量决定，也就是说，大众总是在其回应宰制性力量的时候得以形成，但宰制者无法控制大众所构建的意义，以及大众所形成的社会效忠从属关系。大众并不是无法抵挡的意识形态体制下的无援无助的主体，也不是拥有自由意志、由生物体决定的个体，他们是一组变动的社会效忠从属关系，由社会行为人在某一块社会领地中形成，而这一社会领地之所以属于他们，是因为他们一直拒绝把该领地放弃给强权式的帝国主义。"① 一方面大众文化是对现存社会意识形态的反映，具有控制大众的作用，另一方面大众对现存制度及大众文化提供的文本及文化产品加以利用，创造出属于自身的大众文化。文化产品仅仅是提供资源和文本，而大众是大众文化的创造主体。

费斯克的两种经济理论将大众文化的研究又向前推进了一步，一方面承认大众文化的商业性质和意识形态属性，另一方面则突出了大众的重要作用，大众文化是由大众创造的，属于大众的文化。对我国社会主义核心价值观主导大众文化的发展的借鉴意义在于：第一，大众文化的发展有利于推动文化产业的发展，因此，要积极鼓励和发展新兴文化产业。第二，大众是大众文化的创造者，要不断提高教育水平，通过人才强国战略和科教兴国战略，不断提升大众的文化水平和思想道德素质。第三，大众文化具有意识形态性，社会主义核心价值观的培育和践行要深入日常生活，在大众的生活层面产生意义和认同感，在发展大众文化的同时进行社会主义核心价值观的宣传和教育。

四、消费社会理论

鲍德里亚在《物体系》《消费社会》《符号政治经济学批判》等著作中对"消费社会"的反思实际上是对现实社会的反映。他指出生活在物的

---

① 约翰·费斯克. 理解大众文化 [M]. 王晓珏，宋伟杰，译. 北京：中央编译出版社，2001：56.

时代，"今天，在我们周围，存在着一种由不断增长的物、服务和物质财富所构成的惊人的消费和丰盛现象，它构成了人类自然环境中的一种根本变化。恰当地说，富裕的人们不再像过去那样受到人的包围，而是受到物的包围，我们生活在物的时代"①。消费社会的出现是生产力发展到一定历史阶段的产物，是消费意义的现代性转变，从生产性消费开始转向日常生活的消费，前提就是物质的极大丰富。"现代社会的消费实际上已经超出实际需求的满足，变成了符号化的物品、符号化的服务中所蕴含的'意义'的消费。"② 消费社会的本质特征就是价值符号的消费，基本的生产性消费、生活性消费已经不能满足大众的消费需求；消费的内容和形式已经不再是满足物质需求，而是满足精神需求和心理需求。消费社会的消费是价值符号的消费，在一定程度上是消费的异化。

大众文化的生产与消费在鲍德里亚看来是文化产品的符号化生产、符号化消费，大众传媒更是强化了大众的符号化消费和需求。大众文化成为一种消费文化，在一定程度上变成文化符号、身份意义的消费。大众文化消费成为一种消费方式，成为民族文化和身份象征的认同方式，这是鲍德里亚的理论贡献，在当代也有重要的现实意义，学者王宁也是持此种观点。"消费生活方式构成民族认同的一个内在的方面，消费习俗、消费习惯和消费方式，均与民族的认同有密切的关系。一方面，它们是民族认同的象征和'素材'。以何种方式来从事消费，从一个侧面揭示了消费者的民族渊源和民族身份。另一方面，它们也是民族认同的情感纽带和实质内容。按照自己民族的习惯和传统来进行消费，对消费者来说是民族认同的逻辑延伸。"③ 符号消费是消费社会的显著标志，而消费方式、消费习惯是文化认同和身份认同的重要标志，大众通过文化消费标识不同的地位和身份显然已经成为大众文化发展的推动力。鲍德里亚提出，"大众文化与其

---

① 鲍德里亚. 消费社会［M］. 刘成富，全志钢，译. 南京：南京大学出版社，2000：1.
② 郭庆光. 传播学教程［M］. 北京：中国人民大学出版社，2011：55.
③ 王宁. 消费社会学：一个分析的视角［M］. 北京：社会科学文献出版社，2001：77.

说是将艺术降格为商品世界的符号再生产，不如说它是一个转折点，终结旧的文化形式，而将符号和消费引入自身地位的界定之中"①。大众文化在消费社会发生了转折，符号和消费成为主调，文化的意义反而成为陪衬。加之大众传媒的广告效应，大众被广告、媒体的视觉效应和听觉效应所吸引，被动地接受大众文化，不自觉地融入大众文化消费中来。

　　鲍德里亚的消费社会理论对大众文化消费影响极为深刻，其借助索绪尔的符号理论提出了商品、文化的符号化消费，指出大众文化的审美和价值已经被符号所取代，迈克·费瑟斯通指出："消费文化顾名思义，即指消费社会的文化，它基于这样一个假设，即认为大众消费运动伴随着符号生产、日常体验和实践活动的重新组织，遵循享乐主义，追逐眼前的快感，培养自我表现的生活方式，发展自恋和自私的人格类型，这一切都是消费文化所强调的内容。"② 大众文化在消费社会成为一种消费文化，对我国社会主义核心价值观主导大众文化的发展也有一定的借鉴意义：第一，大众文化的价值乱象与消费社会的到来、符号消费有密切联系，要治理大众文化市场的价值乱象，需要发挥社会主义核心价值观的引领和规范作用，从而达成文化的价值共识。第二，大众文化消费是为了满足大众的虚假需求及身份、地位认同，因此，要用社会主义核心价值观教育和感化大众，提升大众自身的文化品位和审美情趣。第三，大众文化消费受到大众传媒、广告等媒体效应的影响，因此，在规范大众文化市场的同时要用社会主义核心价值观引领和规范大众传媒的价值导向，使大众传媒与主流媒体的价值取向基本一致，引导人们形成正确的价值认识。

---

① 转引自陆扬. 大众文化理论 [M]. 修订版. 上海：复旦大学出版社，2008：41.
② 迈克·费瑟斯通. 消费文化与后现代主义 [M]. 刘精明，译. 南京：译林出版社，2000：165.

第三章 当代中国大众文化的价值观审视①

我国大众文化的发展与改革开放密切相关，随着改革开放基本国策的推行，市场经济体制的发展以及全球化的深入，我国大众文化的发展也出现了深刻的变革和转型。概括而言，改革开放以来我国大众文化的发展经历了以流行文化为主（1978—1992 年）、以商业文化为主（1992—2001 年）和以网络文化为主（2001 年至今）的阶段，价值取向随之从神圣化向世俗化转变、从世俗化向功利化转变、从功利化向个性化转变。在此过程中，我国大众文化的发展也出现了颠倒是非曲直的虚无主义、刻意追求经济效益的逐利主义、注重符号包装的形式主义等困惑，对大众文化的健康、良性发展带来了严峻的挑战。本章从当代中国大众文化的发展进程入手，分析不同历史阶段的价值取向，进而指出当前大众文化价值取向存在的主要问题，为社会主义核心价值观主导大众文化提供现实的铺垫与支撑。

中国大众文化的发展经历了兴起、发展和壮大等不同的历史阶段，当代是大众文化兴起和发展的时空背景。"当代"在英语词典中解释为"the present age"②；在汉语词典中解释为"当今这个时代"③；在史学词典中，"'当代'是相对于'现代'和'现在'的一个时间概念，它是'现代'

---

① 任美慧. 改革开放以来我国大众文化的发展趋向及时代困惑 [J]. 理论与评论，2021（6）：86 - 96.

② 思马得学校. 汉英中国文化词典 [M]. 南京：南京大学出版社，2005：60.

③ 董大年. 现代汉语分类大词典：辞海版 [M]. 上海：上海辞书出版社，2007：39.

的进一步延伸。当代史具体就是指现代以后到现在为止的社会发展史。目前一般把 1945 年 "二战" 结束以后的历史作为世界当代史；把 1949 年中华人民共和国成立作为中国当代史的开端。中国当代史习惯上又称 ' 中华人民共和国史 ' "①。由此，当代主要是指中华人民共和国成立后中国经济社会的发展进程。中华人民共和国成立后，社会主义开始确立和不断完善，改革开放的深入发展将中国特色社会主义事业的发展不断推向新的高度。我国大众文化的发展主要是指改革开放以来的文化发展形态。本章在分析改革开放以来我国大众文化发展趋向的基础上，通过梳理大众文化的价值取向及其嬗变，分析其背后存在的价值困惑，以期更好地推动新时代大众文化的健康、良性发展。

第一节　改革开放以来我国大众文化的发展趋向

1942 年延安文艺座谈会曾提出了发展 "民族的、科学的、大众的文化"，为中国大众文化的发展奠定了理论基础和思想基础。中华人民共和国成立以来，国家一直重视文化的发展，以毛泽东为核心的第一代领导集体就曾提出 "百家争鸣、百花齐放" 的文化发展方针。改革开放以后，邓小平重新确立了 "解放思想、实事求是" 的思想路线，大众文化随着经济、社会的发展和转型而不断向前发展。改革开放以来中国大众文化经历了萌芽、发展、成熟的嬗变过程，可以划分为分别以流行文化、商业文化、网络文化为主的三个阶段，每个发展阶段都表现出不同的文化态势和文化表征。

---

① 蒋大椿，陈启能. 史学理论大辞典 [M]. 合肥：安徽教育出版社，2000：585-586.

一、以流行文化为主的阶段 (1978—1992 年)

改革开放初期，大众文化作为一种显性文化形态进入当代中国的社会生活。从 20 世纪 70 年代末到 80 年代中期，我国大众文化处于萌芽时期。随着改革开放基本国策的实行，港台文化、日本文化、欧美文化先后影响了中国大陆文化的发展进程，大众文化从广东珠三角向内地不断延伸，呈现出模仿化的基本特征，这一时期的大众文化基本上以引进国外大众文化和港澳流行文化为主。从 20 世纪 70 年代末到 80 年代中期，流行文化的发展态势为：中国大众文化的萌芽开始产生，标志性的事件就是以《甜蜜蜜》《夜来香》《小城故事》《我只在乎你》《何日君再来》《月亮代表我的心》《在水一方》《美酒加咖啡》等为代表的港台音乐的流行。流行音乐的兴盛推动了邓丽君、罗大佑等港台偶像的诞生，接着港台音乐流入大陆，兴起了粤语热，学说粤语成为一种时尚，然后是《霍元甲》等港台电视剧的流行。同时，"哈日"风尚日渐流行，《望乡》《血凝》等日本电影对中国生活的冲击很大，一时间，日本的发型、服饰成为当时人们追求的时尚。伴随着流行音乐、电影电视的盛兴，中国大众的心态和生活方式也受到了一定影响，这一时期广告开始登上历史舞台，1979 年，第一个电视商业广告《幸福可乐》在央视播出，可口可乐开始进入中国市场。台湾作家金庸和琼瑶的文学作品也成为青年人追求的时尚，《窗外》《聚散两依依》《梦的衣裳》《在水一方》《还珠格格》风靡亚洲。叶志良、金民卿、李春华等学者都对这一时期的流行文化尤为关注，认为这一阶段的流行文化的典型特征就是引进、模仿，同时流行文化的发展也带动了人们日常生活的丰富和发展，例如喇叭裤、"鸡窝头"、下饭馆、大哥大、卡拉 OK、西餐厅等。1983 年的第一台春节联欢晚会更是邀请了众多来自港台的明星，正所谓 20 世纪 80 年代的春节联欢晚会是歌星捧场，之后的春节联欢晚会是捧红明星。随着流行文化的兴起和发展，人们的日常生活变得更加丰富，但同时也出现了精神污染现象，电视、电影等作品商品化、情色化，审美品位和审美趣味低级化，道德伦理追求低俗化等倾向也随之产生。"从 1983 年开始，'清除精神污染'、'严打'、'扫黄'、'反资产阶级自由化'等词语开始频繁地出现在政府工作报告中。"① 这一时期的大众文化带有资本主义文化的色彩，国家开始关注到这个问题，并引起了相关部门的重视。

从 20 世纪 80 年代中期到 90 年代初，我国大众文化逐渐摆脱模仿阶段，开始了独立创作阶段，出现了本土化的发展趋势。有学者指出："80 年代以来，一种全新的消费性的大众文化，从流行音乐、卡拉 OK、迪斯科到通俗文学、亚文学、千篇一律的肥皂剧、情节雷同制作模式化的港台电视剧，几乎令人目不暇接，急速地萌芽、扩张并在 90 年代占据了中国大众大部分的文化生活空间。"② 流行文化既承载主流价值观又成为消解主流价值观的主要因素，原本以政治为主导的文化受到了港澳台以消费为主流的文化，以及西方文化思潮的冲击，这些冲击从语言、文字、服饰、饮食、广告、音乐、影视等各个不同的层面影响大众对流行文化的追捧与热忱。特别是到了 20 世纪 80 年代中后期，随着广播、电视等媒介的发展，人们经济水平的提高和思想观念的转变，我国大众文化进入了真正意义上的中国大众文化创作和发展时期。这时期的标志性事件就是电视剧《渴望》的热播，该剧引起了全国各地、大街小巷普通群众的热烈反应。与此同时，在音乐方面，随着国内摇滚音乐的诞生，崔健被誉为"摇滚之父"，《信天游》《一无所有》《西北风》等流行歌曲一夜之间红遍大江南北，1989 年可谓港台明星火爆中国大陆的年份，张雨生、千百惠、小虎队、红唇族、谭咏麟、梅艳芳等港台歌星风靡一时；在电影方面，以张艺谋为代表的中国第一批电影导演诞生，《红高粱》《大红灯笼高高挂》《秋菊打官

---

① 梁鸿. 新启蒙话语建构：受活与 1990 年代以来的文学和社会 ［M］. 北京：中国社会科学出版社，2012：41.

② 陈立旭. 新时期大众文化审视 ［J］. 中共浙江省委党校学报，1999（2）：31.

司》《活着》《一个都不能少》《我的父亲母亲》等影片被搬上银幕，在一定程度上反映了百姓的日常生活；在文学创作方面，以王朔为代表的"痞子文学"广受欢迎，并频繁被改编成电影或电视剧。例如他的小说《空中小姐》《一半是海水一半是火焰》《动物凶猛》《一点正经没有》《谁比谁傻多少》《无知者无畏》等不仅是社会世俗生活的写实，小说中的许多流行语也成为人们的口头禅，如"我是流氓我怕谁""过把瘾就死""千万别把我当人""一点正经没有"等。在这种情况下，"中国沸腾了，大众文化的生产者在商业利益和大众需求的推动下，加快了生产步伐，开动制作机器，一时之间，中国的大众文化蜂拥而来，规范的不规范的、地上的地下的、公开的秘密的，大众文化产品迅速充斥了中国的文化市场"①。可见，20世纪90年代初，流行文化的规模急剧膨大，大众文化商业化、平面化的运作取向开始凸显。

二、以商业文化为主的阶段（1992—2001年）

从1992年邓小平南行讲话开始，到1997年党的十五大确立基本的经济制度，再到2001年中国加入世界贸易组织（WTO），是我国市场经济确立完善时期。这一时期的主要特点是针对市场经济性质的讨论，"1992年1月18日到2月21日，邓小平在武昌、深圳、珠海、上海等地的谈话中，正式提出了这个重要思想。他明确指出，计划多一点还是市场多一点，不是社会主义与资本主义的本质区别。计划经济不等于社会主义，资本主义也有计划；市场经济不等于资本主义，社会主义也有市场。计划和市场都是经济手段"②。随后，党的十五大明确了社会主义初级阶段的理论和中国基本经济、政治、文化发展目标，提出培养"四有"新人（有理想、有道

---

① 叶志良. 大众文化［M］. 上海：上海文艺出版社，2003：61.
② 潘琦. 邓小平大辞典［M］. 南宁：广西人民出版社，1998：1009.

德、有文化、有纪律的公民）的目标，发展面向现代化、面向世界、面向未来的，民族的、科学的、大众的社会主义文化；在社会主义条件下发展市场经济，不断解放和发展生产力。市场经济确立的过程就是商品经济逐步发展壮大的过程，这一时期文化发展的转型突出表现为文化商业化、商业文化化，大众文化的活动空间迅速拓宽，大众传媒的影响力不断扩大，广告消费的刺激影响深远。特别是随着城市化进程的加快，文化的创作者、生产者利用大众言论、声音、态度等形成了一种能为大众所接受的价值表达方式，有效拓展了市场空间，在一定程度上也为大众文化的迅速发展提供了有利条件，从而使大众文化的历史作用更加凸显，在不断满足人民群众日常的精神文化需要和审美需要的同时，大众文化发展到了以商业文化为主的新阶段，进入了批量生产制作，亦即集创作、生产、销售为一体的实际消费阶段。

随着科技进步、媒体特别是广告宣传的发展，20 世纪 90 年代的商业文化的典型特征就是"文化逐步改变了传统的个体化、手工化、小生产化和在狭小的圈子中传播的特点，呈现出了集约化、高科技化和大批量生产以及大众传媒广泛扩散的态势。文化产业步入科技化和大众化的轨道，造成了文化流通空间的立体化（海陆空全方位传送）、时间的快速化（有形、无形载体的传播、辐射）和手段的现代化（运用最先进的交通、通信和传输工具）"①。随着科技进步、媒介广告效应宣传，大众文化进入了批量生产制作阶段，形式大于内容，经济效益大于社会效益。这可以从两个文化事件中看出来：一是贾平凹的《废都》的创作和出版。二是电视剧《北京人在纽约》的热播。在文学方面，畅销书成为作家们的价值追求，标志就是以《废都》为代表的小说发行量超过 100 万册，一方面是精英作家开始关注世俗，另一方面是作家能否创作出畅销书成为衡量创作成功与否的重要指标。影视方面，《北京人在纽约》的热播，深刻反映了当时人们的热

---

① 陈立旭. 二十年中国大众文化回眸：下 [J]. 观察与思考, 1999（3）：21.

切期望，突出表现了人们对于创业、经商的冲动及当时流行的"下海经商"潮。

经过精心的策划和广告的包装，文化的艺术性、审美性和道德性受到了挑战，而大众文化的商业化、娱乐化、世俗化倾向却满足了市场经济激烈竞争带来的精神压力和心理压力。在广告、媒体的助推下，闲暇消费、节日经济、女性消费、审美消费等成为商业文化的重要内容。这一时期的大众文化成为互动的文化，出现了客体主体化的倾向。客体主体化的表现是大众成为消费的主体，推动大众文化的发展。例如选秀节目的兴起，发展到顶峰的标志性事件就是《超级女声》节目，从节目与观众的互动看，一方面带动了商业经济的发展，另一方面满足了大众的精神需要。在电影方面，以周星驰为代表的无厘头风格电影《大话西游》系列等受到人们的推崇，其中的经典桥段至今依然有影响，如"I 服了 YOU。""曾经有一份真诚的爱情放在我面前，我没有珍惜，等我失去的时候我才后悔莫及，人世间最痛苦的事莫过于此。"用幽默的语言、夸张的动作、嬉皮士的游戏方式去表达正经的事，成为人们缓解日常生活压力的娱乐方式。"大话者用'小鸡程式'过滤权威和偶像，将其改造成鸡零狗碎和毫无价值的废物，其功能完全等同于那些溶解和销蚀文本文件的'病毒'，它在破坏威权主义或流行文化程序的同时，也破坏了真理探索的机制。"[①] 同时，在大众日常消费方面，品牌效应开始凸显，国外的顶级品牌如 LV（路易威登）、Armani（阿玛尼）、Chanel（香奈儿）、Gucci（古驰）、Hennessy（轩尼诗）等品牌开始在中国开设专卖店，引发了国人对奢侈品牌的追求。超市革命引发了中国大陆消费方式的转变，百盛、家乐福、沃尔玛等先后涌入，超市从柜台营销转变成仓储式大超市。在媒体通信方面，手机成为一种新的时尚，从刚开始的"大哥大"到传统手机如摩托罗拉、诺基亚，再到后来的智能手机，科技及网络的发展成为主要推手。在广告方面，

---

① 朱大可. 流氓的盛宴：当代中国的流氓叙事 [M]. 北京：新星出版社，2006：348.

"今年过节不收礼，收礼只收脑白金"，一句经典的广告词使脑白金产品普及到大江南北。1997 年还出现了 MBA 热、英语词典热、出国热，《朗文当代英语辞典》占据图书销售排行榜首位。

随着改革开放的深入发展，中国人走出国门、走向世界的心情日益强烈，同时，开始向往民主、自由、个人能力实现的美国梦。市场经济的确立完善过程也是中国社会深刻转型的过程，从经济到政治、文化、社会阶层等均出现了不同程度的分化，大众传媒的影响不断扩大，广告消费的刺激影响深远，大众文化在这一时期的活动空间迅速拓宽，文化的创作者、生产者利用大众言论、声音、态度等形成了一种能为大众所接受的价值表达方式，有效拓宽了大众文化的市场空间。城市化进程的加快，在一定程度上也为大众文化的迅速发展提供了有利条件。民间价值、传统文化、个体意志等都成为大众文化商业化的重要资源支撑。改革开放以来，大众文化的商业化无孔不入，开始涉及个人隐私的买卖，先是明星个人生活隐私的商业炒作，接着是普通大众个人生活开始受到关注。陶东风认为："90年代以后，另一类型的世俗化出现了：不再关注公共世界和他人，而是沉迷于物质享受和内心隐私。"[1] 在这种情况下，"明星出卖自己的隐私、记者出卖别人的隐私，足够满足我们的窥视欲望"[2]。比较有影响力的就是《北京青年报》记者安顿从 1997 年到 1999 年两年多时间内发表的大约 90期系列口述实录。这些口述实录涉及情感生活的方方面面，受访者也涉及各类群体，引发全国轰动，产生了系列连锁效应。《绝对隐私——当代中国人情感口述实录》成为 1998 年的畅销书之一，此后《单身隐私》《非常隐私》《贞操隐私》《情人隐私》等系列书出版，而且很多还被改编成了电影。接下来出现了绝对隐私热带来的"身体写作"现象，例如以棉棉等为代表的美女作家身体写作，以及后来的芙蓉姐姐等。这种现象的背后一

---

①　陶东风. 从两种世俗化视角看当代中国大众文化 [J]. 中国文学研究，2014（2）：5.

②　滕威. 书写中产阶级与中产阶级的自我书写——关于 1998 年中国文化市场"隐私热"现象的报告 [J]. 上海文学，2000（4）：66-70.

方面是后现代主义思潮的解构影响，另一方面是消费主义思潮的影响。由此可见，大众文化在满足人们物质欲望的同时开始追求娱乐化、世俗化、感性化的表达方式和消费方式。

三、以网络文化为主的阶段（2001 年至今）

21 世纪初以来，随着市场化、全球化、信息化的不断发展，网络文化异军突起。随着改革开放基本国策的实行，中国加入 WTO 后，国际化程度提高，经济、科技、军事、文化等综合国力指标不断提升，中国的经济社会发展进入深度转型期和改革深水区。以互联网为推动力的信息化革命的到来，使中国的经济、政治、社会、文化的发展被深深地打上了信息技术革命的烙印。这一时期的典型特征就是网络文化异军突起，并且引领大众文化的发展趋势，我国大众文化进入新的发展阶段。网络文化主要是指以网络信息技术为基础、在网络空间形成的文化活动、文化方式、文化产品、文化观念的集合。网络文化是现实社会文化的延伸和多样化的展现，同时也形成了其自身独特的文化行为特征、文化产品特色、价值观念和思维方式的特点。中国网络文化的发展在 21 世纪的前十年形成了三个特点：①各类网站发展迅猛，形成网络文化建设新格局。②网络文化产品日益丰富，供给能力显著增强。③网络成为公民问政和通达政情民意的新渠道。[①]为什么强调大众文化在这一时期的标志是网络文化？这是由新的时代背景和科技背景所决定的。随着网络时代的到来，互联网不仅成为一种媒介手段和大众文化发展的载体，而且已经成为虚拟与现实互动的结合体，人们的日常生活方式发生了根本性转变。互联网成了人的数字化生存方式，人成了数字化的存在形式，符号消费成为网络文化时代的消费特点。网络的裂变式发展不仅改变了人们的生活方式、思维方式、行为方式等，还改变

---

① 王世伟，惠志斌. 信息安全辞典 [M]. 上海：上海辞书出版社，2013：49 – 51.

着人们的思想观念、价值观念、理想理念等。经济、政治、社会、文化等各个层面都受到互联网的冲击，"互联网＋"时代的到来，大数据成为人们获取信息、资源的重要手段。"全球化的效果势将削弱'所有'民族国家的文化向心力，即使经济上的强势国家（先前时代的'帝国主义权势核心'）亦不能幸免于此。"① 受市场化、全球化、信息化的叠加影响，大众文化显示出新的发展态势。互联网整合传统媒体，出现了自媒体、多媒体、全媒体等多种表现形式，在"人人都是麦克风"的时代，大众既是创作主体，又是消费主体，具有主体客体化、客体主体化的双重属性。

网络文化作为大众文化的最新表现形态，具有去精英化、去中心性、去主导性的特点。随着文化工业的兴起、大众传媒技术和商品市场的发展，网络、流行、时尚与消费文化走进人们的日常生活，成为现代人生存的一个基本维度，文化领域的世俗化日益改变着当前人们的文化接受模式——由被动接受转向主动参与。我们被带入了一个交互式、大众广泛参与的文化时代。正如学者所说，"经典文化以精英为核心的单维度权威主义文化模式被颠覆，代之而起的是大众广泛参与的多元交互的文化模式"② "互联网更是提供了一个让草根施展抱负的广阔天地，一些草根身份写手，正逐渐演变为新的精英作者。"③ 山寨文化成为草根文化盛行的衍生品，技术的复制成为主要推动力，主要涉及手机、数码产品、游戏机以及城市地标建筑等，山寨文化的流行一方面是因为法律法规的监管不健全，另一方面是平民化、快速化、复制性背后的商业利益驱动，大众文化自觉意识不足。在这种环境下，网络恶搞、网络小说、网络歌曲、网络电视等网络文化形式层出不穷，例如 FLASH《东北人都是活雷锋》中的"翠花，上酸菜"成为流行语，"贾君鹏，你妈喊你回家吃饭""马上有

---

① 汤林森. 文化帝国主义［M］. 冯建三，译. 上海：上海人民出版社，1999：38.

② 刘怀光. 流行文化及其对经典文化表达方式的颠覆——现代流行文化的后现代意义［J］. 理论导刊，2008（6）：43.

③ 王迎新，平章起. 论消费社会大众文化的意识形态渗透［J］. 广西社会科学，2014（8）：184.

钱""且行且珍惜""有钱就是任性""时间都去哪儿了""也是醉了""梦想还是要有的，万一实现了呢""天空飘过五个字，那都不是事""蓝瘦、香菇""元宇宙"等网络体语言瞬间在网络蹿红，成为人们日常交往的时尚表达方式。网络炒作成为网络名人的常用手段，主要通过社会热点的关注，有目的的策划、引导，互联网平台的搭建、互动等方式来实现。如网络头条"凤姐"的炒作等。"高度发达的信息技术和网络系统，以其高度的隐秘性、广泛的自由性、充分的渗透性、强烈的趣味性，传播着各种各样的文化价值观。"① 网络时代，大众的参与度空前提高，精英与大众的意识充分融合，价值观的表达方式日趋多元化，此时社会主义核心价值观的引导显得尤为重要。

　　网络文化的盛兴提高了主体的参与度，拓宽了主体的活动范围、活动载体，带动了虚拟经济的发展。从网络游戏的盛兴到电商的兴起，再到"互联网＋"时代经济网络化的实现，网络实现了虚拟与现实的有效结合。随着网络的普及、移动媒体智能化的实现、大众数字素质的提升，网络游戏成为青少年、大学生、普通民众的娱乐方式和消遣形式，"消费文化的大众普及性还暗示着，无论是何种年龄、何种阶级出身，人们都有自我提高、自我表达的权利"② 。例如"QQ农场""开心农场""CS""魔兽世界""穿越火线""天堂""英雄联盟""梦幻西游""部落冲突""王者荣耀"等游戏可以分为多种类型，包括动作类、益智类、恋爱类、冒险类、音乐类、体育类、射击类、角色类、赛车类等，也可以根据收费模式分为免费模式和付费模式。网络游戏一方面可以缓解生活、工作、学习的压力，另一方面也导致个体沉溺于虚拟的网络世界，造成个体自主性的丧失。"在虚拟文化生活连同产生这种现代的、风险的、消费的、日益原子化的社会总体，可能真是一种所谓的'现代'现实的情况下，虚构的主体

① 姜键. 当代中国基本政治遵循与主导价值取向研究［M］. 北京：人民出版社，2009：63.
② 迈克·费瑟斯通. 消费文化与后现代主义［M］. 刘精明，译. 南京：译林出版社，2000：126.

性是否可能比真实的自我更具'本真性'?"① 同时，网络平台搭建的虚拟互动、虚拟交往也推动了网络文化的发展，例如贴吧、BBS、微信、微博、博客、QQ、网络直播、抖音小视频等，网络交往大大缩短了现实交往的距离，提升了交往的频率与互动的概率，但是沉溺于网络交往也带来了些许弊端，例如网络交往与现实交往形成反差，虚拟交往中活跃的主体在现实生活中可能会比较沉闷。随着网络交往的频繁和深入，网恋、网络诈骗、虚假购物网站等对社会诚信的考验也逐渐加大。

网络文化的流行不但造就了网络时代的神话，而且成了大众的狂欢，碎片化、视觉中心转向、符号消费、信用时代也随之而来。"在互联网上我们看到了人们从语言狂欢发展到语言的暴力，从语言的暴力升级到语言的杀戮，从语言的杀戮演变为语言的灾难! 人们可以肆无忌惮地对别人进行攻击，越尖酸刻薄越能获得满堂的喝彩，越是穷极无聊越是有人趋之若鹜。"② 另外一个现象就是近些年来由于"键盘侠"的存在，网络暴力事件频频爆出。网络传播的即时性、交互性、开放性、便携性、无障碍性等特点，给网络文化建设中网络舆论的预测、预防、监管、控制等带来了一定的难度，也对网络文化建设中的文化自信、文化自觉提高了要求。"新自由主义""民主社会主义""历史虚无主义""新左派思潮""民粹主义""文化保守主义"等多元思潮对网络文化的冲击巨大，新的历史发展时期，建设文化强国，必须要把握好网络阵地，坚持和建设好中国特色社会主义文化。

---

① 李普涛．以媒介为核心的中国新世纪文化缺陷及发展方向定位［J］．中州学刊，2005（3）：121.

② 邵建．媒体时代、道德失序、话语重构?［J］．艺术百家，2006（4）：11.

第二节　改革开放以来大众文化价值取向及其嬗变

改革开放以来，中国大众文化发展进程中呈现出不同表征的文化形态，而不同表征的文化形态又表现出不同的价值取向。第一，以流行文化为主的阶段，大众文化的价值取向主要是从神圣化的价值观向世俗化的价值观转变。人们开始回归到日常生活，开始了日常生活审美化的价值追求。第二，以商业文化为主的阶段，大众文化的价值取向主要是从世俗化的价值观向功利化的价值观转变。随着经济发展速度的加快，社会贫富两极分化凸显，社会转型加快，人的社会阶层划分更为明显，价值分化、价值冲突也日益凸显，功利化的价值追求成为商业文化发展的主要特征。第三，以网络文化为主的阶段，大众文化的价值取向主要是从功利化的价值观向个性化的价值观转变。随着互联网的普及与发展，数字化成为大众的存在方式和发展方式，互联网的发展一方面凸显出个体个性化、差异化的价值追求，另一方面又为个体个性化发展提供了有利的空间。

一、从神圣化向世俗化转变

20 世纪 70 年代末到 90 年代初，我国大众文化的发展主要是以流行文化为代表，大众文化一跃成为与官方主流文化、精英文化平分秋色的文化形态。流行文化的世俗化价值取向成为推动大众文化发展的内在动力，改革开放和市场化的深入发展一方面改变了社会的发展格局，另一方面深入到人的思想观念、价值理念、消费观念。大众传媒的迅速崛起颠覆了传统媒体的传播方式、生产模式，流行文化的娱乐化、生活化、消费化趋势不仅贴近大众的日常生活，而且从满足大众、取悦大众到消费大众，"好看"

代表的审美需求的满足与"好卖"代表的消费（经济利益）需求的满足，彻底打破了"圣人"时代的神话。"换句话说，世俗化的倾向成为20世纪90年代平民百姓的众望所归，作家要想赢得读者群，就必须介入大众的现实日常生活，去表述大众在现实日常生活中所关心的柴米油盐、利益得失，'日常生活'成为新时期作家的必胜筹码。"① 世俗化是指从神圣走向世俗，相对理想主义而言，世俗是中性词，世俗不代表低俗。世俗化即非神圣化，是人逐渐回归到日常生活的过程，是社会的世俗化过程与宗教的世俗化过程的辩证统一，是人的理性觉醒、开始关注日常生活的表现形式之一。

世俗化的价值取向对接大众文化，有效满足了大众生活的日常需求。改革开放初期，大众文化的价值取向从精神层面的崇高走向物质层面的世俗。对比中华人民共和国成立后经历的十年"文革"的洗涤，改革开放初期的日常生活显得人们的思想观念开始活跃，从意识形态主导下的"牢笼"中解脱出来，开始关注现实的日常生活。"日常生活是指：那些同时使社会再生产成为可能的个体再生产要素的集合。"② 日常生活的基本构成要素就是个体的基本生活需求，即基本的吃穿住用行等生理需求，以及对文学和艺术等的发展追求。从精神层面的崇高走向物质层面的世俗，从意识形态层面的主导性走向日常生活的情感丰富性，打破了阶级斗争所导致的人际关系冷漠僵局，重新找回温情、正义、浪漫等情感需求。改革开放和市场化的深入发展不仅改变了社会的发展格局，而且改变了人们的思想观念、价值理念、消费观念；流行文化的娱乐化、生活化、消费化趋势不仅贴近大众的日常生活，而且从满足大众、取悦大众发展为消费大众。

大众文化异军突起，世俗化的价值取向凸显，其实质是人们的日常生活需要发生了转变。价值在本质上是主体的需要和客体的属性满足需要的

---

① 张贞."日常生活"与中国大众文化研究 [M]. 武汉：华中师范大学出版社，2008：141.

② 阿格妮丝·赫勒. 日常生活 [M]. 衣俊卿，译. 重庆：重庆出版社，2010：3.

关系，人们价值观念的转变过程就是人的内在"需要"根据经济、政治、社会、文化的变化而不断发生转变的过程。有学者指出："人性的嬗变轨迹——'需要'系统的更新是人性变化过程中的一种极为普遍而活跃的要素，人的需要虽然有其自然的、心理的、生理的本能因素，但本质上是一种社会性的、自觉性的要求，它是广泛而全面的。20世纪80年代以来，由于社会的巨大转型，已经极大地触动了我国的文化精神体制，对传统文化观念、文化思想和文化心理模式形成新的震动与冲击。"① 党的十一届三中全会重新确立了解放思想、实事求是的思想路线，不仅实现了党和国家工作重心的转移，而且转变了社会格局，也改变了人们的思想观念和心理需求。"当代人的需求系统发生了深刻的变化，并呈现出三大显著状态：由需要的匮乏性状态向需要的增长性状态转化；由需要的单一性状态向需要的丰富性状态转化；由需要的本能性状态向需要的文化性状态转化。这种转变促使当代人的人性结构展示出崭新的性质和状态。"② 三大需要的转换为流行文化的盛行提供了基本的社会心态基础，它是流行文化世俗化价值凸显的典型心理特征。在思想解放潮流之下，流行文化的发展使文化格局发生深刻变化，流行文化代表的是与大众日常生活息息相关的价值观念。正如邢建昌所说，"主导文化所张扬的崇高和精英文化的秩序失去了往昔震撼人心的力量，一种日常意识形态获得了市民社会、市民阶层的支持，现世主义观念、消费意识成了世俗社会的价值准则"③。例如，以港台流行音乐为代表的抒情歌曲受到大众的热捧；以琼瑶小说为代表的爱情小说在内地畅销；以《霍元甲》为代表的港台电视剧收视率居高不下。流行文化本身也是一种意识形态，虽然受到精英文化的一致排斥和抵触，但是依然保持着发展的态势。

---

① 傅泽. 文化想象与人文批评　市场逻辑下的中国大众文化发展研究 [M]. 北京：中国传媒大学出版社，2007：100.

② 李西建. 重塑人性：大众审美中的人性嬗变 [M]. 武汉：湖北人民出版社，1998：39.

③ 邢建昌. 大众文化的发展与中国美学的转型 [J]. 文学前沿，2001（1）：93.

　　"世俗化"成为改革开放初期流行文化的价值取向，具有时代特征，关于世俗化的内涵存在几种不同的理解。

　　首先，二分法的观点，分为实质论和功能论。"（1）实质论观点，把世俗化看作是社会成员的思想和行为较少受到宗教关系、宗教信条和宗教机构影响的过程。（2）功能论观点，把宗教看成是一种普遍的社会现象，认为每一个社会都存在一些共同的价值来回答终极问题，成为日常生活世界提供意义或提供一种使人的生物本性得以超越的世界观。"① 世俗化是"宗教生活日趋式微、世俗生活日趋重要的变化过程。世俗化是理性化在宗教方面的具体表现，韦伯关于西方社会理性化的讨论中涉及到了世俗化。近现代以来，世俗化是一种普遍的趋势"②。实质论和功能论都强调世俗化是社会成员与宗教的关系，强调随着社会生产的发展，人的理性觉醒，开始回归日常生活。

　　其次，社会学的解释。"世俗化一词最早使用于 1648 年的《威斯特法利亚和约》中，当时用于描述原先受基督教会控制的领域转为受世俗政治统治者的控制之意。后来这一术语被越来越广泛地使用，社会学家用它表示社会和人摆脱宗教权威控制的多样化进程，早期社会学家奥古斯特·孔德用它表示一种社会发展的模式。随着社会经济、政治、道德、法律、教育、医疗保健和家庭组织结构上的分化，超自然的观念逐渐丧失其对人类事务的统御。所谓世俗化是指宗教意识、宗教活动和宗教制度逐步丧失社会意义的过程，这是世俗化的一种最根本的含义。世俗化还有另一种含义，这就是宗教本身日益渗进世俗的内容。"③ 从社会学视角来看，世俗化是人们摆脱宗教控制的发展模式和进程，或者是宗教本身融入世俗生活。

　　再次，宗教社会学的解释。美国学者拉里·席纳尔（Larry Shiner）将

---

① 廖盖隆，等. 马克思主义百科要览：下卷 [M]. 北京：人民日报出版社，1993：1666.

② 庞元正，丁冬红. 当代西方社会发展理论新词典 [M]. 长春：吉林人民出版社，2001：409.

③ 罗国杰，于本源. 中国伦理学百科全书·宗教伦理学卷 [M]. 长春：吉林人民出版社，1993：17 – 18.

世俗化的含义归结为六种：①指宗教的衰退，即指宗教思想、宗教行为、宗教组织失去其社会重要地位；②指宗教团体的价值取向从彼世向此世的转化，即宗教从内容到形式都变得适合现代社会的市场经济；③指宗教与社会的分离，宗教变成纯私人的事务；④指宗教的职能被各种"主义"取代；⑤指社会逐渐摆脱神圣特征，超自然成分减少；⑥指"神圣"社会向"世俗"社会的转化。世俗化是人类社会变化的一个过程，在这个过程中，一方面社会逐渐摆脱宗教的约束，社会结构变得更合理，社会各组织机构变得更理智化和理性化；另一方面宗教尤其是传统宗教，不断调节自身以适应社会的变化。① 宗教社会学的解释是把宗教与人类社会发展的历史过程联系起来，阐释宗教的社会功能弱化，随着社会的发展变化而日趋从神圣走向世俗。

总之，世俗化的概念是与宗教密切相关的。随着工业化的发展，人们的理性意识开始觉醒，宗教的功能式微，流行文化开始渗透到日常世俗生活。需要说明的是，流行文化的世俗化倾向主要表现在三个方面，一是对象的世俗化，即流行文化的题材来自日常世俗生活，贴近日常生活；二是流行文化的表达方式世俗化，例如流行音乐的抒情浅显直白、流行小说的语言通俗易懂、流行电视电影的表达朗朗上口等；三是流行文化的观念世俗化，将人还原到真实的、个体的人本身，不再是英雄式的讴歌，不再是崇高、神圣的价值追求，而是将视线转移到现世的利益得失、幸福体验。例如余华的小说《活着》中主人公福贵经历了跌宕起伏的人生，体会到人活着本身就是一种胜利。流行文化只有根植于世俗生活的各种情感才能引起观众的心理共鸣，给予观众心理满足。

---

① 任继愈. 宗教大辞典［M］. 上海：上海辞书出版社，1998：740.

二、从世俗化向功利化转变

由世俗化的价值取向转向功利化的价值取向是商业文化的重要标志，也是大众文化发展的重要推动因素。在市场经济确立完善的过程中出现的"虚假需求"是人的功利化价值取向的表现形式之一，消费主义的倾向本身就是功利化的一种表现方式。"出于占有目的而非真正使用目的，商品消费从生存活动变为消费者身份地位或社会形象的选择。这种人为刺激起来的幻想的满足，使人与真实自我相异化，也使手段和目的之间产生了逆转。"① 商业文化的发展与消费主义社会的到来有直接关系，大众文化的商品性取代了审美性、艺术性、价值性、道德性等基本人文精神，从而占据主导地位，商业利润、经济利益成为大众文化生产者、创造者的唯一追求。在消费主义价值取向下，消费不再是为了满足大众的基本生活需要和精神需要，当占有取代了消费，"虚假的需求"就成了人们的消费目的。有学者据此指出：20 世纪 90 年代的大众消费文化"是一种畸形世俗化时代出现的畸形世俗文化，其突出特点就是大众的政治冷漠、犬儒主义与消费主义、享乐主义的深度结合。这种畸形的世俗化在维护原有政体和意识形态的同时，又'与时俱进'地吸纳了西方资本主义后期的消费主义，鼓励国民把精力投入到物质消费与私人隐秘经验：理财治家、崇拜明星、追逐时尚、健美塑身等等，人们一心一意地想着自己的家庭和房子，把玩自己或他人的隐秘经验，偷窥明星隐私，忘掉公共世界的愚蠢"②。的确，在消费主义占主导地位的情况下，人们的生活方式变成了依靠指标、量化来衡量。20 世纪 90 年代以来，我国大众文化开始进入蓬勃发展阶段，随着市场经济的确立和完善，人们开始遵循市场经济条件下的资本逻辑，依靠

---

① 傅泽. 文化想象与人文批评　市场逻辑下的中国大众文化发展研究 [M]. 北京：中国传媒大学出版社，2007：192.

② 陶东风. 从两种世俗化视角看当代中国大众文化 [J]. 中国文学研究，2014 (2)：8.

大众传媒技术的进步，大力发展大众文化在文化经济化、经济文化化的双重发展逻辑下，传统的、崇高的人文精神价值受到严重冲击，功利化的价值取向不断凸显。正如布迪厄的场域理论所指出的，文化场域逐步市场化；如费斯克的两种经济理论所言，金融经济和文化经济紧密联系，文化的流通不仅仅是意义、快感、认同的流通，更多的是广告包装、媒介推动下的文化商业化过程。

在市场经济条件下，大众文化的商业价值取代人文价值、社会效益，是功利化价值取向的重要表现方式，也是市场经济的必然产物。弗雷德里克·詹姆逊指出："商品化进入文化意味着艺术作品成为商品，甚至理论也成了商品。"① 商业文化充斥着文化市场，成为文化格局中的重要推动力量。马克斯·韦伯也曾说过："社会上到处都充斥着没有精神的专家，没有信仰的声色沉迷之徒。"② 也就是说，在功利化价值取向下，工具理性成为人实现自身价值的内在驱动力。随着市场经济的深入发展，人们物质生活水平的提高，精神文化需要也开始受到物质的影响发生深刻转变，竞争压力变大，社会阶层开始出现分化，生活富裕、闲暇较多、信仰缺失、精神空虚、紧张忧虑、社会心态失衡等都是特定环境下的产物。大众文化平民化、娱乐化、商业化等自身特点一方面从感性层面缓解了人们的紧张情绪，另一方面用物质刺激来填补精神上的空虚，所以功利化的倾向更加凸显。传统的义利观发生了颠覆性的变化，现实原则、实用主义成为基本的指导原则，工具理性取代价值理性，欲望和金钱成为指挥棒。"现阶段要发展市场经济，当然必须讲功利。但是，一旦把功利价值强调到不适当的程度，使利益追求绝对化，就会在义利关系问题上，出现重利轻义乃至以利代义的偏向，造成价值判断失度，社会行为失范。"③ 道德失

---

① 弗雷德里克·詹姆逊. 后现代主义与文化理论：弗·詹姆逊教授讲演录 [M]. 唐小兵，译. 西安：陕西师范大学出版社，1987：147.

② 马克斯·韦伯. 新教伦理与资本主义精神 [M]. 李修建，张云江，译. 南昌：江西教育出版社，2014：110.

③ 黄亮宜. 社会主义义利观：面向21世纪的价值选择 [M]. 郑州：河南人民出版社，2001：131.

衡、行为失范、价值失序是大众文化发展进程中的急功近利、见利忘义取向所导致的不良社会现象，"结果便是非中心化、平面感、即时性、消费喜好、流行时尚、娱乐道德观等等所谓的超级文化民主。从这个角度来看，后现代主义与大众文化，归根到底乃是以世俗趣味、工具理性、个性表现为典型取向的现代品格在新的时代平台之上的合乎逻辑的衍生物"①。商业文化的发展受到了后现代主义解构思想的影响，将文化的经济属性与精神属性割裂开来，精神产品在一定程度上成了商品，资本逻辑衍生到日常生活的方方面面，日常生活文化化、审美化取向的背后是功利化价值取向的推动。

同时应该看到，功利化强调物质利益，这里主要指商业文化背景下注重物质利益。对物质利益的推崇已经渗入人们思想观念的深处。"在社会价值观念裂变和生存压力的双重牵引下，文学意义、价值下滑已势所难免，文学成为能指游戏，成为本能的放纵，成为荒诞的戏谑，色情、粗俗、野蛮反倒成了不少人追逐的时髦，成为文学不可缺少的佐料。文学正在自己挖掘自己的根基。"② 不仅文学作品如此，人们的生活方式也发生了深刻变化，价值追求、理想信念也随之发生转变，"人们似乎是为商品而生活。小轿车、高清晰度的传真装置、错层式家庭住宅以及厨房设备成了人们生活的灵魂"③。在市场经济发展的大潮中，人们的生活方式不是以生产为目的，而是以财富的占有为目的，大众文化的功利化倾向是社会生产力基础上的上层建筑的反映。马克思提出人的发展分为三个阶段，而当时中国正处于从"人的依赖关系"向"物的依赖关系"转换的阶段。法兰克福学派批判文化工业的复制性、商业性、娱乐性所带来的负面影响。

---

① 张凤阳. 现代性的谱系 [M]. 南京：江苏人民出版社，2011：431.
② 马大康. 新理性精神：文学的立身之本——兼论理性与感性生命的关系 [J]. 东方丛刊，2004（1）：167.
③ 马尔库塞. 单向度的人：发达工业社会意识形态研究 [M]. 刘继，译. 上海：上海译文出版社，2006：10.

"一种文化就像一个人，是思想和行为的一个或多或少贯一的模式。"① 文化模式转变的实质是文化自身的价值观发生了变化，在社会主义市场经济条件下，商业文化的功利化取向逐步取代了传统的道德伦理准则、社会责任义务，成名比成功重要，社会心态变得更加浮躁，由此带来文化产品的审美性、道德性、艺术性、精神性等人文价值的丧失，而更多地注重包装、广告、偶像、欲望的刺激和人的世俗欲望的满足，文化自身所具有的社会功能被商业价值所取代。"所谓的功利化取向就是指把需要与价值定位在现实的、眼前的、具体的利益与事务上，信奉的是实用主义哲学，追求的是立竿见影的效果，衡量的是个体利益指标，隐藏的是浮躁的心态。"② 在市场经济不断确立和完善的进程中，新旧价值观念交替，知识分子意识到精神危机，开始寻找人文精神、重构精神家园。功利化的取向表现在几个方面：在处理人与人、人与自然、人与社会的关系时更加突出个人利益的维护，在处理整体利益和局部利益、长远利益和现实利益时更加关注局部利益、现实利益。

三、从功利化向个性化转变

个性化取向不是网络文化的特有特征，在这里主要分析大众文化价值嬗变进程中每个特殊阶段的表达方式。"所谓个人个性化的价值意识，是个人在自身的社会生活条件和实践特点基础上所形成的反映自身生存、享受和发展需要的主体要求或价值追求，即个人价值取向的价值意识。"③ 个性化作为一种价值取向，是个体多方面、多层次、多样化的发展需求的表现方式，对人的多样化发展、自主性发展、独立性发展具有导向作用。个

---

① 露丝·本尼迪克特. 文化模式 [M]. 王炜，等译. 北京：生活·读书·新知三联书店，1988：48.

② 杨振斌，吴潜涛. 思想政治教育新探索 [M]. 北京：中国社会科学出版社，2013：177.

③ 吴倬，孟宪东. 论社会主导价值观和个性化价值意识 [J]. 清华大学学报（哲学社会科学版），2004，19（1）：18.

性化作为个体的一种价值取向，强调与社会主义核心价值观相一致前提下的个性化方面，凸显人的主体性发挥与社会性相一致。个性化成为一种价值取向、价值意识，是基于改革开放、市场经济、全球化、信息化等基本社会存在的前提，个体的个性化发展作为一种存在方式是进入信息化社会以来，网络对日常生活的冲击所致。个性化一方面强调大众作为网络参与主体，既是信息的发布者，又是信息的接收者；另一方面强调网络作为一种活动本身，是个性化的活动方式和活动载体，网络文化产品作为大众文化的活动产物，是个体个性化的活动成果。

互联网普及率、利用率的提高，不仅改变了大众的生活方式、生产方式，而且从更深层次改变了大众的思维方式和思想观念。进入 21 世纪以来，市场化、全球化、信息化成为新的时代特征，随着互联网的普及和大众媒介素质的不断提高，大众文化的发展进入了新的阶段，网络文化成为大众文化的发展方向。网络不仅是大众文化的传播媒介，而且拓宽了大众文化的发展平台和空间；网络不仅成为文化的传播载体，而且是文化主体互动的交流空间。"全球化消灭区域性，流动空间取代地域空间。地域被网络取代。没有谁还可以是一座孤岛。"① 互联网准入门槛低，信息量大，搜索引擎功能强大，信息流动不受时间、空间的限制，大众的活动范围扩大且活动方式自主性加强。因此互联网时代，大众的个性化取向明显增强。当代中国大众文化的发展历程也是大众传播媒介的发展历程，从 20 世纪 80 年代的纸质媒介为主流，到 20 世纪 90 年代的电子媒介为主流，再到 21 世纪的数字媒介为主流，每一次技术进步带来的流行媒介都会改变大众文化的发展形态。"当你拥有一个听众的时候，你就是在教书；当你拥有两个听众的时候，你就是在流行。书籍、大学、学术杂志也是信息媒介。我们不应该把只要是自己不能接近或不愿意接近的渠道都称为大众传

---

① 潘知常，林玮. 大众传媒与大众文化 [M]. 上海：上海人民出版社，2002：230.

媒。"① 也就是说媒介的变化代表了时代的变化，而时代的变化是通过个人的思想和行为表现出来的，网络媒介在日常生活的广泛应用，使个人自主化程度提升，个体性凸显，个人的参与程度、活动范围都空前提高，一方面消除了大众与精英的差别，另一方面民主化、自由化的氛围推动了民主法治化的进程。大众文化和精英文化之间的界限逐渐模糊。利奥塔尔曾指出："知识和权力是同一个问题的两个方面：谁决定知识是什么？谁知道应该决定什么？在信息时代，知识的问题比过去任何时候都更是统治的问题。"② 网络的普及，信息透明性、公开性的增强，个人自主性、主体性的觉醒，打破了传统精英知识分子对知识、权力的垄断，更为大众的自由、民主权利提供了有效的保障。托夫勒在《力量转移》中认为力量的三种基本形式为暴力、财富和知识，人类最重要的力量转移来自暴力、财富和知识之间的隐蔽的转移。这种观点跟利奥塔尔的观点在某种程度上存在一致性，都强调知识这一重要因素在社会发展中的重要作用，信息时代更是如此，网络自身的优势为知识的普及和人的自主权利发挥提供了便利的渠道。当然，互联网为人的自主性、个体性的发挥提供了空间的同时，也滋生了网络文化的负面效应。

还应看到，网络文化的发展与个体个性化的凸显之间也存在悖论：一方面，个体的个性化在网络文化中得以实现，另一方面，网络文化的碎片化、异质性特征又加剧了个体的个性化片面发展。中国互联网信息中心（CNNIC）发布的《2014年中国网络购物市场研究报告》显示，2014年我国网络购物市场，主要呈现出普及化、全球化、移动化的发展趋势。具体而言，网购群体主流年龄跨度增大，向全民扩散。CNNIC 数据显示，2014年最主流网购用户（20～29岁网购人群）规模同比增长23.7%，10～20岁网购用户规模同比增长10.4%，50岁及以上网购用户规模同比增长

---

① 福柯. 权利的眼睛：福柯访谈录［M］. 严锋，译. 上海：上海人民出版社，1997：107.
② 让—弗朗索瓦·利奥塔尔. 后现代状况：关于知识的报告［M］. 车槿山，译. 北京：生活·读书·新知三联书店，1997：14.

33.2%。互联网不仅可以满足不同群体的不同需求，其形式和功能也不断提高和完善，从互联网时代到"互联网＋"时代，从云计算时代到大数据时代，个体的个性化发展需求得以满足，有了更为宽广的平台和空间。CNNIC在第48次《中国互联网络发展状况统计报告》中指出，截至2021年6月，我国网民规模达10.11亿，半年共计新增网民2 175万人。互联网普及率为71.6%，较2020年底提升了1.2个百分点。截至2021年6月，我国手机网民规模达10.07亿，较2020年12月增长2 092万，网民使用手机上网比例为99.6%，与2020年12月基本持平。互联网的普及和发展，使互联网生活逐渐成为大众的生活方式，互联网不仅可以使用户的个性化需求得到满足，还可以提供个性化应用。网络的开放包容、即时互动在满足个体个性化发展的同时，又存在叙事方式的转变。文字、视频、图像的狂欢，海量信息的传播，导致了人的碎片化思维、原子化存在，所以，理性看待网络文化与个性化取向的辩证关系，对于信息时代的伦理问题、道德问题、法律问题都具有重要意义。我们在推崇个性化价值取向的同时，也应对提升国家的文化话语权、缓解文化冲突等方面加以关注和重视。而对于如何应对网络文化与传统文化的关系问题，个性化价值取向面临着诸多的实践考验。大众文化在新时期的发展潮流或趋势仍然是注重网络文化的引领，而网络文化的新发展也是向不断满足和促进个体个性化取向的方向发展。

第三节　新时代大众文化发展的价值困惑

　　改革开放以来，随着我国大众文化的发展，人民群众的精神文化需求得到更为充分的满足，大众的文化权益得到更大程度的实现，大众文化日益成为文化的一种重要形态和文化产业的重要支柱，甚至成为国家文化软实力的重要组成部分，但同时也引发了价值困惑。随着市场化、全球化、信息化的迅猛发展，大众文化成为工业化、市场化、都市化的产物，大众作为文化创作主体、生产主体和消费主体，个体意识日益多元多样，大众文化的价值取向出现了价值矛盾与冲突，偏离了社会主义核心价值观，甚至出现了与其背道而驰的情形。习近平总书记指出："在文艺创作方面，也存在着有数量缺质量、有'高原'缺'高峰'的现象，存在着抄袭模仿、千篇一律的问题，存在着机械化生产、快餐式消费的问题。在有些作品中，有的调侃崇高、扭曲经典、颠覆历史，丑化人民群众和英雄人物；有的是非不分、善恶不辨、以丑为美，过度渲染社会阴暗面；有的搜奇猎艳、一味媚俗、低级趣味，把作品当作追逐利益的'摇钱树'，当作感官刺激的'摇头丸'；有的胡编乱写、粗制滥造、牵强附会，制造了一些文化'垃圾'；有的追求奢华、过度包装、炫富摆阔，形式大于内容；还有的热衷于所谓'为艺术而艺术'，只写一己悲欢、杯水风波，脱离大众、脱离现实。凡此种种都警示我们，文艺不能在市场经济大潮中迷失方向，不能在为什么人的问题上发生偏差，否则文艺就没有生命力。"① 这准确指出了新时代大众文化存在的价值困惑和价值失序问题。笔者将大众文化存在的价值困惑简单归结为：历史虚无主义消解意识形态的主导性，功利主义阻碍社会主义核心价值观的培育和践行，符号消费主义导致大众的文化认同和价值认同危机。

一、历史虚无主义消解意识形态的主导性

历史虚无主义的本质是以偏概全、以点带面，否定阶级性、社会性，从抽象的人性论出发分析历史，带有唯心主义的历史色彩。习近平总书记指出："历史虚无主义的要害，是从根本上否定马克思主义指导地位和中

---

① 习近平. 在文艺工作座谈会上的讲话［N］. 人民日报，2015 - 10 - 15.

国走向社会主义的历史必然性，否定中国共产党的领导。"① 因此，历史虚无主义以大众文化的面貌出现，造成了极其恶劣的影响，主要表现在歪曲历史、颠倒是非、不辨善恶与美丑、调侃崇高与经典等，例如歪曲和否定中国共产党的历史，丑化领导人物、英雄人物，大话、戏说经典，不辨善恶、美丑等。历史虚无主义的价值取向是西方社会重要的文化思潮之一，"从其本质上来看，毋宁说，虚无主义乃是欧洲历史的基本运动。这种基本运动表明这样一种思想深度，即它的展开只能引起世界灾难。虚无主义乃是被拉入现代之权力范围中的全球诸民族的世界历史性的运动"②。历史虚无主义在我国主要借助个别历史细节来否定中国革命实践成果、否定中国共产党的历史作用，等等。历史虚无主义往往借助大众文化受众面广、传播速度快的特点加以传播，往往具有颠覆历史、颠覆政权的危害，因此，必须加强理论研究，揭示其虚伪的本质，使人们能够自觉抵制错误思潮的影响，自觉达成价值共识。大众文化的发展遭遇了现代性的解构。"二分化、分离、机械化和实用主义——从不同的角度反映了我们所说的现代性这一极端复杂和独特的社会现象。尽管这些特征中的任何一个，甚至它们的每一个变种，都可以被上升为现代性的驱动力，而其他几个则从此得出来，然而在我看来，它们中的每一个特征都代表了现代性的一个中心方面。"③ 现代性的发展给大众文化的发展带来机遇的同时，也带来了严峻的挑战。分化、分离的发展趋势日益明显，滋生了历史虚无主义存在和发展的文化土壤。特别是在网络文化时代，历史虚无主义对主流意识形态的消解作用随着网络技术的发展而不断扩大。大众文化的发展得益于工业化、市场化、城市化的出现及发展，工业社会的形成和发展不仅解放了劳动力，而且为传统社会向市民社会转变，农业化向现代化转变提供了物质

① 中共中央党史研究室. 历史是最好的教科书——学习习近平同志关于党的历史的重要论述 [N]. 人民日报，2013 - 07 - 22.

② 马丁·海德格尔. 海德格尔选集：下卷 [M]. 孙周兴，选编. 上海：上海三联书店，1996：772.

③ 大卫·雷·格里芬. 后现代精神 [M]. 王成兵，译. 北京：中央编译出版社，1998：20.

基础。随着市场化、全球化、信息化的发展，生产力的发展水平和速度不断提高，而人却受到了现代化的强烈冲击，越来越成为单向度的人。现代化进程中科技成为重要的推动力，从马克思的异化劳动到卢卡奇的物化思想，从马尔库塞的单向度的人到哈贝马斯的交往理论，从理论和实践的层面上解释了技术进步带来的人的单向度发展问题。马尔库塞很早就提出："科学和技术的历史成就已经使得价值向技术任务的转化（价值的物质化）成为可能，结果，至关紧要的是用技术的术语把价值重新定义为技术过程中的因素。这些新的目的，作为技术的目的，将在设计中，在机械化的构造中，而不只是在机械的使用中，发挥作用。"① 这深刻地指出了信息技术的发展同各种错误思潮传播之间的交织关系。技术对人的异化体现在工具理性对价值理性的冲击，工具理性上升为价值追求，目的和手段的关系被颠倒。单向度的冲击不仅体现在经济领域，还延伸至精神领域，人被严重异化，社会成为单向度的社会，技术操纵意识形态的发展。经济和技术的控制使大众文化为了实现自身的经济利益，往往片面传播一些歪曲历史、不辨善恶美丑、夸大细节或者刻意调侃历史人物、经典著作等的内容，影响人的精神世界，容易使人产生片面的认知和受到碎片化的影响。

历史虚无主义借助大众传媒、网络媒体等多种媒介进行广泛传播，给人们的认知造成了片面化和碎片化的影响。网络信息社会，知识呈现出爆炸式的发展，人们经常被淹没在信息的海洋里，接受碎片化的信息。碎片化是社会转型过渡期的基本特征，传统的社会结构、市场体制、社会观念等一体性被打破，取而代之的是利益分层和价值分化，物质消费和精神消费的碎片化逐渐从线上发展到线下，传统的广播、报纸、电视的主导地位被现代网络、多媒体、自媒体等终端取代，同时碎片化的思维方式使个体内部认知图式与外部信息环境形成矛盾与冲突，成为社会主义核心价值观培育和践行的一个难题。特别是网络时代，碎片化不仅是知识的存在形式

---

① 赫伯特·马尔库塞. 单向度的人 [M]. 张峰，译. 重庆：重庆出版社，1988：196.

之一，也是人们的认知方式和思维方式。正因如此，碎片化也成为历史虚无主义传播的重要手段和重要方式：肆意对历史进行碎片化的描述，对英雄人物、经典著作、官方政策文化等进行碎片化的解读，夸大或渲染社会的不公平现象等，借助大众文化、大众传媒等广泛传播。个体很容易出现从众行为，思想上无主见，行为上跟着走，碎片化的思维方式引导个体把感觉集中在具体的人和事上，影响其价值判断和行为选择。网络上不断变化、性质不同的信息强烈冲击个体对具体事件的判断和分析，网络价值多元、文化多样、经济迅速发展带来了个体对效率与公平、事实与价值、实践与理论的认识分歧。科技、文化、教育各个领域都受到碎片化思维的冲击，给社会主义核心价值观的培育和践行、中国梦的实现带来了严峻的挑战。

社会舆论的多元化为历史虚无主义的传播提供了有力的舆论环境和文化环境。大众文化深入日常生活的方方面面，成为社会舆论的重要引导力量。在历史虚无主义借助大众文化进行传播的过程中，部分大众文化产品自身就内蕴了历史虚无主义的价值取向。随着科学技术的迅猛发展，出现了知识碎片化、信息化、个体原子化的存在状态。知识的碎片化在网络信息化社会显得尤为明显，对社会舆论的导向产生了极为严峻的挑战，弱化了传统社会舆论监督与引导的效果。在信息化社会，个体更容易借助互联网虚拟平台发挥个体的自主性，以自我为中心的倾向更加明显。信息多元多样呈现裂变式的发展趋势，个体越发成为原子化的存在状态，成为信息化中的单子，从而人成为单向度的人。在互联网时代，新媒体、自媒体、融媒体的出现改变了传统的认知方式，快餐式、碎片化、感性化文化消费的出现，消解了原有的经典文化知识的立体感接受。改革开放以来，随着竞争、民主、公平、自由等意识的增强，以传统的电视、报纸等为基础的社会舆论载体逐渐被以互联网、计算机为基础的新兴社会舆论载体所取代，成为主流舆论载体并延伸至日常生活的各个层面，从广度和深度来看还有不断扩大与加深的趋势。网络上的舆论领袖、舆论水军无限扩大现实社会的贫富分化、渲染社会断裂分层导致的被剥夺感，无节制的网络恶搞，社会道德事件的网络炒作等扰乱了正常的舆论秩序，甚至出现社会舆论病态化的趋势。网络舆论传播速度快、影响面广，加之西方国家意识形态的渗透和分化，各种社会思潮的交融交织，不同个体的道德素养和道德判断水平参差不齐，为社会舆论的病态化发展提供了蔓延的空间，也为历史虚无主义的发展提供了可乘之机。

历史虚无主义借助大众文化的传播和消费过程，采用夸张、渲染等叙事方法引起个体关注，作为单子化的个体出于个性化追求、好奇心满足等容易接受历史虚无主义的价值观。以自我为中心的价值取向，导致了个体单子化存在方式的出现。以自我为中心的价值取向推行到社会意识领域，主要指个体在认知层面从自己的立场出发来观察和思考问题，是一种利己主义的价值取向；在实践层面，以自己的立场作为出发点采取行动；在社会关系层面，以自己的立场作为出发点处理一切社会关系。如果社会上的个体都从独立的利己立场出发，个体在社会关系中的定位会出现单子化的存在方式，完全忽视个体的家庭角色和社会责任，这就打破了传统的"家国同构"模式，也冲击了现代文明秩序的构建。市场经济的趋利性、个体对价值的片面理解是形成以自我为中心的价值取向的基础性条件；文艺复兴、启蒙运动构成了西方以自我为中心的价值取向的外部文化条件；而我国传统文化重视"先大家后小家，先集体后个人"的价值取向是纠正以自我为中心的价值取向的内部文化基因。个体的单子化存在方式为历史虚无主义的传播提供了主体基础，大众文化在传播和消费过程中不自觉地就传播了历史虚无主义的价值取向。

二、功利主义阻碍社会主义核心价值观的培育和践行

受市场趋利性的挑战和功利主义的影响，大众文化市场出现了价值乱象。大众文化作品经过批量的生产制作成为大众文化产品，大众文化产品

经过广告的包装进入消费环节，大众购买文化产品对其意义进行重新解读，整个创作、生产、传播、消费的过程就是大众文化产品自身价值实现的过程。大众文化产品既是文化产品，又是经济产品，在市场经济背景下，商品的经济属性成为实现自身价值的根本属性。"人们为了能够'创造历史'，必须能够生活。但是为了生活，首先就需要衣、食、住以及其他东西。因此，第一个历史活动就是生产满足这些需要的资料，即生产物质生活本身。"① 大众文化产业的健康良性运行有赖于大众文化产品自身价值的顺利实现。结果，市场上的许多文化产品在实现自身价值的过程中往往只注重经济效益而忽视社会效益，导致出现了粗制滥造、抄袭模仿、牵强附会、虚假广告宣传等现象，将大众文化产品视为追逐利益的"摇钱树"、追求感官刺激和享受的"摇头丸"。音乐、美术、文学等作品追求的是畅销，影视作品追求的是收视率和票房。当网络文化产品追求的是点击率和流量时，文化产品的质量已经被严重忽视，出现了有形式无内容、有数量无质量、有产品无作品、有文化无价值等严重的文化价值乱象。

功利主义还对传统道德提出了严峻挑战——消费主义成为社会风尚，在某种程度上弱化了传统道德的价值。市场经济条件下，利益驱动使利益主体的价值观产生偏差，功利主义、自由主义、金钱至上、虚无主义等多元社会思潮对传统道德造成了严峻的挑战，诚信成为市场经济竞争的衡量指标。大众文化的功利主义价值倾向主要是通过道德行为表现出来的，《孟子·告子上》中曾说，"恻隐之心，仁也；羞恶之心，义也；恭敬之心，礼也；是非之心，智也。仁义礼智，非由外铄我也，我固有之也"。这是传统性善论的假设前提，也是个体、家庭、社会、国家等处理相互关系的价值规范和行为要求，仁义礼智信也成为中华民族的传统美德，在自觉引导个体向善、自觉形成良好社会秩序等方面具有规范和指引作用。传统伦理道德的基本问题是"善"和"德"，现代伦理道德的基本问题是

---

① 马克思恩格斯全集：第 3 卷［M］．北京：人民出版社，1960：31 – 32．

"正当"和"义务";传统道德源头的两种感情是"恻隐"和"仁爱",现代社会最有意义的基本义务是"诚信"和"忠恕"。经济基础决定上层建筑,上层建筑的发展又有着超前或滞后的特点,能动地反作用于经济基础。物质利益关系把复杂的社会关系简单化了,把日常生活目标也简单化了,追求利益最大化,往往造成对传统道德规范和价值准则的否定。

功利主义从个体自身利益出发,忽视社会的整体利益和国家民族的长远利益。大众文化的功利化倾向是市场经济条件下人们功利化思维方式的表现形式。功利化的思维方式弱化了道德价值。实际上,大卫·休谟在确立"是"和"应该"价值问题上提出了二分法,他认为情感在事实和价值的道德判断上起决定作用。汤姆·彼彻姆则指出:"功利主义根源于两个相关的原理:当一个行为或实践在整个世界上导向最大可能的好的效果或最小可能的坏的后果时,那么,这个行为或实践就是正确的;义务和权利的概念从属于最大利益或为最大利益所决定。"① 从中不难看出,功利主义是从道德主体的基本需要出发,而市场经济的竞争性、趋利性、功利性在一定程度上弱化了道德价值。改革开放以来,中国社会经历深刻变革和急剧转型,社会的快速发展导致了矛盾凸显,突出表现为市场经济的快速发展,利益格局的深刻变化,多元社会思潮的深刻冲击,功利化、自由化的思维方式在一定程度上阻碍了中国民主化、现代化的发展进程。对经济效益的刻意追求,导致大众文化、消费主义成为社会风尚,道德观念、价值理念出现模糊、扭曲,严重阻碍和挑战社会主义核心价值观的培育与践行。

三、符号消费主义导致大众的文化认同和价值认同危机

不可否认,大众文化的发展离不开经济实力的提升和科学技术的创

① 汤姆·彼彻姆. 哲学的伦理学 [M]. 雷克勤, 等译. 北京: 中国社会科学出版社, 1990: 109.

新，两者为大众文化的发展提供了坚实的经济基础和技术支撑。随着中国特色社会主义市场经济的发展，大众的生产水平和消费水平显著提升，为大众文化的发展提供了群众基础。同时，科学技术水平不断提升，大众文化产品在生产制作和传播过程中不断融入新的科技元素，在消费过程中则注重符号价值带来的身份认同。大众文化作为当前文化产业的重要支柱，呈现出迅猛的发展势头，形式多样、种类繁多、不断推陈出新。然而，笔者认真审视大众文化产品中的价值取向，却发现大众文化产品的符号消费主义倾向突出，过分重视形式，包括叙事形式、表现形式、包装宣传形式等，忽视了大众文化产品作为文化的重要内容，应该追求的审美性、思想性、艺术性、观赏性和道德性。大众文化产品过分注重形式，为艺术而艺术，伴随着后现代主义视觉中心的转向对传统审美价值观的解构，这种虚拟符号价值成为大众文化的消费时尚。因此，大众文化市场的价值秩序时常紊乱、失衡，出现了有产品无内容、有文化无价值等现象，背后隐藏的实则是大众文化的符号消费效应。大众文化产品的品牌成为公众认可的消费符号，大众文化消费过程中流通的是符号的意义。我国大众文化的创作有许多先进的典型案例，如动画片《喜羊羊与灰太狼》，生动、活泼的动画形象设计，羊与狼的故事情节安排，体现了羊的团结、聪明，草原生态的和谐等价值观，深受海内外儿童的喜爱。在当前网络文化的主导下，大众文化在创作、生产、传播过程中也出现了模仿抄袭、快餐消费、有形式无内容等现象，如谍战剧、"抗日雷剧"、穿越剧、宫廷剧、都市生活剧、青春偶像剧等，几乎都是相似的情节、相似的叙事手法、相似的形象设计等，过分注重商业运作，过分依赖技术，而不能满足大众的精神文化需求，也不利于社会主义核心价值观的培育和践行。"谍战人物——无论正面还是反面，一个个智勇双全、身怀绝技，就算任务再危险，环境再恶劣，主人公都能完成使命；举凡获取情报与抓捕卧底，正反双方无不明枪暗箭、尔虞我诈；人性都深度复杂，一般都是好人不全好，坏人不全坏；

人物大多是俊男美女，一边谍战，一边谈情说爱，情色成为谍战的手段之一。"① 大众文化的创作导向关系到社会主义核心价值观的培育和践行，是社会主义精神文明建设的重要标志，"庸俗、低俗、媚俗"的三俗价值取向是导致大众文化创作质量不高、文化精品不多的关键原因。因此，要"加强对创作思想的引导，对体现核心价值观的优秀精神文化产品给予鼓励，对亵渎经典、低俗媚俗、肆意恶搞的现象予以抵制，努力形成有利于推进社会主义核心价值观建设的良好文化生态"②。当下大众文化生产、制作过程中的翻拍、复制、跟风、模仿等现象严重，注重宏观的场面设计、时尚的眼球效应，越来越依赖于技术的运用，例如3D效果、舞台灯光等，注重外在形象的设计和包装，却忽视了其精神价值，忽视了文化产品生产的创新意识、责任意识、规范意识。"技术垄断力量使文化虚弱的最严重的后果之一，就是符号的耗竭和叙事的流失。"③ 大众文化产品的生产要提升自身的竞争力必须提升生产技术，但提升生产技术是为了提高产品的市场竞争力，而不是因依赖技术和符号而忽视文化产品自身的价值打造。

除了科技因素，广告在大众文化传播过程中也起到了推波助澜的作用。但是，虚假广告往往夸大产品的效果，采用视觉刺激、语言哄骗、明星代言等形式，不仅降低了大众文化自身的审美品位和价值取向，而且扰乱了大众文化市场的价值秩序。因此，大众文化在传播过程中要加强社会主义核心价值观的规范和引导，注重舆论监督和评价机制的完善，为大众文化市场的良性运行提供基本的价值准则和价值规范。人们在消费大众文化产品的同时，容易接受广告所承载的价值观、思维方式、生活理念，进而出现文化认同和价值认同危机。例如，对麦当劳、肯德基快餐的消费，对好莱坞电影大片的欣赏，无形之中是对美国个人主义价值观的接受。当

① 曾庆瑞. 电视剧：创作灵感消失在何处？[N]. 中国艺术报，2011-08-10（3）.
② 王建成，郭幼茂，等. 社会主义核心价值观五讲 [M]. 南京：江苏教育出版社，2012：197.
③ 尼尔·波斯曼. 技术垄断：文化向技术投降 [M]. 何道宽，译. 北京：北京大学出版社，2007：102.

生产方式逐渐被现代性车轮碾平的时候，消费似乎已经成为塑造和表征人的文化认同与自我认同的主要因素。消费已经成为界定人们的存在、个性、政治立场、价值观和文化定位的标志。我们应该把人们的消费转向发展性消费，特别是精神发展的消费，只有这样我们才能借助现代性力量构筑人们的现代认同而避免消费主义的负面影响。现代化把一切有特色的生产都产业化、商品化，生产先是机械化，现在又进入自动化、信息化、数字化，有特色的仅仅剩下消费了。① 特别值得警惕的是，大众文化产品的消费很容易变成一种符号消费，满足人们对差异的追求，加剧社会分层，证明人们在消费社会中的身份。在这种情况下，人们消费大众文化产品不是满足自己真正的需求，而是为了追求某种身份的认同，"符号消费通过积极的关系方式和炫耀性消费来建构自我身份、强化身份伦理。消费社会中的符号消费文化，催化了从众和势利式的消费主义生活方式的膨胀，用符号消费确证身份伦理的努力，不仅没有展现真实的自我、实现自身的价值，而且对个体选择多样化的生活产生了消极影响"②。例如消费者对品牌的追求、粉丝对偶像的追求等。因此，要用社会主义核心价值观引领和规范大众的消费行为，使大众树立科学合理的消费理念和价值追求，使大众在消费大众文化产品的同时，潜移默化地认同社会主义核心价值观。"消费并没有使整个社会更加趋于一致，就像学校并没有使大家获得一致的教育机会一样。它甚至加剧了其分化。"③ 消费方式体现了价值认同的方式，消费需求和消费能力的差异，导致了消费的差异性，消费差异的存在导致了价值取向的分层、分化。倡导文明、健康的消费方式，是培育和践行社会主义核心价值观的重要举措。而在现实生活中，对符号消费的追求往往导致很多不理性的行为，甚至严重扰乱大众文化市场的价值秩序。受实际消费水平和消费能力所限，大众追求名牌的欲望难以得到满足，从而购买

① 韩震. 全球化、现代消费和人的认同［J］. 江海学刊, 2005（5）：44-49.
② 孙春晨. 符号消费与身份伦理［J］. 道德与文明, 2008（1）：7.
③ 鲍德里亚. 消费社会［M］. 刘成富, 全志钢, 译. 南京：南京大学出版社, 2000：45.

山寨文化产品，这种强烈的消费需求催生了山寨文化的盛行。在世界性消费过程中要自觉抵制西方社会思潮的不良影响，例如自由主义、虚无主义等。消费者对文化产品的消费不是消极被动的，而是积极主动地介入到文化产品的精神价值之中，这是由于消费者在社会实践以及学习思考的基础上头脑中已经有了一定的思想基础和认识能力。他们总是运用这种已有的思想与认识能力去对待新的文化产品，在接受其精神价值的同时又不断地进行带有消费者特点的价值创造，也就是说，消费者对文化产品价值接受的过程与价值再创造的过程是统一的。[①] 西方大众文化产品在国内的影响力远远超过国内产品，人们在消费西方大众文化产品的同时，很容易对西方价值观产生认同，而西方的不良社会思潮也将影响到大众的价值观念，甚至对中国共产党的执政合法性和中国特色社会主义制度产生怀疑，给国家文化安全带来不利影响。

正如一些学者所说："大众文化的主要功能是消闲和娱乐，但也不能远离道德，放弃'教化'的责任。"[②] 面对大众文化发展的时代困惑，我们必须以道德理性规范、引导大众文化，使大众文化真正承担起"教化"大众的文化使命。习近平总书记《在中国文联十一大、中国作协十大开幕式上的讲话》中指出："广大文艺工作者要把个人的道德修养、社会形象与作品的社会效果统一起来，坚守艺术理想，追求德艺双馨，努力以高尚的操守和文质兼美的作品，为历史存正气、为世人弘美德、为自身留清名。"[③] 这为我国大众文化的发展指明了方向。只要大众文化能以主流文化为价值导向，不断提高文化品位和价值追求，就一定能获得健康良性发展。

---

① 谢嘉，刘云章. 对文化产品精神价值的思考［J］. 人民论坛，2011（32）：193.

② 赵继伦. 当代中国大众文化的道德追寻［J］. 道德与文明，1999（3）：35.

③ 习近平. 在中国文联十一大、中国作协十大开幕式上的讲话［N］. 人民日报，2021 – 12 – 15.

第四章 美日核心价值观
主导大众文化的经验借鉴

美国以好莱坞大片、电脑芯片、麦当劳薯片为代表的大众文化在全世界具有重要的影响力，而以美国梦作为个人主义核心价值观的价值符号。日本以动漫产业著称，在全球影响深远，而以武士道作为整体主义核心价值观的价值符号。大众文化是工业化、市场化、都市化的产物，在发达资本主义国家有较长时间的发展，基于文化的代表性，本章选择美国和日本作为比较对象。美国的核心价值观是典型的个人主义价值观，个人主义如同上帝般神圣，深深根植于美利坚民族意识中，成为美国人的心灵习性。美国梦是个人主义的价值符号，代表了自由、民主、平等，通过自己的努力每个人都可以实现自己的梦想，个人主义的价值观成就了美国梦。日本的核心价值观是典型的整体主义价值观，国家至上、忠诚效忠、团队精神、武士道等价值观集中体现在日本的国家政策上，也体现在大众文化之中，尤其是日本的动漫、大众文学等。大众文化的产生、发展及成熟过程离不开本国核心价值观的嵌入与主导，本国核心价值观渗透到大众文化发展的全过程，大众文化的发展历程承载了本国核心价值观的发展。核心价值观通过其自身的指向性和规定性来引领大众文化的发展，软包装与硬内核相结合、隐形承载涵化的传播机制、二位一体相互支撑共同构成了美日两国核心价值观主导大众文化的方式，这些对我国核心价值观主导大众文化的发展具有借鉴价值。

第一节　美国个人主义价值观主导大众文化的发展

美国梦是个人主义的价值符号，代表了自由、民主、平等，个人通过自己的努力就可以实现自己的梦想。托克维尔在《论美国的民主》中曾指出个人主义是自由、民主、平等观念的必然结果。个人主义价值观与清教思想、自由经济思想、实用主义哲学思想、西进运动的拓荒精神有密切联系，个人主义如同上帝般神圣，深深根植于美利坚民族意识中，成为美国人的心灵习性。个人主义价值观成就了美国梦，美国大众文化的发展承载了个人主义价值观，在全球化背景下有着深刻的国际影响力。同时，美国大众文化在一定历史时期内与核心价值观发生背离甚至反叛，是极端个人主义的表现方式。其根本原因是"首先，生活在不同的社会历史时代，人们对个人主义存在不同的理解；其次，在不同的历史条件下，社会对其成员提出不同的要求"①。梳理美国个人主义价值观的发展及其与大众文化的辩证关系，有助于更加明晰美国核心价值观主导大众文化的脉络。

一、美国个人主义核心价值观

（一）个人主义价值观的由来

价值观是文化的内核，不同国家的文化孕育了不同的核心价值观，文艺复兴、启蒙运动之后，随着资本主义的发展，西方国家的个人主义价值观逐渐成为核心价值观，英、法、美等国的个人主义价值观成为国家发

_____

① 王恩铭. 美国文化史纲 [M]. 上海：上海外语教育出版社，2015：410.

展、社会进步的推动力量，以美国最为典型，美国的个人主义价值观在不同的历史时期，内涵和特征也不同。

个人主义作为一种价值观，使资本主义社会的基本价值观成为共识；个人主义是继文艺复兴、启蒙运动之后，于资本主义自由经济时期兴起的一种思想，在资本主义上升时期起过重要的作用；个人主义在不同的历史时期、不同的国家，表现方式和具体内涵有所不同，随着历史的发展而被赋予了新的时代内涵。个人主义的进步意义在于强调个人尊严不可侵犯，提倡个人的独立思考、判断和选择自由，强调自力更生、自我完善、实现自我，同时也强调个人利益的至高地位。相对于封建专制主义来说是时代的进步，但过分强调个人主义会产生很多不良后果。

（二）个人主义的价值内核

作为国家价值观的个人主义，托克维尔的解释具有代表性。"'个人主义'一词源于拉丁文，意为不可分的东西、个体。个人主义一词最早出现于法国政治思想家夏尔·阿列克西·托克维尔的《论美国的民主》一书中。个人主义是 17、18 世纪处于上升时期的资产阶级形成的一种价值观。个人主义把个人与社会对立起来，认为个人是一切的中心、一切要从个人需要和个人幸福出发，反对统一的社会价值标准。具体讲，主要包括三个方面的内容：作为价值目标，个人主义特别强调个人本身就是目的，社会只是达到个人目的的手段；作为一种政治民主思想，个人主义强调个人的民主、自由、天赋人权，反对国家、社会对个人行为的干预；作为一种财产制度，个人主义主张维护私有制和自由放任的市场经济，主张保护个人的私有利益。个人主义作为资产阶级价值观的基础，渗透于资产阶级政治、法律、经济、思想文化等各个领域并作为这些领域的指导原则。"① 个人主义是资本主义私有制的产物。个人主义的特征主要表现在：第一，个人主

---

① 孙鼎国，王杰. 西方思想 3000 年 [M]. 北京：九洲图书出版社，1998：1225－1226.

以个体为出发点和归宿点。第二，个人主义的经济基础是自由市场经济。第三，基督教的道德预制和社会法治建设是协调个人与社会矛盾的机制。

（三）美国奉行个人主义的核心价值观

美国是一个典型的以个人主义为核心价值观的国家，清教思想、理性主义等欧洲的个人主义思想是其直接的思想来源；美国建国、独立运动、西进运动、工业革命、多次欧洲移民浪潮等加强了个人主义价值观。杰斐逊、爱默生等人都对个人主义价值观的形成和发展产生过重要影响。美国个人主义价值观经历了三个不同的历史发展阶段：第一个阶段是 18 世纪建国初的殖民地时期，这一时期的突出标志是以美国梦为代表的个人自立、平等和自由精神。第二个阶段是 19 世纪自由资本主义发展时期，受到实用主义、超验个人主义、自由主义、达尔文主义等的影响，这一时期的个人主义更加注重自由竞争，个人能力得到无限发挥，个人开拓性、神圣性得到提升。第三个阶段是进入 20 世纪尤其是"二战"后，美国开始强调法律化条件下的自由主义，这一时期个人主义更加多元化、复杂化，更加突出自我表现、自我实现，强调物质的同时更加强调精神上的自由、独立、多元。

（四）个人主义价值观在美国的历史演进

18 世纪是美国早期的个人主义，随着时代的发展个人主义被不断赋予新的内涵。美国《独立宣言》《宪法》等对个人主义价值观产生了深远影响。美国西进运动过程中，个人主义得以进一步发展。托克维尔在考察美国民主时曾提出个人主义的思想已经深入家庭、地方主义。有学者对美国早期的个人主义发展也持有相同的观点："美国早期个人主义发展的历史给我们展现了一种一脉同宗但又似乎相互冲突的文化现象，即世纪之交的美国逐步成为一个思想分裂的国家。一方是民主、重农、乡村的、宣扬耶稣福音的清教主义地方自治的美国，另一方却是更加个人主义、商业化、城市化、以社会精英为代表的美国。"① 透过政治视角来观察，美国社会更加注重个人权利与需求的满足，这也在一定程度上反映出个人主义价值观已经成为当时美国的主流社会思潮。19 世纪个人主义在美国的形成和发展过程中，杰斐逊、爱默生等人都发挥了至关重要的作用。随着美国工业革命、西进运动、城市化运动的深入发展，以及爱默生主导的超验个人主义运动，对美国人的思想观念产生了划时代的影响。爱默生倡导的个人主义以个人的神圣性、无限潜力、独立自由等为特征，一时间确立了这一时期美国个人主义的基调。"19 世纪下半叶开始的工业化时期，即马克·吐温称之为'镀金时代'（Gilded Age），美国的个人主义变为粗犷个人主义（Rugged Individualism），其实质是弱肉强食的社会达尔文主义。正如历史家詹姆斯·奥·罗伯逊（James Oliver Robertson）指出的，社会达尔文主义把个人主义变成一种科学的格言，把个人主义演变成经济个人主义，把经济个人主义变成一种权利，一种责任；由于社会达尔文主义，个人主义成为美国人的种族特性，变成美国人的自然权利。"② 在社会达尔文主义的影响下，个人主义成为美国人为自己国家、民族、人类行动的最终驱动力。达尔文主义、爱默生主义成为 19 世纪个人主义的主要思想支撑。20 世纪美国的个人主义发展到新的阶段，"二战"后，由思想敏锐的大学生发起的反主流文化运动，把个人主义价值观推向更为自由的空间。"二战"结束后，美国经济社会繁荣发展，物质上进入富裕时代，人口出现最大生育高峰，种族歧视严重，政治上麦卡锡主义盛行，"二战"后带来的物质贪婪与享受使青年发生厌烦。反主流文化运动在 20 世纪 60 年代达到高峰，有力武器是嬉皮士文化、摇滚乐，"垮掉的一代"发出的愤怒吼声。20 世纪 60 年代的反主流文化运动，推动了个人主义新发展，个人主义随之被赋予了个性解放、追求个性、实现自我的内涵。

---

① 陈奔. 美国个人主义的历史变迁［M］. 厦门：厦门大学出版社，2012：47.
② 朱永涛. 美国价值观——一个中国学者的探讨［M］. 北京：外语教学与研究出版社，2002：54.

二、美国大众文化与个人主义价值观的耦合同构

以好莱坞电影为代表的美国大众文化在全球化的进程中具有举足轻重的作用，标榜人权的美国个人主义价值观成为全球畅通无阻的通行证。美国大众文化的产生、发展及成熟离不开个人主义价值观的嵌入与主导，个人主义渗透到大众文化发展的全过程，大众文化的发展历程承载了个人主义的发展。美国大众文化具有消费主义、全球化、大众化、娱乐化、通俗化的特征，其中最有影响力的是"三片文化"（即好莱坞大片、电脑芯片、薯片）。"美国大众文化涵盖的范围很广，影视作品、书刊报纸、大众传媒、通俗小说、情景喜剧、流行音乐、体育赛事、娱乐活动、时装快餐、可口可乐、麦当劳、好莱坞、嬉皮士、牛仔裤以及迪斯尼乐园等都是美国大众文化的象征。"① 个人主义是美国的核心价值观，在不同的历史时期被赋予不同的内涵，将大众文化与个人主义加以综合考量，有利于发掘两者之间的耦合互动关系。

（一）自由市场经济条件下个人主义价值观与美国大众文化的互动机制

19 世纪末 20 世纪初，美国成为最大的工业国。随着两次工业革命的完成，美国的工业化、市场化、城市化进程加快，大众的受教育水平提高，消费能力和消费水平普遍提升，由此，美国大众文化产生于 20 世纪初期。美国大众文化最初主要表现为一种新的对个人主义、享乐主义、物质主义、消费主义的追逐和崇拜等。"19 世纪末 20 世纪初是美国社会发生巨大变化的时期。科学技术的发展应用不仅使美国人民的生活发生了变化，而且使得美国已经稳步地从早期开拓者的个人主义进入了占统治地位

---

① 惠敏. 当代美国大众文化的历史解读 [M]. 济南：齐鲁书社，2009：41.

的联合化时期。"① 工业革命带来的影响不仅是经济上的，而且对政治、社会、文化也产生了深刻影响。首先，在科技领域，伟大发明家爱迪生的出现代表了美国技术发明的巅峰，科学技术被广泛应用于工业生产，改变了人们的生活方式。其次，在经济领域，受到经济学家亚当·斯密思想的影响，自由市场经济的发展奉行自由市场规则。再次，在思想文化领域，进步主义和实用主义哲学理念的出现对美国大众文化的兴起具有重要的思想引领作用。"美国思想文化界发生了重要转向，其中最主要的是两个重要思想的转折促进了现代美国思想文化的形成。第一个是从达尔文主义走向进步主义，第二个是实用主义哲学观的形成和建立。"② 美国资本主义生产方式发生了转变，开始由生产转向消费，广告宣传带动了大众文化的兴起，资本家利用广告的引诱带动、刺激了人们的消费行为，消费主义成为人们的一种生活方式。消费主义文化倾向源于商业化、市场化进程的加快，各类产品供给丰富，营销方式多样。大众消费追求的是消费刺激、生活世俗化。城市成为生活的重心，城市化进程加快的过程中，种族、信仰、宗教互动等日益多元化，黑人文化引起人们的关注。最后，在娱乐方面，更加强调情感释放。商业休闲成为生活的重要内容，电影、音乐、运动是生活休闲的主要方式。比如轿车原本是代步工具，后来成为美国人的炫富资本，成为一种身份的象征，福特汽车成为一道亮丽的城市风景线，由此，美国得名"汽车轮子滚动的国家"。带动美国大众文化兴起和发展的主要群体是中产阶级，中产阶级迅速扩大并成为美国社会的主体力量并且在道德、价值观上承担引导使命，他们一反老中产阶级的"清规戒律"，普遍认可物质主义、消费主义、享乐主义的价值观，无论是广告、音乐、电影还是其他消费，娱乐方式都与传统的价值观形成鲜明对比。他们注重情感发泄、心情自然流露，提倡超越自我、摆脱压抑、获得精神自由等。

①　宋希仁. 西方伦理思想史［M］. 北京：中国人民大学出版社，2010：430.
②　王恩铭. 美国文化史纲［M］. 上海：上海外语教育出版社，2015：222.

美国大众文化的兴起对个人主义价值观的冲击很大，自由购物、自由消费、自由享乐、自由放纵等消费主义价值倾向充满了社会的每个角落，与建国初期、西进运动中的清教思想、开拓进取精神形成鲜明反差。

（二）"冷战"时期个人主义价值观与美国大众文化的耦合机制

"二战"后到 20 世纪 60 年代，美国大众文化得到长足发展，大众文化一方面赋予个人主义新的内涵，例如个人权利法律化等，另一方面又与个人主义处于背离或偏离状态。"二战"后，美国经济、科技等实力显著提升，政治上实行冷战的意识形态战略。20 世纪 50 年代受"冷战"政策的影响，美国的个人主义价值观一度受到影响，"美国著名经济学家约翰·加尔布雷斯把这个时期比喻为'丰裕的社会'，指美国人生活的富足，优哉游哉，一幅'小康即安'、乐不思变的精神状态"①。20 世纪 60 年代，美国人则是追求物质主义、享乐主义、消费主义至上的价值观，某种程度上对个人主义价值观形成强烈冲击，以至于被称为"垮掉的一代"。虽然 20 世纪五六十年代受战后文化影响，个人主义价值观受到一定影响，但是艺术创新、科技创新的精神依然得到了发展。美国大众文化（如好莱坞影片、快餐文化、科技等）的发展并没有因此受到阻碍，反而得到了稳定发展，这是个人主义价值观的正面印证。最能代表美国大众文化的是好莱坞影片，20 世纪 30—40 年代，好莱坞将美国电影推向了全世界，成为电影工厂和文化帝国的一个标志。20 世纪 50 年代，猫王将摇滚音乐变成流行音乐的同时，也将其变成了一种文化符号。20 世纪 60 年代大众文化的发展比较引人注目的是嬉皮士文化，滚石、甲壳虫等的出现将嬉皮士文化推向了高潮。随着大众传媒的兴起，广告、通俗小说、电影、电视、摇滚音乐等影响范围广泛，青年文化异军突起。青年大学生发起的反主流文化引

---

① 王恩铭. 美国文化史纲 [M]. 上海：上海外语教育出版社，2015：314.

起了社会的强烈反响，最明显的转变就是对"权利"的追求，种族歧视、性别歧视等问题开始受到法律的重视。值得一提的是美国的快餐文化，从麦当劳到肯德基，成为世界厨房，建立了完善的商业体系，本着人人都是创业者的初衷，快餐文化成就了美国餐饮业的世界影响力。牛仔裤当初只是西部牛仔为了结实、耐磨、穿着舒适而制作的一种服饰，但李维斯后来将其推广到全世界，至今世界流行。《麦田的守望者》《看不见的人》《洛丽塔》等文学作品享誉世界，《夕阳大道》《搜寻者》等电影作品也充分展示了美国大众文化的发展实力。丹尼尔·贝尔的《意识形态的终结》精确地概括了当时的思想状况。消费主义成为时尚，信用卡、提前消费、广告成为刺激大众消费需求的三大巨头，生活方式中个人主义价值观凸显得淋漓尽致。美国的大众文化还包含篮球等体育赛事，造就了乔丹等诸多体育明星。

（三）全球化时代背景下个人主义价值观与美国大众文化的同构机制

20 世纪末，美国大众文化已经走出国门影响世界，一方面是个人主义价值观的具体表现，另一方面是个人主义的过度发展或者发展到极端个人主义带来的霸权主张、自私自利主张，其对个人主义也造成了负面影响。20 世纪 80 年代末 90 年代初，"冷战"结束，世界格局发生深刻变化，美国成为世界超级大国，美国大众文化作为一种生活方式开始向全世界输出。20 世纪 90 年代以来，全球化进程加快，美国的政治、经济、军事和科技的竞争优势为美国大众文化的全球扩张提供了有利的支撑。"当代美国大众文化在美国历史的发展过程中，逐步形成了自己的特征和发展规律，表现出：全球性、普世性、产业性、商品性、现代性、前瞻性、通俗性、娱乐性以及帝国主义性、霸权性、殖民性、垄断性、隐蔽性、欺骗性、侵略性和单向性。"① 美国的发展开始由自由资本主义转变为垄断资本主义，综合实力、国际地位迅猛提升，大众传媒迅猛发展，为大众文化的发展及国际输出提供了便利的条件。随着通信技术、电子技术、计算机技术、互联网技术的普及与发展，美国的电视、电影、广告和网络文化也获得了前所未有的发展。例如，动画片中的米老鼠、唐老鸭、白雪公主等形象以生动、幽默诙谐的方式征服了全球的儿童乃至成年人，几乎人人皆知。电影奥斯卡奖几乎成为衡量全球电影的尺度和标准，奥斯卡奖的评审映射出美国个人英雄主义的价值观评判标准。简妮特·瓦斯考对好莱坞电影曾有过这样的评价："由于美国制作标准越来越高超，以及由 CNN、MTV 以及其他电视台所造成的美国电视的全球化，美国电影已经成为世界市场中最受欢迎的产品。"② 此外，美国电影还注重结合先进科技，创造星际系列、科幻系列、黑客帝国系列等，吸引了海内外的大量观众。美国电脑芯片，从刚开始的"英特尔"电脑技术垄断到现在的苹果系列产品，从手机、台式电脑到 Ipad 平板电脑，成为全球青年人追逐的时尚数码产品。还有以肯德基、麦当劳为代表的快餐文化已经深入世界的各个角落，成为当地快捷的美食、青少年的聚集地。美国的牛仔服已经成为世界服饰的潮流，不分年龄、性别、种族、身份，具有巨大的市场影响力。美国的体育赛事也成为重要的商业经济、商业模式，NBA 球星的身价一直居高不下。尤其是美国的网络文化走在世界的前列，"自数字网络技术诞生至今，美国一直把握着其发展与应用的制高点，这一切无疑为美国的文化产业创造了多种发展机遇，比如降低成本、扩大市场以及开发新产品等。网络文化产业迅速成为美国文化产业新的经济增长点"③。网络文化成为大众文化新的表现形式，其传播不受时间、空间的限制，网络文化的价值观更容易传播、产生影响。总之，美国大众文化已经逐步形成一个强大的商业市场、

---

① 惠敏. 当代美国大众文化的历史解读 [M]. 济南：齐鲁书社，2009：64.
② 转引自郭镇之. 全球化与文化间传播 [M]. 北京：北京广播学院出版社，2004：222.
③ 孙有中，等. 美国文化产业 [M]. 北京：外语教学与研究出版社，2007：167.

娱乐市场、休闲市场，成为大众的生活方式。无论是美国大众文化产业发展过程中所体现的自主创新精神、开拓进取精神，还是大众文化产品自身内含的价值观念（如影片中个人英雄主义，科技产品中创新独立和自由精神，音乐中放纵不羁自由风格，体育竞技中个人能力无限发挥、个人追求不断进步等），都是美国大众文化对个人主义价值观的不同方面的标识。美国大众文化全球传播，不仅是大众文化产品的广泛传播，也是美国个人主义价值观和意识形态的传播。正如托克维尔、贝拉等人所担忧的那样，美国大众文化也对个人主义价值观形成了不良的负面影响：虽然美国的电影故事中会传播个人积极向上，主动追求幸福，通过个人努力可以克服困难、获得成功等理念，但同时资本主义的价值观念如物质主义、享乐主义、自由主义等也会给美国的个人主义价值观带来负面影响。

第二节　日本整体主义价值观主导大众文化的发展

日本是东西兼容的现代化资本主义国家，中国儒家文化对日本的影响深远，其整体主义价值观很大程度上源于儒家文化的影响。工业革命后，西方资本主义国家的自由主义精神、独立自主精神对日本的影响不断加深。日本是四面环海的岛国，不仅国土狭小，而且资源短缺、自然灾害频繁，地理位置的特殊性对日本的民族文化、民族精神、心理特质、价值理想等也产生了重要的影响。"一个国家土地优良就自然地产生依赖性。"①"土地贫瘠，使人勤奋、俭朴、耐劳、勇敢和适宜战争；土地所不能给予的东西，他们不得不以人力去获得。土地膏腴使人因生活宽裕而柔弱、怠

---

① 孟德斯鸠. 论法的精神：上册［M］. 张雁深，译. 北京：商务印书馆，2005：320.

惰、贪生怕死。"[1] 生存环境的恶劣造就了日本的国民性以整体主义为价值原则，奉行武士道精神的忠诚、勇武、节俭、勤奋、诚信、礼仪等，激发起强烈的生存意识、竞争意识，以及不惜一切代价拓展生存空间的欲望。日本的整体主义价值观经历了不同历史时期的嬗变，也被不断赋予新的时代内容。大众文化是近现代工业化、城市化、市场化的产物，"二战"后日本一度成为仅次于美国的世界第二大经济实体，大众文化也取得迅猛发展。通过梳理日本文化的发展史，分析不同时期大众文化蕴含的价值观与整体主义价值观的关系，可对我国核心价值观主导大众文化提供有益借鉴。

一、日本整体主义核心价值观

（一）日本整体主义价值观的内涵

日本的核心价值观是整体主义价值观，整体主义价值观是处理个人与整体关系时的道德原则和伦理思想。在不同历史时期，不同国家、地区对整体主义有不同的解释。解释主要有以下两种：第一种解释，整体主义是处理个人利益与整体利益的道德原则和伦理思想。整体主义是"历史上统治阶级提倡的关于处理个人利益与整体利益关系的一种道德原则与伦理学观点。抽象地强调整体利益高于个人利益；个人利益必须服从于整体利益乃至为之做出牺牲。马克思主义道德学说所提倡的集体主义，与历史上整体主义的道德原则有着本质区别"[2]。历史上，中西整体主义的内涵虽有不同，但是都强调国家、家族等整体利益的至上性、崇高性，个人利益必须符合整体利益才符合道德的逻辑。西方的整体主义主要注重统治阶级的抽

---

① 孟德斯鸠. 论法的精神：上册 [M]. 张雁深，译. 北京：商务印书馆，2005：336-337.
② 朱贻庭. 伦理学大辞典 [M]. 上海：上海辞书出版社，2002：25-26.

象整体主义，是一种统治的政治手段和教育手段；中国的整体主义实质是家国同构的伦理建构，通过"三纲五常"等伦理制度统治人们，两者都是等级制度的表现方式。日本是一个特殊的国家，古代中国强大时，日本通过大化革新来学习中国的政治、经济、文化，受到儒家文化的深远影响；近代西方强大时，日本开始学习西方资本主义的政治、经济、文化，通过明治维新运动，奠定了日本现代化的基础。日本学习中西文化并创造性地改造、利用，创造了符合本国国情的价值体系，既独立于东西文化之外，又与东西文化有着密切联系。《菊与刀》中将日本的核心价值观表述为"国家至上、军国主义传统"的武士道精神和整体主义价值观。第二种解释将整体主义放在西方思想史的历史长河中考察。从古希腊时期，伦理思想就已经开始重视整体主义，整体是至高无上的国家，个人必须服从国家，到后来，整体主义演变成道德上的善、幸福。"整体主义是古希腊一种道德主张，意指社会是一个不可分割的整体，每个成员都是它的组成部分，社会整体高于个人，个人应当服从城邦国家。国家高于个人，个人与国家的关系犹如有机体的部分与整体的关系。个人只有在国家之中，作为国家的一部分，才能发展他的能力，实现他自己。追求整体利益即是幸福，即是至善。"① 从西方伦理学的思想史着手分析整体主义，是人类思想史发端的一个重要考证，也是特定历史时期人们的思想道德起点，强调国家利益高于个人利益是由当时的特殊历史条件决定的。这对于考察日本整体主义价值观有间接的借鉴意义，而日本整体主义价值观的概括和总结要结合日本特殊的历史背景与国情去考察，才能赋予其合理的解释。

（二）日本整体主义价值观的历史演进

日本经历了封建主义的绳文时代、弥生时代、飞鸟时代、奈良时代、

---

① 罗国杰，宋希仁. 中国伦理学百科全书·西方伦理思想史卷［M］. 长春：吉林人民出版社，1993：355－356.

镰仓时代、室町时代、江户时代等几个不同的历史时期，国家至上、忠诚至上的整体主义核心价值观深入人心。明治维新之后，日本确立了资本主义制度，自由民主的观念开始影响日本，但整体主义仍然发挥作用，武士道精神的忠诚、勇武成为整体主义的重要表现形式。"二战"期间，日本的整体主义价值观过度发挥，法西斯主义思想、军国主义成为核心价值观。"二战"后，日本重新确立自己的价值观，武士道精神转化为企业的团队精神、社会至上的忠诚精神等。日本的文化史是一部贯穿着日本价值观发展的思想史，整体主义价值观是日本迅速发展的核心价值观的支撑。李德顺主编的《价值学大词典》对日本的价值思想史、日本精神、日本人的价值观念、现代日本价值体系等逐一做了考察："日本价值思想史：1868 年的明治维新运动，揭开了日本近代史的序幕，日本由封建社会转入资本主义社会。现在，日本已经成为发达资本主义国家。在漫长的历史中，日本人蒙受着岛国风土的恩惠，在创造自身民族文化的过程中，形成了独立的价值思想体系。古代日本的价值思想主要体现在以下三个方面：一是日本佛教价值观。二是日本儒学价值观。三是神道价值观。由于近代日本所建立的是天皇制绝对主义国家体制，因此，天皇制意识形态成为国家生活中的最高的、绝对的价值标准。明治宪法规定，日本帝国由'万世一系之天皇统治'，'天皇为国家元首，总揽一切权力'。1945 年日本在第二次世界大战中失败，人们长期以来所信仰和依赖的天皇制绝对主义、日本主义的价值观崩溃了。在日本人处于精神危机，不知所向的时候，以美国为首的西方思潮再度涌入日本，实用主义、存在主义以及重新复兴的马克思主义从各个方面冲击和影响着日本人的精神生活，对于战后日本的价值观形成起着不同程度的作用。总的来看，战后日本人的价值观呈现多元性的特点，不同阶层、不同职业、不同年龄层的人们有着各自不同的价值追求，对于人生、家庭、社会、国家、世界等问题有着各自不同的价值判断标准。"① 整体主义价值观是日本的核心价值观，支撑日本从封建主义向资本主义过渡，从自由资本主义国家向现代化发达资本主义国家发展。不同历史时期，日本创新性地吸收、借鉴东西文化的合理因素和先进文化价值观，不断融合本国的文化形成独特的价值体系，引领国家政治、经济、文化发展和社会进步。

二、日本整体主义价值观与大众文化的耦合互动

大众文化的产生与工业化、市场化、城市化有密切联系，大众的受教育程度、消费能力是大众文化发展的基础，科技、经济的发展水平是促进大众文化发展的重要推动力。日本大众文化的兴起、发展、成熟历程与日本经济、政治、文化的发展有密切的联系，通常认为，大正时代（1912—1926）是日本大众文化的萌芽阶段，明治维新运动为日本资本主义经济发展奠定了基础。中日甲午战争、日俄战争之后，日本的总体实力大增，"一战"后，日本的经济、科技实力显著提升，为大众文化的发展奠定了坚实的物质基础。战败前昭和时代（1926—1945）是日本大众文化迅猛发展时期，日本从自由资本主义向垄断资本主义过渡，出现了东京等巨大城市。日本的经济、科技实力迅猛提升，一度成为仅次于美国的世界第二大经济体，大众文化日益发展壮大，形成了多元化的大众文化体系。"二战"后是日本大众文化成熟稳定发展的时期，日本重新调整发展战略，科技创新、文化创新引领世界经济文化发展的潮流，大众文化的影响范围扩大到全球。

---

① 李德顺. 价值学大词典［M］. 北京：中国人民大学出版社，1995：584.

（一）大正时代的大众文化承载整体主义价值观并内蕴多元文化思潮

1. 大正时代日本经济社会的发展为大众文化奠定了物质基础

资本主义经济的兴起为大众文化的发展奠定了坚实的物质基础和阶级基础，物质生产水平的提高带动了大众消费能力的增长和消费需求的产生。城市化的产生是大众文化兴起的重要因素，大正时代，"日本经济摆脱了轻工业阶段，从明治末期到大正初期，大规模的银行业、海运、重工业、殖民地企业（如南满洲铁道株式会社）得到了显著发展。至大正二年（1913），世界最大的生丝消费国——美国二分之一的生丝需求量由日本供应。同年，全世界四分之一的棉纱是从日本出口的"①。日本的工业化、城市化、市场化进程加快，对大众文化的发展发挥着举足轻重的作用。大正时代是日本政治、经济、文化、社会等各方面相对稳定的时期，民主主义思潮影响深远。第一次世界大战中，日本将自由主义、民主主义精神发展成法西斯主义的战争行径。政治思想方面虽然是民本主义，强调国家发展的目的在于人民的幸福，实质是对国家利益绝对化的一种掩饰：哲学思想方面则是新康德主义、人格主义、文化主义、人道主义等文化思潮联袂登场。"国家主义本来是明治时代之初针对来自欧美列强的侵略而生成的建国理念，之后逐渐发展到日本是黄种人阻止白种人侵略的保护神的意识，由此产生了以日本为主导的所谓的泛亚细亚主义。他们认为在亚洲只有日本保持了独立，而且通过第一次世界大战成为世界一流强国，因而要想拯救亚洲就必须普及日本精神。"② 资产阶级的自由民主主义思潮兴起，大正政变、护宪运动、普选运动开始彰显民众的力量。个人独立精神开始受到关注，反映到近代社会的市民精神中。自由民主思想逐渐成为新兴资产阶

---

① 竹村民郎. 大正文化：帝国日本的乌托邦时代 [M]. 欧阳晓，译. 上海：上海三联书店，2015：29.

② 赵德宇，等. 日本近现代文化史 [M]. 北京：世界知识出版社，2010：207.

级的思想武器，不断由城市推往农村，资产阶级成为新的政治力量不断发展壮大。虽然各种进步思想兴盛，但 1918 年军需订货突然停止、物价暴跌，1920 年恰逢世界性经济危机，日本社会矛盾激化，之后出现了万人大罢工。"众所周知，日本经济在第一次世界大战中获得了惊人的发展。原因有二：一个是，全国城市化发展带来的消费人口的增加。东京、大阪这些巨大消费城市的形成大大带动了工业生产。另一个是，战争造成的进口中断状况反而大大促进了技术革新。"① 与政治、文化上的矛盾思想不同，日本大正时代是推行物质文明建设的时代，发展实业产业、富国强兵等物质主义成为主导思想，摒弃了明治维新时期以国家为中心的狭隘国家主义、民族主义，目光转向世界，更加注重个人价值、个人主义。同时，马克思主义对资本主义社会基本矛盾的披露，对日本马克思主义者影响巨大，堺利彦、森近运平、片山潜、幸德秋水等人的社会主义著作是其中的代表作。

2. 大正时代日本大众文化的产生及萌芽

大正时代是日本大众文化的兴起阶段，文化上将传统的汉学、儒学文化一洗而空，进而接受西方资本主义的自由民主思想，大众的生活感、孤独感反而增强，成为大众文化的现实基调。"历史学家家永三郎说所谓文化，是由人，即社会或构成社会的个人创造并享受之。文化包含三个方面，即创造的功能、做成之物和享受的功能。三者既紧密相连，又在某种程度上有各自独立的一面。而竹村民郎则认为对大量使用'文化'一词的大正人来说，文化不是抽象的思想、宗教或艺术，而是由社会、经济基础中产生的精神。因为这个缘故，大量生产下所产生的报纸、杂志、电影……就是文化。以无线电技术高度发展为媒介所产生的广播放送，也在这层意义下属于文化。如果说家永三郎的定义侧重文化的起源及其发生机

---

① 竹村民郎. 大正文化：帝国日本的乌托邦时代［M］. 欧阳晓，译. 上海：上海三联书店，2015：50.

制的话，文化学者竹村民郎则从大正时代这个横断面切入，更偏重文化本身的特性。他认为，大正文化有三个明显的特征，即文化的商品化、大众化和中立性。他以大正时期的杂志文化代表——讲谈社的《国王》杂志为例，指出：首先，正如可尔必思、国际牌插座、森永牛奶糖一样，这本以美国大众社会的现代生活方式为卖点的、'三分摩登味与新鲜感'的新锐杂志也是作为商品贩卖的。其次，虽然以美国大众文化为卖点，但杂志定制发行的对象，是日本都市社会的新兴阶层，因此是'美国大众文化与日本传统社会道德接枝的成果'，'通过编辑这个严密的过滤装置，以均质化商品的姿态呈现在世人眼前，不只在上流家庭的书斋，或是上班族的茶水间可看到，甚至被放在农家的暖房旁'——是谓大众化。"① 家永三郎指出了大众文化的产生及意义，竹村民郎指出了大众文化的现实基础，是在对大正时代大众文化的产生及社会考察基础上得出的结论。"大正文化清晰地印着三个特征，那就是文化的商品化、大众化和中立性。文化的商品化，简言之，就是文化跟可尔必思、松下电器插座、森永奶糖块一样，作为一种商品被加以销售。"② 这一时期大众文化的典型特征就是商品化，广告发挥了重要作用，例如："可尔必思"乳酸饮料因一句广告语"可尔必思是初恋的味道"而畅销日本，成为流行饮料，不仅契合了当时日本在"一战"中战胜的兴奋心情，而且是国内大众消费水平提高的体现。松下电器公司生产的产品，代表工薪阶层身份的西装革履，柯达相机，万宝龙、百利金等名牌钢笔，繁华都市的百货商场等都成为引领一个时代消费时尚的标志。大众开始享受购物带来的快乐与刺激。

3. 大正时代日本大众文化与整体主义价值观的良性互动

大正时代是日本资本主义初步发展，市民社会形成的时期，这一时期

---

① 竹村民郎. 大正文化：帝国日本的乌托邦时代［M］. 欧阳晓，译. 上海：上海三联书店，2015：3（序言）.

② 竹村民郎. 大正文化：帝国日本的乌托邦时代［M］. 欧阳晓，译. 上海：上海三联书店，2015：102.

日本大众文化得以迅速崛起。日本大众文化一方面蕴含了日本整体主义价值观，例如松下电器的企业文化中就隐含了国家主义、服务社会等理念；另一方面也蕴含了西方自由民主、享乐主义的思潮。"日本的近代史可以用'日本精神'和'大和魂'来解释，这被认为是在日本特殊的'国体'背后潜藏的独特的无与伦比的精神。……唯有这一精神，才可以说明这个小小的岛国迅速勃兴成为世界第一流的国家。从这一解释的观点来看，认为日本近代的发展仍然有赖于传统文化，尤其是武士道、神道的国家主义方面以及儒教的重要因素。"① 文化的内核是价值观，文化的发展具有继承性和历史性，而整体主义价值观是日本国民性的重要构成要素，是日本民族不断发展的重要精神支柱。大众文化自身就蕴含了多元的价值取向，是民族精神与时代精神的融合。著名学者福泽谕吉向来推崇日本整体主义的武士道精神，在《瘦我慢之说》中他指出，武士道是日本的根本之道，忠君爱国是立国的公道，国民有报国的义务；他称赞德川时代的武士道精神为"瘦我慢"，即忍耐。"古来士风之美（武士道），不出三河武士之右也。战国割据之时，属德川家旗下，有理无理，只知德川而不知其他。为家为主，即使必败必亡在即也要勇往直前。此即三河武士，德川家的天下，拜瘦我慢之赐。此瘦我慢主义，乃保持国家之道。"② 由此可见，整体主义价值观贯穿日本文化发展的始终，对不同历史时期的文化发展都起过重要的作用，而大正时代的大众文化发展是资本主义工业化、市场化、城市化进程的产物，是消费主义思想影响下的产物，承载整体主义价值观的同时，也被赋予了新的时代内容，武士道精神开始转化为企业精神、服务社会精神。

---

① 贝拉. 德川宗教：现代日本的文化渊源［M］. 王晓山，戴茸，译. 北京：生活·读书·新知三联书店，1998：250.
② 高桥富雄. 武士道的历史：第3卷［M］. 东京：新人物往来社，1986：182-186.

（二）昭和时期大众文化的发展赋予整体主义价值观新的时代内涵

1. 昭和时期日本经济社会的发展为大众文化的发展注入强劲动力

昭和时期（1926—1988）日本进入现代化发展阶段，"二战"是日本现代化发展进程中的一个节点。"日本史学界对日本现代史主要有三种划分法：其一是，从大正时代结束，日本进入昭和时代（1926—1988），至昭和二十六年（1951）美国对日单独媾和，结束了战后美当局的占领，作为日本现代史，并且分成三个时期，即战前时期、战争时期和战后时期。其二是，以1945年为界，'二战'后的民主改革，作为日本现代史的起点。其三是，把1868年至'二战'结束归为近代，而将战后作为现代，分成美国占领时期、独立自主时期、经济高速增长时期。"① 本书采用的是第一种划分方法，同时把"二战"作为日本大众文化发展的一个拐点，"二战"后是日本大众文化发展的关键时期。

进入昭和时期，日本的资本主义开始由自由资本主义向垄断资本主义过渡，中产阶级不断扩大并成为日本社会的中坚力量，新的城市化浪潮兴起，交通的发达催生了城市的繁华，西方文明的生活方式开始广泛影响日本的生活。"他们崇尚美国式的生活娱乐方式，认为汽车、飞机、电影、广播是现代文明的标志，对收音机、照相机等新兴的家用电器情有独钟，物美价廉的西洋时尚用品成为他们购物的首选。人们从时尚文化中感受到西洋式生活所带来的欢愉。这一时期，西洋式的享乐文化交织在日常的城市生活当中，爵士乐、西洋舞会、咖啡馆、电影院、游乐场、马戏团成为大城市的标志，被称之为'摩登化'的文化现象应运而生。"② 20世纪30年代经济危机使日本经济下滑，城市大众享乐、消费的追求受到法西斯势

---

① 叶渭渠.日本文化通史［M］.北京：北京大学出版社，2010：382.
② 赵德宇，等.日本近现代文化史［M］.北京：世界知识出版社，2010：258.

力的压制而不得不收敛。西方的个人主义、自由民主思想对日本民众意识的觉醒冲击很大，消费主义的主张促进了大众文化的迅速发展。法西斯主义兴盛，日本特殊的岛国地理位置、贫乏的资源，不能满足本国资本主义的迅猛发展。为了转移国内经济危机，获取更大的国际市场、资源与原材料，日本对外战争的倾向很明显。"昭和时期的法西斯思想的主要缔造者是北一辉、井上日召、大川周明、西田税等人。他们利用日本的传统思想，以国家改造为口号，标榜实现世界史上的革新，其实质是建立天皇专制，发动对外战争。"① "二战"前，由于受到法西斯主义的极端国家主义、极端民族主义鼓动，日本文化已经偏离客观理性的轨道，深深打上了沙文主义的烙印，军国主义思想迅速抬头。国内一方面加强思想控制，如教育敕语的颁布；另一方面利用国家政权制造思想舆论，动员士兵、百姓为天皇、大东亚圣战献身。"在战前日本，民族主义、大亚洲主义、脱亚论、兴亚论、军国主义、武士道精神等不同层次的精神信条、理论观点等，都曾被日本政府当作国民精神总动员的工具而大加宣扬。但作为日本国民的道德规范或行为准则的武士道精神，却在日本人精神深层发挥着其他精神工具难以企及的作用。因此，中外学者不约而同地以武士道精神来概括战前日本现代化的精神因素，也的确抓住了问题的关键。"② 法西斯主义思想是 20 世纪 30 年代到"二战"结束时日本的主要政治思想，对大众文化的冲击很大。

2. "二战"后日本大众文化的发展进入新的历史阶段

"二战"后，日本重新调整经济、政治、文化发展政策，大众文化得以迅速发展。"开展大众文化的基础，首推经济高速增长。所谓经济高速增长，是指从 20 世纪 50 年代后半期开始到 20 世纪 70 年代初期跨越近二十年的日本经济的持续高速增长。"③ 随着科技的进步、信息产业的发展，

---

① 赵德宇，等. 日本近现代文化史［M］. 北京：世界知识出版社，2010：276.

② 罗荣渠. 各国现代化比较研究［M］. 西安：陕西人民出版社，1993：91.

③ 鹈饲正树，永井良和，藤本宪一. 战后日本大众文化［M］. 苑崇利，史兆红，秦燕春，译. 北京：社会科学文献出版社，2010：6.

20 世纪 60 年代到 80 年代，日本一跃成为仅次于美国的世界第二大经济体，经济的繁荣发展对人的思维方式、消费观念、生活方式影响深远。休闲、娱乐、消费方式日益多元多样，报纸、杂志日益专门化、多元化，体育、电影、漫画等成为大众放松心情的消费项目。广播、电视飞速发展，"1961 年申请接收 NHK（日本广播放送协会）节目的契约就已经突破 1 000 万台，1963 年突破 1 500 万台，电视明显的大众化，成为媒体中最具影响力的王者。随着彩色电视机进入寻常百姓家和卫星转播技术的提高，电视节目已经与百姓的生活密不可分，成为大众文化生活的新宠儿。在 50 年代，以电视剧、电影为主要吸引观众的手段。50 年代末期，电视实况转播节目大展身手，1959 年席卷日本的皇太子妃'美智子热'就是由电视台实况转播开始的"①。20 世纪 70 年代后期，大众消费观念已经深入人心，文化的主力由精英转向大众，工业化节奏加快，动画、卡通受到青睐，"以宇宙和科技为内容的《银河铁道 999》、《小小神通大百科》、《宇宙猫》等持续受到了读者关注。同时，新起漫画家鸟山明的《阿拉蕾》、藤子不二雄兄弟的《哆啦 A 梦》等漫画，将科技、梦想和人们的日常生活联系起来，在带给人们欢笑的同时，也将现代文化生活理念传递给千家万户，成为老少皆爱的动漫作品"②。日本的大众文化在"二战"后的 20 世纪 50—80 年代得以长足发展，尤其是漫画不仅成为休闲娱乐的媒介，而且成为文化输出的重要资源。

　　3. 日本大众文化的发展为整体主义价值观赋予新的时代内涵

　　日本大众文化的发展是价值观的发展，昭和时期是大众文化迅速发展的时期，也是日本国家经济、科技、文化软实力迅速崛起的时期。"二战"是日本经济、科技发展的一个重要转折点，而法西斯主义是极端的整体主义价值观，在一定程度上阻碍了大众文化的发展，是军队文化、专制文化

　　①　赵德宇，等. 日本近现代文化史［M］. 北京：世界知识出版社，2010：325.
　　②　赵德宇，等. 日本近现代文化史［M］. 北京：世界知识出版社，2010：326.

产生的源头。"二战"后，日本大众文化的发展及内蕴的价值观最集中、最典型的还是以武士道精神为核心的整体主义价值观。"日本封建武士道的主从关系，本是效忠封建武士的首领的。明治政府建立后，将这种主从关系改为效忠天皇，在军队内大力宣扬这种'武士道'精神，并且百般予以美化，冒充为日本民族的固有精神，强加给广大的士兵和人民。随着时代的变迁，后来的日本统治集团将法西斯主义同封建的'武士道'精神糅合起来，使之'现代化'，成了法西斯的'武士道'精神，其反动性、野蛮性和腐朽性达到无以复加的地步。"① 武士道精神已经成为日本民族的精神内核，只是在战争时期上升为国家意志变成极端的法西斯主义，而对于战后恢复经济时期，武士道精神转化成奉献社会、服务社会、团体主义的企业文化精神。"近年来对我国资本家与西欧资本家伦理的对比认为，在西欧市民阶级中产生和成长起来的资本家的心理是近代思想，我国是武士的信义、廉洁和积极进取。"② 高桥龟吉认为，日本的"企业家精神，不是西欧的那种个人利益第一主义，而是国家利益第一主义。这种传统，一直持续到战前。战后虽然时代改变，但那种异于欧美经营者的特点，仍在起作用"③。也有学者说："日本是一个可以为实现利益而调节正义的极便利国家。"④ 由此，日本大众文化的发展得益于"二战"后以武士道为代表的整体主义价值观，而"二战"的极端整体主义又阻碍了大众文化的进步和发展。日本企业文化自身就是武士道精神的典型代表，而日本大众文化所彰显的与时俱进、开拓进取、创新出奇的价值理念，是对整体主义价值观的补充与发展。

---

① 万峰.日本近代史［M］.北京：中国社会科学出版社，1978：95－97.
② 转引自娄贵书.武士道与日本现代社会的价值理想［M］.北京：中国社会科学出版社，2014：265.
③ 高桥龟吉.战后日本经济跃进的根本原因［M］.宋绍英，等译.沈阳：辽宁人民出版社，1984：190.
④ 转引自武心波."一元"与"二元"的历史变奏：对日本"国家主义"的再认识［M］.上海：上海三联书店，2008：531.

（三）平成时期日本大众文化的发展与整体主义价值观的耦合

1. 平成时期日本大众文化进入成熟稳定的发展时期

平成时期（1989—2019）是日本大众文化日渐成熟、稳定发展的时期，20 世纪 70 年代末提出的"文化大国"战略、"经济强国"战略、"技术立国"战略在 20 世纪 90 年代初见成效，20 世纪 80 年代末 90 年代初，日本经济持续快速增长，20 世纪 90 年代成为日本大众文化迅速发展并且大量向海外输出的"黄金时期"。国内方面，重视日本传统文化教育；国际方面，设立国际文化交流信息中心、国际化商谈中心，还通过联合国教科文组织、经济合作与发展组织、亚太经济合作组织、欧盟、联合国大学等国际机构参与国际合作，向国外输出大量的教师和研究人员。"1990 年，仅文部省系统向海外派遣的教师和研究者人数即达 7 376 人，接受外籍教师和研究人员达 3 763 人。"① 大众文化成为日本文化产业的主力军，大量优秀的电影、电视剧、动画片、音乐作品、服装等远销欧亚等国，以武士道精神为核心的整体主义价值观渗入大众文化产品中，山口百惠等在中国几乎是家喻户晓。20 世纪 90 年代中期到 2000 年，日本开始调整文化战略，大众文化发展一度低迷。动漫文化成为新的经济增长点，《七龙珠》《圣斗士》《灌篮高手》等在国内外市场获得了巨大经济效益，并由此带动了相关大众文化产品的消费。

2. 21 世纪后日本大众文化发展的国际化趋势增强

进入 21 世纪，日本大众文化进入新的成熟发展阶段，茶道、剑道及神道教等传统文化日益普及，大众消费时代到来。电影、音乐、动漫、旅游休闲、电子科技产品、汽车等消费品的发展成为支柱产业，日语在国际上的影响范围日益扩大，《名侦探柯南》等动漫文化产品成为亚洲百姓茶

---

① 陈艳. 从国际交流基金看日本文化外交 [D]. 南京：南开大学，2007：12.

余饭后谈论的热点。大众文化商品的输出日益成为日本巨大的经济收入来源，"2001 年，日本出口游戏软件 1.8 亿多件，输出额为 1 890.9 亿元人民币，而输入额仅为 2.25 亿元人民币"①。日本大众文化现在已经形成一个系统的产业链和文化生产创造体系，小到日本的寿司、茶道等饮食文化，大到日本的电器、汽车等产品，以及影视、歌曲、动漫、电子游戏、文学作品等都得到长足的发展。日本对外输出大众文化产品的同时，也潜移默化地输出和渗透本国的价值观、价值理念，武士道的进取、服从、忠诚、勇武等精神内蕴在文化产品和企业文化之中，不断地对其他国家的意识形态领域产生影响。

3. 日本大众文化的成熟发展与整体主义价值观的耦合

伴随着日本经济的腾飞，科技的进步，城市化水平的提高，大众的受教育水平和消费能力不断提升，日本大众文化日益成熟，但是日本民族国民性中的整体主义精神始终在大众文化的发展过程中发挥着重要的作用，尤其是以武士道为核心的忠诚、勇武、国家至上的团队精神在新的历史时期被赋予了新的文化内涵。"伦理道德的武士道正如万峰先生所言，乃是武士阶级赖以调整、规范人们之间（主要是主君与家臣）以及武士个人与整个武家社会之间关系的行为规范准则的总和。包括两方面的内容：一是主君与从者之间的道德规范和行为准则——'主从道德'；二是个人与集团之间的道德规范与行为准则——'共同体道德'。主从道德源于武家社会以主从关系为基本经济关系的生活方式，共同体道德源于武家社会以群体为基本生活单位的群体生活方式。必须强调的是，道德规范层面的武士道以现实的物质利益为基础。"② 在现代化进程中，尤其是"二战"后，武士道精神逐渐淡化其在军事上的影响，逐渐转化成以忠诚、服从、节俭、勤奋为核心的现代整体主义价值观念，这主要体现在日本的现代企业

---

① 中宣部文化体制改革和发展办公室，文化部对外文化联络局. 国际文化发展报告 [M]. 北京：商务印书馆，2005：234.

② 娄贵书. 武士道与日本现代社会的价值理想 [M]. 北京：中国社会科学出版社，2014：21.

文化中，如丰田、松下、索尼等企业成为全球知名企业的背后就是企业文化很好地传承并创新性地转化了武士道精神。随着市场化、全球化、信息化时代的到来，日本在开放、变革和发展中不断东西兼容，创新性地提升自己的整体主义价值观和价值体系，为经济的腾飞和国家的发展提供了精神动力支持。日本启蒙思想家福泽谕吉和现代化之父涩泽荣一被誉为武士道精神近代化转型的先驱人物，日本企业文化的成功经验被归结为"论语加算盘""义利合一""士魂商才"。

第三节 美日核心价值观主导大众文化的经验借鉴

美国和日本的大众文化起步早，发展快，是因为一方面受近代工业革命的影响，工业化、市场化、城市化进程加快；另一方面随着教育、科技水平的提高，大众的整体素质不断提升。美国和日本的核心价值观对大众文化发展的引领主要是通过核心价值观自身的指向性和规定性来实现的，核心价值观渗透到日常生活的方方面面，成为国家治理、舆论引导、国际影响力的重要内容。其中，核心价值观指向性下的大众文化发展通过软包装与硬内核相结合来实现，核心价值观规定性下的大众文化发展通过隐形承载涵化的传播机制来实现，二位一体相互支撑下的大众文化发展是美日两国核心价值观主导大众文化的主要经验，对我国大众文化发展的主导方式具有借鉴价值。

一、核心价值观指向性下大众文化发展的软包装与硬内核相结合

大众文化既提供了价值观形成、教育、传播的文化场域，同时作为一

种商业文化又提供了多元价值观竞争的文化资本。大众文化的世俗化、商业化、娱乐化、生活化等特点使之具有广泛的受众基础，成为当前社会的主要文化形态。大众文化自身承载着多元价值观，是核心价值观大众化的主要文化载体。进入消费社会以来，随着经济、科技、教育水平的提高，大众有了多余的闲暇时间，更加渴求精神需要的满足，大众文化应运而生，它不仅成为人们日常生活的一种基本文化形式，而且在满足精神价值、商业价值、审美价值的同时，为核心价值观的日常化、生活化、大众化提供了必要的可能。大众文化与核心价值观互动耦合，核心价值观主导、引领大众文化的发展方向。个人主义作为美国的核心价值观，软包装指的是美国大众文化借助广告、传媒、文学、艺术、新闻舆论等各种文化传播载体打造出来的一种文化形态，如美国的好莱坞影片、麦当劳快餐和NBA 篮球赛事等。硬内核指的是美国的个人主义核心价值观。"价值观传播是媒体文化的'软包装'与政治意识形态'硬内核'的巧妙融合。"① 大众文化承载核心价值观，核心价值观教育、传播的主要文化载体是大众文化。

（一）大众文化内蕴多元价值观，是核心价值观传播的重要文化载体

大众文化是现代化进程中各国文化的主要形态，文化产业和文化事业的发展很大程度上是因为大众文化的推动作用，大众文化已成为国家文化软实力竞争的重要方式和重要战略资源。法国学者布迪厄曾提出"文化场域"和"文化资本"的概念，大众文化既提供了价值观形成、教育、传播的文化场域，同时作为一种商业文化，又提供了多元价值观竞争的文化资本。意大利哲学家葛兰西曾提出著名的"文化领导权"理论，大众文化具有意识形态属性，自身承载着多元价值观，是核心价值观大众化的主要文

---

① 史安斌，廖鲽尔. "去政治化""去意识形态化"的神话——美国媒体价值观传播的历史脉络与实践经验［J］. 新闻记者，2016（3）：8.

化载体。大众文化是时代的产物，作为一种文化形态具有文化的传承性，一方面融合了传统文化的精髓即核心价值观，另一方面为现实生活服务，不断被赋予新的时代内涵和时代特征。以日本大众文化为例，大正时代、昭和时期、平成时期的大众文化呈现不同的发展态势，而且不同时期的大众文化承载着不同的价值观，随着历史的发展而不断向前发展。"一战"后，日本的军国主义迅速抬头，武士道精神被过度发挥，到"二战"时期，日本的整体主义价值观主要以法西斯国家主义为主，这一时期的大众文化主要表现为战争文学等方式。这时的大众文化主要是为战争服务，组织、宣传、动员大众参战，为国家的强大而奉献自我等。可见，大众文化承载核心价值观随历史的发展而呈现出不同的发展态势。美国作为一个文化大国，美国大众文化的全球影响力更是超过其经济实力和科技实力。美国大众文化融合经济、科技等因素，不断丰富大众文化产品的形式、种类，而承载的核心价值观依然是民主、自由、平等、创新等。"20 世纪 70年代末以来，新自由主义成为西方社会的主流意识形态，为市场经济向文化、政治等其他社会领域的全面渗透提供了一种'合理的'、'去政治化的'、'自然生成的'表象。虽然美国媒体一再宣称自己'去政治化'、'无价值观'，实却始终未能摆脱其所承担的维系与传播核心价值观的使命。"① 美国媒体在承担维系与传播核心价值观使命的过程中，大众文化的软包装起到了至关重要的作用。

大众文化不仅成为日常生活的一种基本文化形式，而且在满足精神价值、商业价值、审美价值的同时，为核心价值观的日常化、生活化、大众化提供了必要的可能。大众文化承载核心价值观的同时，也对核心价值观发挥能动的反作用。美国大众文化是现代化进程中的主要文化形态，很大程度上推动了美国文化产业和文化事业的发展，进而成为美国文化软实力

---

① 史安斌，廖鲽尔. "去政治化""去意识形态化"的神话——美国媒体价值观传播的历史脉络与实践经验［J］. 新闻记者，2016（3）：5.

竞争的重要方式和重要战略资源。美国大众文化贴近生活，反映生活，满足大众基本的精神需要、心理需要、审美需要，使大众在消费文化产品时产生价值认同感。价值认同的前提是情感认同，情感认同乃是基于大众消费文化产品时所形成的身份认同、审美认同、心理认同，可以说大众的价值认同乃是基于基本的生活认知、文化传承、价值观共识。"美国大众文化所蕴含的意识形态和价值观念是潜在的，社会大众在享用美国大众文化产品时不易察觉其文化渗透的用意，它不是直接影响人们的意识形态的，而是潜移默化地改造着人们的价值观念，而这种潜在的软权力恰恰能产生强大的力量，其影响力更深远更持久，对发展中国家文化主权的侵蚀更为隐蔽，因为更具危险性。"① 大众文化承载价值观影响大众往往是潜移默化的，是隐性渗透的方式，比如好莱坞大片《阿甘正传》就是美国个人主义价值观正面教育的案例，个人通过自己的努力最终实现了自己的梦想，体现了自己的人生价值和社会价值；美国的快餐如肯德基、麦当劳在世界各国成为一种流行的快餐，代表的也是个人主义价值观中的时间观念、效率观念、服务观念，以及尽力满足每一位顾客的需要的理念。

（二）大众文化在核心价值观规定下发展，与核心价值观耦合互动

大众文化承载价值观，并与核心价值观耦合互动，这一方面体现在大众文化的发展方向与核心价值观一致，是核心价值观的重要文化载体和文化场域，有利于核心价值观宣传、教育、传播等功能的发挥；另一方面体现在大众文化的价值导向与核心价值观相左或偏离，阻碍核心价值观的贯彻、落实，对核心价值观的宣传、教育产生负面的影响。马克思主义认为经济基础决定上层建筑，上层建筑能动地反作用于经济基础。大众文化作为文化上层建筑，是经济、社会、政治等各个层面生活现实的反映。大众

---

① 惠敏. 当代美国大众文化的历史解读 [M]. 济南：齐鲁书社，2009：109.

文化承载多元价值观，同时也是核心价值观的重要文化载体，在大众文化的文化场域内，多元价值观融合与互动。

随着经济的发展、科技的进步、文化产业的壮大、文化产品的丰富、文化种类的多样，电影、电视、文学、广告、新闻、媒体、音乐等艺术不断推陈出新，一方面赋予了大众文化新的价值内涵，成为核心价值观大众化的表达方式、表现形式；另一方面对传统的核心价值观带来了一定的挑战，甚至是偏离传统核心价值观的价值理念和发展目标。虽然在不同历史时期大众文化的价值取向出现过偏离核心价值观的情况，但是大众文化产业的发展、大众文化产品的流行，总体而言，受到核心价值观的引领和规范。大众文化作为流行文化，以商业化盈利为目的，以满足大众的感官娱乐享受为导向，流行、通俗、娱乐、生活化的特点为大众文化的发展提供了空间。"日本学者富永健一将现代化分为经济现代化、政治现代化、社会—文化现代化三个系统，他认为经济子系统中的现代价值是资本主义精神，政治子系统中的现代价值是民主主义精神，而社会—文化子体系的现代价值是'自由·平等与合理主义精神'。其中，生活方式作为社会—文化系统的重要组成部分，'合理化'、'大众化'是日本生活方式现代化的主要特点。"① 整体主义价值观在战争时期发展到极端的法西斯主义思想，"二战"期间的日本大众文化受其影响而发展成军部专制文化，"把建国的神话传说、国民宗教具体表现到现人神信仰中的，唯独我大和民族。我日本国民当严格奉守这一建国精神，并且期待它在世界史上担负起实现人道的使命"②。日本的文部省开始向国民灌输至高无上的国体精神、日本精神、大和魂等价值观念，使普通大众甘愿成为天皇、国家的忠臣，"二战"全面爆发以后，法西斯主义的价值理念已经深入到高校、文坛、媒体等多个领域，大众文化成为法西斯主义的动员载体。又如，20 世纪 60 年代，

① 崔世广. 日本现代化过程中的文化变革与文化建设研究 [M]. 石家庄：河北人民出版社，2009：196.

② 转引自赵德宇，等. 日本近现代文化史 [M]. 北京：世界知识出版社，2010：281.

美国社会出现的反主流文化运动，以嬉皮士为代表的流行文化，传播的价值观是消极、颓废、自我满足、不思进取等，是对积极进取、开拓创新、自我实现等价值取向的否定，也是对美国个人主义价值观的否定、偏离，因此被称为"垮掉的一代"。"当下文化研究的一个重要理论课题，就是寻找核心价值体系与大众文化之间的契合点和转化机制。……由于主导文化和大众文化所传达的都是一个社会中占多数的大众的价值观和审美趣味，两者应该而且能够做到最大程度的融合。"① 大众文化的迅猛发展带动了文化产业和文化事业的发展，带动了海外文化输出，大众文化一方面融合国内外传统文化、先进文化的价值理念；一方面创新大众文化产品的形式，为核心价值观的输出、渗透、教育起到了良好的保障作用，提高了大众的文化品位、审美品位、价值追求。同时金钱至上、消费主义、娱乐至上、追求奢侈品牌等不良的价值取向也会对核心价值观产生不利影响，因此要系统、历史、辩证地看待二者之间的关系，根本在于正确对待大众文化的内在价值取向。

（三）核心价值观引领和规范大众文化的发展方向

核心价值观引领和规范大众文化的发展方向，主要体现在两个方面：一是为大众文化的发展注入强劲的精神动力，核心价值观不仅融入文化产品之中，而且成为企业文化、社会生活、思维方式的重要组成部分；二是引导和整合大众文化的发展壮大，不仅为大众文化的多元发展融入核心价值观，而且为文化软实力的提升和大众文化的国际竞争力提供坚实的价值支撑。"20 年代确实是一个新时代的诞生：种族及宗教的多元主义、大众消费经济、追求刺激、生活世俗化。20 年代文化是奠基于城市结构的文化，城市与农村小镇不同，它是人们生活的重心，生活在此地的人比较善

---

① 陶东风. 核心价值体系与大众文化的有机融合 [J]. 文艺研究，2012（4）：5.

于表达自己的要求，容易接受新观念。"① "二战"之后，西方发达资本主义国家的大众文化发展回到正轨，核心价值观融入大众文化产品之中，开始了大众文化产品的海外输出。美国的好莱坞成为世界电影的梦工厂，美国的个人主义价值观尤其是个人英雄主义被展示得淋漓尽致，加之广告、大众传媒的影响，美国大片已经成为世界各国评判电影的黄金标准。美国社会学家罗伯特·贝拉说："个人主义是美国人最深刻的民族特性，是美国文化的核心，美国文化特质中根本性的东西都来自于它。"② 美国的音乐、小说、电视、网络、新闻等大众文化形式成为各国文化消费的热点，各国大众在消费文化产品的同时，也不自觉地接受美国的个人主义价值观。美国人将探险精神、创新精神转化成文化产品，迪斯尼乐园将卡通艺术与休闲娱乐很好地结合在一起，在世界各地都具有重要影响力。同样，日本在"二战"后调整文化政策，以武士道为核心的整体主义价值观创新性地转化成奉献社会、服务社会的企业文化，大众文化也具有整合创新的特点，东西兼容。以日本的动漫为例，一方面突出惩恶扬善的价值理念，另一方面不断创新，将动画的形式、技术、声音等融合在一起，使得日本的动漫成为国家文化的支柱产业。核心价值观引领大众文化的发展，不仅融入文化产品之中，而且成为企业文化、社会生活、思维方式的重要组成部分。核心价值观的引领渠道主要是通过家庭教育、社会教育、学校的历史教育、爱国教育及大众传媒等进行宣传渗透，注重大众文化在不同阶段、不同渠道的连贯性和一致性，对多元价值观进行整合引导，将核心价值观融入社会生活的方方面面，成为人们的生活方式和思维方式。

一个国家、民族、地区的核心价值观是根据本国的特殊实际和文化传统而形成的，是民族文化的精髓，对国家的政治、经济、社会生活具有重要的引领作用和规范作用，是国家层面的主导价值取向，具有意识形态属

---

① 林立树. 美国文化史 [M]. 北京：中央编译出版社，2014：71.
② 罗伯特·贝拉. 心灵的习性：美国个人生活中的个人主义和公共责任 [M]. 周穗明，翁寒松，译. 北京：中国社会科学出版社，2011：190.

性，是一个国家国民性的根本因素。国家、民族、语言、思维方式、生活方式、宗教信仰、文化传统等不同，价值观也会有根本性的差异，例如美国、英国、法国等西方发达资本主义国家受近代文艺复兴、启蒙运动的影响，奉行个人主义价值观，但由于各国的具体实际和历史传统不同，个人主义价值观的具体内涵也会有所不同。又如德国、日本等西方发达资本主义国家由于具体的国情、文化传统、思维方式的不同，奉行整体主义价值观，在"二战"期间，发展成极端的、国家至上、民族至上的法西斯主义价值理念；中国拥有五千年悠久的历史传统，进入社会主义社会以后，我们提倡的是集体主义价值观。核心价值观是历史的、发展的价值理念，作为文化的内核与精神，基本的价值理念没有发生变化，变化的仅仅是核心价值观的具体时代内涵。因此，核心价值观在国家、民族的形成和发展进程中发挥着引领作用，大众文化是核心价值观的重要文化载体，从历史发展的阶段来看，核心价值观具有重要的引领作用。美国的个人主义价值观在不同历史时期都曾发挥过引领和规范作用，如殖民地时期的《独立宣言》精神、建国时的《美国宪法》《人权法案》精神、西进运动中的牛仔精神、现代社会的独立自主精神等。大众文化是近代工业化的产物，其发展壮大与中产阶层的兴起、消费社会的形成、社会分工带来的闲暇有密切的联系，虽然在不同历史时期大众文化的价值取向出现过偏离核心价值观的情况，但是大众文化产业的发展、大众文化产品的流行，总体而言，受到核心价值观的引领和规范。

二、核心价值观规定性下大众文化发展的隐形承载涵化传播机制

美日大众文化以文化产业和文化产品的方式借助其科技领先、大众传媒发达的优势对外输出和传播本国的核心价值观念。核心价值观规定性下的隐形传播机制指的是大众文化承载主流意识形态，逐渐淡化意识形态和

娱乐文化之间的界限。核心价值观规定性下的承载传播机制指的是某国（本书指美日两国）大众文化采用各种方式例如电影、电视、音乐、体育等巧妙地隐藏核心价值观，以大众传媒作为传播媒介、以生活化要素作为诱导方式、以客观真理及利益驱动打开世界市场。核心价值观规定性下的涵化传播机制指的是某国（本书指美日两国）核心价值观借助大众文化的符号化传播，进而实现对他国文化的同化；通过控制和占有人们的头脑与心灵，从而达到对其他国家意识形态和价值观的解构。

（一）大众文化借助先进科技隐形传播核心价值观

大众文化是一个国家、民族的时代写真，是历史发展的文化印记。科技引领是大众文化时代变迁的重要标志。近代以来，两次工业革命带动了科学技术的进步，而且引发了思想文化领域的文艺复兴运动、启蒙运动，科学技术的进步和发展不仅给人类创造了巨大的物质财富，而且不断地改变着人们的生活方式和思维模式。尤其是进入信息化社会以来，互联网技术的进步，大众文化的平台由线下发展为线上，由现实转变为虚拟，促进了新兴网络大众文化的发展。网络小说、网络歌曲、网络电影、网络客户终端、网络电子游戏等，大大缩短了时空距离，提升了大众文化传播的速度。"大众文化是人类社会迄今为止唯一一种闪耀着技术的金属光芒的文化，一种被技术武装到牙齿的文化，或者说，大众文化是唯一一种为技术而生的文化，也是唯一一种因技术而生的文化。"[①] 大众文化自身就是时代的产物，是工业化、市场化、城市化、消费化的产物，其发展也依赖经济、科技的发展，大众文化的国际竞争力主要受科学技术、经济基础、大众传播媒介等综合因素的影响。美国、日本大众文化的发展都有赖于先进科技的引领，科学技术提高了大众文化生产、传播的速度，丰富了大众文化的种类，是大众文化重要的物质基础和技术载体。"从软实力的观点看，

① 潘知常，林玮. 大众传媒与大众文化 [M]. 上海：上海人民出版社，2002：7-8.

如果把大众文化仅仅看作工业时代与精英文化和意识形态相对的、满足普通大众感性愉悦的消费文化，就过于简单化了。意识形态与娱乐文化的界限实际上是非常模糊的，大众文化同样可以承载主流或主导意识形态功能。"① 的确，美国在"二战"后凭借其高科技优势包装、打造了世界上公认的电影、音乐、体育赛事等，但细想起来，表面上人们在称赞美国大众文化，而实际上人们在不知不觉中也潜移默化地接受了其审美标准与内蕴其中的价值观念。

（二）大众文化借助大众传媒承载核心价值观

大众传媒是现代科技进步的产物，大众文化的产生和发展与大众传媒有直接的联系，"大众文化以先进的大众传播媒介为载体，借助于现代传播方式得以迅速推广，大众传媒导致大众社会的形成和大众文化的出现，并引起人们生活方式的改变和价值观念的革新"②。大众文化与大众传媒在某种程度上说是一对孪生兄弟，大众传媒的发展对大众文化产品的宣传、消费都有重要的作用，或者说大众传媒发展本身就是大众文化的时代标签。"美国的大众传媒素有'第四权力'之称，又被称为公众利益的'看家狗'，这足以说明其社会作用之大。在核心价值观的建设方面，美国媒体起着很强的舆论导向和舆论监督作用，同时，它与政府的复杂关系又使得这种作用在不同情况下有不同的特点。"③ 大众传媒是大众文化传播的中介，也是核心价值观发挥作用的重要渠道，大众传媒还发挥了舆论导向和舆论监督的重要作用。美国的大众传媒起步早，发展快，对世界各国的影响比较大，同时也借助强大的传媒技术不断输出大众文化产品，例如美国的微软公司、网络技术等。大众传媒作为一种技术手段，是推动先进文化发展的力量；作为一种意识形态，改变着人们的思维方式、生活方式、交

---

① 桂翔. 美国软实力的影响之道［J］. 国外社会科学. 2009（05）：65.
② 惠敏. 当代美国大众文化的历史解读［M］. 济南：齐鲁书社，2009：57.
③ 周文华. 美国核心价值观建设及启示［M］. 北京：知识产权出版社，2014：103.

往方式和消费方式等。

（三）大众文化符号消费涵化核心价值观

大众传媒对大众文化的编码、解码等，使大众文化的消费成为一种符号的消费。"现代社会的消费实际上已经超出实际需求的满足，变成了符号化的物品、符号化的服务中所蕴含的'意义'的消费。"① 大众文化是文化产品的符号化生产、符号化消费，大众传媒更是强化了大众的符号化消费和需求。大众文化作为一种消费文化，在一定程度上变成一种文化符号、身份意义的消费。大众文化消费成为一种消费方式，成为民族文化和身份象征的认同方式。

"消费生活方式构成民族认同的一个内在的方面，消费习俗、消费习惯和消费方式，均与民族的认同有密切的关系。一方面，它们是民族认同的象征和'素材'。另一方面，它们也是民族认同的情感纽带和实质内容。"② 大众通过文化消费标识不同的地位和身份显然已成为大众文化发展的推动力。大众文化在消费社会发生了转折，符号和消费成为主调，文化的意义反而成为陪衬。加之大众传媒的广告效应，大众被广告、媒体的视觉效应和听觉效应所吸引，被动地接受大众文化，不自觉地融入大众文化消费中来。

三、二位一体相互支撑下的大众文化发展

美国、日本的核心价值观通过传统文化、企业文化、政策导向、国家利益等不同方面影响人们的思想意识和行为规范。核心价值观的指向性与规定性二位一体，相互支撑。一方面，核心价值观作为主流意识形态对大

---

① 鲍德里亚. 消费社会的神话与结构［M］. 今村仁司，冢原史，译. 东京：伊纪国屋书店，1979：170.

② 王宁. 消费社会学：一个分析的视角［M］. 北京：社会科学文献出版社，2001：77.

众文化的发展具有引领作用；另一方面，核心价值观作为主导价值观对大众文化的发展方向具有规定作用。任何一个国家文化的发展都要受到政治的制约，国家意识形态规定了大众文化的发展方向和发展趋势，政府的政策、法律制度对大众文化产生直接的影响。大众文化反映人们日常生活的精神文化需求，体现宗教的基本精神，不同民族、种族、地域、国家的宗教信仰不同，不同历史时期宗教的时代内涵也不同。与此同时，宗教、教育、科技、传媒、政治、社会、科技等因素，对大众文化都会产生不同程度的影响。

（一）政府政策的变化是大众文化发展的重要原因

大众文化是历史的、具体的、发展的，各个国家、民族在不同的历史时期文化政策不同，大众文化的发展速度也有很大的不同。"政府积极引导、规范和支持民间捐助，为文化发展提供强大的物质保障。美国具有世界上最完备的市场机制，无论是文化资本运营、文化市场开拓还是文化法律保障，美国政府都给予特别关照，使文化与经济、科技有机融合；美国每一项可能产生影响的最新科技成果几乎都会同步运用到电影、电视中。"① 政府不仅完善各项法律制度，保障大众文化的发展，而且不断制订各项政策，推动大众文化产业的壮大以对外输出。美国政府历来关注国家文化建设，并采取各种措施促进文化发展，"二战"后，美国政府颁布了一系列行政命令，鼓励社会力量积极参与文化建设。日本政府受到西方资本主义国家的影响，近代以来开始鼓励引进西方文化，同时不断提出新政策鼓励、促进日本大众文化产业的兴起和发展。

① 尹学龙. 美国大众文化的特点及其对北京城市文化建设的启示［J］. 道德与文明，2013（6）：137.

（二）教育提升是大众文化主体和受众素质提升的重要支撑

大众文化的受众基础和创造主体是大众，大众的科学文化素质关系到大众文化发展的水平和速度。教育的普及和提高是大众提升素质的基本渠道，学校教育是主要的渠道，主要关注知识教育和技能教育，而对价值观的教育则显得稍微弱势。各国都意识到教育的重要作用，其关乎文化的发展。其中，美国的学校教育不仅是民主政治的体现，也是实用主义价值观的重要体现。20 世纪 60 年代以来，反主流文化运动促进了美国的价值观教育，主要是渗透在历史教育和爱国教育中。美国社会重视环境育人，受到杜威《民主主义与教育》中的思想的影响，对做中学、生活即教育、物质环境建设、精神环境建设都极为重视，使人在潜意识中不知不觉地形成核心价值观。日本也是一个极为重视教育的国家，《新日本建设的教育方针》中规定，"今后的教育在努力贯彻护国体思想的同时，废止军国主义思想及相应措施，将建设和平国家作为奋斗目标"①。"二战"后，日本对教育进行民主化改革，确立现代化的教育模式，不断调整教育政策，颁布了《日本国教育基本法》，提出了道德教育、仪式教育、爱国教育等内容，同时大力建设国家公共文化设施、文化团体等，为提升日本民族的国民素质奠定了坚实的基础。普通大众自身的科技文化素质与教育的普及、提高密切相关，大众文化的创造主体和受众都是普通大众，所以，大众文化的发展进程也体现出教育的发展水平。因此，将核心价值观融入文学、艺术、宗教、动漫等大众文化产品中，可以使大众在消费大众文化产品的同时，陶冶其道德情操，达成价值共识。教育的发展关系到大众素质的基础，关系到大众文化的审美品位和消费水平，因此，重视教育是推动大众文化发展的基础和前提。

---

① 转引自赵德宇，等．日本近现代文化史［M］．北京：世界知识出版社，2010：308.

第五章　社会主义核心价值观引领大众文化发展的路径

　　大众文化的价值取向多元多样，甚至存在价值冲突、价值失序等问题，这对大众文化的健康、长远发展是非常不利的。社会主义核心价值观具有导向功能、凝聚功能、整合功能和激励功能等，通过社会主义核心价值观引领大众文化发展，以包容整合的方式凸显对多元价值取向的价值引领，是解决大众文化内蕴的价值观"一"与"多"问题的好方法。社会主义核心价值观主导大众文化的发展分为三个层面，分别是宏观层面上在坚持价值取向多样性的前提下引领大众文化的发展方向，中观层面上规范大众文化的基本价值准则，微观层面上将社会主义核心价值观嵌入日常生活中。从宏观上把握社会主义核心价值观引领机制的内涵和基本原则，从具体实践上把握精神引领、思想引领和创新引领的基本路径。精神引领主要是以爱国主义为核心的民族精神和以改革创新为核心的时代精神对大众文化的价值引领，凸显爱国主义的主旋律和时代最强音；思想引领主要是坚持用21世纪的马克思主义指导思想引领多元文化思潮，坚持一元主导下的多元文化繁荣发展；创新引领是指用"创新、协调、绿色、开放、共享"的新发展理念引领大众文化的发展方向，引领大众文化走向开放的世界，向世界讲好中国故事、传播中国好声音。

第一节　社会主义核心价值观引领大众文化发展的机制[①]

　　文化与价值是"体"和"魂"的关系，"体"是载体，是外在的表现形态；"魂"是内核，是本质属性和根本规定。发挥社会主义核心价值观的引领作用是核心价值观主导的首要策略和根本策略。社会主义核心价值观的引领作用主要是指发挥它的价值导向作用，如政治导向、经济导向和文化导向等。核心价值观引领的前提是大众文化自身内蕴多元多样的价值取向，引领的重要基础是达成价值共识，形成统一的价值认同。社会主义核心价值观的引领机制主要包括坚持马克思主义指导思想的思想引领、以爱国主义为核心的民族精神和以改革创新为核心的时代精神的精神引领、以新发展理念为指导的创新引领，这三个层面相互支撑、相互促进，从思想理论的高度、传统文化的深度、价值整合的广度等层面对大众文化的健康、持续、快速增长提供坚实的理论基础、思想基础、群众基础。

一、核心价值观引领机制的内涵

　　引领是指"引导、带领；伸直脖子（远望），形容盼望殷切"[②]，引领作为动词，主要是指发挥引导、带领的作用，价值观的引领机制是指价值观作为一种观念或者理想信念，在主体的实践活动中发挥宏观的导向作用，是主导机制的第一个层面。"人们对价值观的重视，是因为价值观的重要。首先，价值观是人的主心骨。它是人的社会化的核心内容，人的社

---

①　参见任美慧. 论大众文化的核心价值观主导机制［J］. 南昌师范学院学报. 2021（4）：37 - 42.
②　任超奇. 新华汉语词典［M］. 武汉：崇文书局，2006：1033.

会化过程、价值观的形成和主体性的获得，是一个问题的三个不同侧面。其次，价值观是组织的黏合剂。每一组织都有自己独特的组织成员认同的共同价值观，这种共同价值观为集体及个体成员间的复杂交往提供共同标准和调节手段，对集体中的每个成员具有感召力、凝聚力。再次，价值观是人的活动的指示器。价值观决定了活动的价值取向，人的活动的方向和方式，以及活动工具的选择和活动结果的形成，无不渗透着价值观和打上价值观的烙印。"① 价值观的引领就是发挥价值观的主心骨、黏合剂、指示器的功能，体现为崇高的理想信念和价值追求在人的生活、生产实践中的决定作用和目标导向作用。社会主义核心价值观是建立在我国社会主义根本政治制度、经济制度基础上的最大价值公约数，用社会主义核心价值观引领文化发展，凝聚社会力量，达成价值共识就是现阶段的核心价值观引领机制。社会主义核心价值观对大众文化的引领机制是坚持马克思主义意识形态主导性的首要机制，对规范机制、嵌入机制具有决定作用，规定着社会主义的性质和发展方向，体现着社会主义公有制的经济基础，体现着中华民族的共同理想，区分了资本主义的普世价值。党的十八大报告中指出要用"社会主义核心价值体系引领社会思潮、凝聚社会共识，积极培育和践行社会主义核心价值观"②。党的十八大报告指明了核心价值观的引领和激励机制，即核心价值观作为全体社会成员的共同理想和价值追求，既是引领和激发人们实现共同愿望的内在动力，又是引导和约束人们实践活动的价值导向。因此，核心价值观的引领机制就是核心价值观作为共同理想所发挥的引导、指引、导向、领导、统领的作用机理和作用方式。

---

① 袁贵仁. 价值观的理论与实践：价值观若干问题的思考 [M]. 北京：北京师范大学出版社，2013：2.

② 胡锦涛. 坚定不移沿着中国特色社会主义道路前进　为全面建成小康社会而奋斗——在中国共产党第十八次全国代表大会上的报告 [J]. 求是，2012 (22)：15.

二、核心价值观引领机制的内容

核心价值观的引领机制作为核心价值观主导机制的首要机制，主导的前提和基础是价值取向、价值观念的多样性、复杂性，因此，"引领"主要是引领多元化的社会思潮，使社会成员在共同利益的基础上达成价值认同，坚持马克思主义在意识形态领域的主导性。"理论在一个国家实现的程度，总是取决于理论满足这个国家的需要的程度。"[①] 核心价值观引领机制理论的实现程度也同样依赖多元社会思潮对我国思想文化领域的冲击和影响。西方资本主义国家的价值观渗透于社会思潮，通过社会思潮的传播进而影响我国的文化安全和意识形态的主导性，只有加强核心价值观的引领机制研究，才能增强我国文化的文化自信和文化自觉，提升我国文化的国际话语权和影响力。"人们奋斗所争取的一切，都同他们的利益有关。"[②] 邓小平也明确指出："如果只讲牺牲精神，不讲物质利益，那就是唯心论。"[③] 价值观是经济基础上的上层建筑，价值观的引领机制不仅注重思想层面的引领，而且注重经济利益的分配引领。改革开放以来，社会深刻转型，"在这个时候，加把劲，奋力一跃，就进入强国行列；稍一懈怠，就会前功尽弃，掉入'中等收入陷阱'、'修昔底德陷阱'、'西化分化陷阱'等陷阱之中"[④]。所谓"中等收入陷阱"就是国家的人均收入达到中等收入水平，经济发展的方式不能顺利实现转变，导致新的增长动力不足，最终出现经济停滞徘徊的一种状态。我国现阶段进入中等收入国家，而贫富分化是进入发达国家必须要克服的难题，利益分化带来的价值观冲突、价值观分化是核心价值观引领机制要解决的重要现实问题。通过经济制度的

① 马克思恩格斯文集：第1卷 [M]. 北京：人民出版社，2009：12.
② 马克思恩格斯全集：第1卷 [M]. 北京：人民出版社，1965：82.
③ 邓小平文选：第2卷 [M]. 北京：人民出版社，1994：146.
④ 赵周贤，刘光明. 固本开新的科学指南　革弊鼎新的行动纲领——论习主席在全军政治工作会议重要讲话的意义 [N]. 光明日报，2014-11-22.

不断完善，坚持社会主义的道路自信、制度自信和理论自信，用社会主义核心价值观凝聚力量、达成共识、形成认同是物质层面的引领，为价值观的认同提供坚实的物质基础。价值观的引领机制不仅引领思想层面的价值观认同，而且引领物质层面的价值观认同，只有物质与精神相互协调、相互统一，才能达到真正意义上的价值观认同，形成深层次的价值观认同心态。

三、核心价值观引领机制的实现方式

核心价值观引领机制的实现即核心价值观主导性、导向性的实现，其针对的是思想和物质这两个层面。因此，实现核心价值观的引领需要使核心价值观在整个价值观生态中处于主导地位，发挥引领作用；在经济发展中发挥导向作用，保证社会主义的性质和发展方向。核心价值观的引领在思想层面要坚持马克思主义指导思想在意识形态领域的指导地位，不断丰富和完善马克思主义中国化的最新理论成果；在精神领域要用中国精神引领中国文化的发展，唱响爱国主义的主旋律，不断用建党百年的精神谱系来诠释核心价值观的精神力量；在发展理念方面要坚持用"创新、协调、绿色、开放、共享"新发展理念引领文化强国建设，不断健全现代化的文化产业体系和文化服务水平。核心价值观的引领主要通过宣传、教育、舆论引导等方式实现，"宣传思想工作一定要把围绕中心、服务大局作为基本职责，胸怀大局、把握大势、着眼大事，找准工作切入点和着力点，做到因势而谋、应势而动、顺势而为。经济工作是党的中心工作，意识形态工作是党的一项极端重要的工作"[①]。经济工作是中心工作，宣传思想工作是为经济发展、社会发展服务的工作，核心价值观随着经济的发展而发展，其引领作用的发挥主要依靠新闻、媒体、宣传部门的联动宣传。教育

---

① 习近平谈治国理政［M］．北京：外文出版社，2014：163－165.

是核心价值观发挥引领作用的重要方面，宣传是教育的基础，教育是宣传的深化和提升，有利于受教育者自觉形成价值认同并外化为自觉行为。"所谓引导政治方向，就是运用启发、动员、教育、监督、批评等方式，把人们的思想和行为引导到符合社会发展要求的正确方向上来。思想政治教育的导向功能是建立在对受教育者充分信任的基础上的，重在启发自觉。"① 思想政治教育是实现核心价值观引领的重要渠道和主要方式。此外，舆论引导是宣传工作、思想政治教育工作的补充方式，面对思想文化领域多元价值观交流、交融、交锋的状态，需要通过核心价值观加以引领，规定主流文化的发展方向。

第二节　社会主义核心价值观对大众文化的精神引领②

社会主义核心价值观根植于中华优秀传统文化，传统文化在长期的历史进程中孕育了宝贵的中国精神。"人无精神则不立，国无精神则不强。精神是一个民族赖以长久生存的灵魂，唯有精神上达到一定的高度，这个民族才能在历史的洪流中屹立不倒、奋勇向前。"③ 中华民族在长期的历史进程中形成了以爱国主义为核心的民族精神和以改革创新为核心的时代精神，社会主义核心价值观是中国特色社会主义民族精神和时代精神的高度凝练与升华。"要讲清楚每个国家和民族的历史传统、文化积淀，基本国情不同，其发展道路必然有着自己的特色；讲清楚中华文化积淀着中华民族最深沉的精神追求，是中华民族生生不息、发展壮大的丰厚滋养；讲清

---

① 张耀灿，郑永廷，吴潜涛，等. 现代思想政治教育学 [M]. 北京：人民出版社，2006：174.

② 参见任美慧，李辉. 论传统文化涵养"中国梦"的实践逻辑 [J]. 广西社会科学. 2015（12）：188 - 193.

③ 习近平. 在纪念红军长征胜利 80 周年大会上的讲话 [N]. 人民日报，2016 - 10 - 21.

楚中华优秀传统文化是中华民族的突出优势，是我们最深厚的文化软实力；讲清楚中国特色社会主义植根于中华文化沃土、反映中国人民意愿、适应中国和时代发展进步要求，有着深厚历史渊源和广泛现实基础。"① 中华优秀传统文化是社会主义核心价值观的肥沃土壤、思想资源和源头活水，如何将传统文化的宝贵精神资源转化为社会主义核心价值观的内容，并且不断赋予其新的时代内涵，不仅是理论问题，也是实践问题。"在社会主义核心价值观中，最深层、最根本、最永恒的是爱国主义。爱国主义是常写常新的主题。拥有家国情怀的作品，最能感召中华儿女团结奋斗。"② 进入新时代，弘扬爱国主义精神的主旋律，用社会主义核心价值观引领大众文化发展，从中华优秀传统文化中发掘相关的价值资源引领大众文化发展，就是要不断用中国精神凝聚力量，整合多元社会思潮，不断创作出体现时代温度的大众文化精品。传统家国同构的伦理格局奠定了中国历史上社会结构稳定的社会基础，确立了个体与社会价值链接的场域；德治与德教统一互动的管育方式开启了德政和民本的发展起点，奠定了以人为本的价值基础；包容整合的思维方式为协调内部利益关系、影响外部关系提供了历史可能。三个历史取向成为涵养社会主义核心价值观的路径资源。

一、家国同构是中国古代社会实现主导价值认同的基本方式之一

所谓"君者，国之隆也；父者，家之隆也。隆一而治，二而乱。自古及今，未有二隆争重而能长久者"③。又所谓"古之欲明明德于天下者，先治其国；欲治其国者，先齐其家"。由此，家国关系超越了人所存在的两

---

① 习近平谈治国理政：第 1 卷［M］. 北京：外文出版社，2018：155 – 156.
② 习近平. 在文艺工作座谈会上的讲话［N］. 人民日报，2015 – 10 – 15.
③ 方勇，盛敏慧. 荀子鉴赏辞典：文通版. 上海：上海辞书出版社，2017：120 – 121.

个空间，成为"国之为国、家之为家"的伦理结构和文化保障。费孝通认为，中国乡村结构是典型的差序格局，即"每一家以自己的地位作为中心，周围划出一个圈子，这个圈子是'街坊'。范围的大小要依着中心势力的厚薄而定"①。每个人都有一个以自己为中心的圈子，同时又从属于以优于自己的人为中心的圈子。家庭和国家构成了中国农业社会价值取向的两极。两极相通形成了具有中国特色的社会结构，两极互动奠定了中国传统文化生成的外部机制。

（1）基于血缘关系，家国同构的伦理秩序整合了个人与家庭的共同价值观。家庭能为其成员提供基本的价值需求和心理需要，具有强烈的向心力和凝聚力。恩格斯在《家庭、私有制和国家的起源》中指出："这并不是一些空洞的称呼，而是实际上流行的对血缘关系的亲疏和辈分的观点的表达；这种观点是一种完备地制定了的亲属制度的基础，这种亲属制度可以表现单个人的数百种不同的亲属关系。"② 血缘关系是家国同构的依托基础，家庭是社会的基本单位，个人是家庭的重要分子，家庭能为其成员提供基本的价值需求和心理需要，具有强烈的向心力和凝聚力。家庭伦理秩序如父慈子孝、兄友弟恭，实际上是家庭成员应尽的责任和承担的义务。传统的"三纲五常"伦理规范延续至今，对维护社会稳定、国家统一起到了重要的保证作用。

（2）基于宗法制度，家国同构的伦理秩序整合了个人与国家的共同价值观。传统农业社会的基本生产单位是家庭，家庭依托于家族，因此，国家治理的基本模式是家天下。《孟子·离娄上》中的"天下之本在国，国之本在家"，是传统农业社会的真实写照。"格物、致知、修身、齐家、治国、平天下"是家国同构伦理秩序的逻辑思路。忠孝是家国同构的心理基础，汉代董仲舒传承和发展了儒家的"仁政""天人合一"等思想，运用

---

① 费孝通. 乡土中国 [M]. 北京：人民出版社，2008：29.
② 马克思恩格斯选集：第四卷 [M]. 北京：人民出版社，2012：36.

阴阳五行整合家庭与国家的秩序，利用忠孝合一的社会心理，提倡"三纲五常"的伦理规范，认为对家庭的孝是对国家的忠的基础，为个人和国家提供了共同的心理支撑和文化心态。

（3）基于情理需求，家国同构的伦理格局为个人、家庭和国家提供共同的价值规范。"情感要素的基本文化逻辑是什么呢？是要合情合理，首先合情，然后合理。你合理不合情，就不能被理解。所以中国的教育，是动之以情，晓之以理，实在没有办法的时候，绳之以法。情感对我们的生活来说具有非常重要的意义。首先，它是价值的源头。道德和价值的源头是情感而不是理性。"① 情理需求是家国同构的情感基础，传统的家国情怀满足了家庭成员最基本的情理需求。"在家族性的社会结构中，人与人之间的关系，是被一条情感的链子连接着的，在这种地方，约制生活的最好方式，是经由教化，让他们自动遵守社会礼俗或礼教，万不得已动用法规，那也只限于家法，真的要闹到官府公堂上去，不但大伤伦常之情，无异于公开承认家教失败，那是羞辱门庭的大事。"② "以理服人""以情感人"是家庭教育的重要方式，将对家庭的情感上升为对国家的情感是家国同构的价值归属，对沟通个人、家庭、国家具有重要的意义。

进入新时代，大众文化在发展过程中出现了价值观误区，如符号消费、历史虚无主义、功利主义等，利用社会主义核心价值观对其进行价值引领，可以对传统文化进行创造性转化和创新性发展，重塑新时代的家庭、家教、家风建设，以家风建设带动社会风气建设，从而营造良好社会风尚，以良好社会风尚不断丰富和完善中国精神。"新时代新征程是当代中国文艺的历史方位。广大文艺工作者要深刻把握民族复兴的时代主题，把人生追求、艺术生命同国家前途、民族命运、人民愿望紧密结合起来，以文弘业、以文培元，以文立心、以文铸魂，把文艺创造写到民族复兴的

---

① 樊和平. 中国人的文化基因［J］. 新世纪图书馆，2014（12）：24.
② 韦政通. 中国的智慧［M］. 长春：吉林出版集团有限责任公司，2009：35.

历史上、写在人民奋斗的征程中。"①

依托家国同构的文化传统，传统文化涵养社会主义核心价值观的实践路径主要有三个维度：

（1）将家庭作为结点，构建社会主义核心价值观的价值链条。"不论时代发生多大变化，不论生活格局发生多大变化，我们都要重视家庭建设，注重家庭、注重家教、注重家风，紧密结合培育和弘扬社会主义核心价值观，发扬光大中华民族传统家庭美德。"② 个人、民族（社会）、国家构成一个有序的价值链条，而家庭作为个人成长、发展的基点、试验场，是价值链条的重要节点，是社会空间的延伸。家族是家庭的传承方式，家教承载着教育的功能，家风承载着文化传承的功能，家训是重要的文化载体。家庭对接国家梦想，从而，个人理想与社会理想有机统一，实现从应然到实然的转变，个人需要的满足顺应社会发展的需要。从价值链条的对接来看，国家与社会的价值是网与线的相互交织，而家庭作为最重要的节点，连接个人与社会的价值。中国梦是理想目标，具有强大的吸引力和凝聚力，家庭作为现实的支点，被个人对接，是个人需要的满足。

（2）将社会作为新的空间，拓展家国同构的新途径。现代社会，家庭结构松散、家庭成员相对独立、家族的延伸功能被弱化，而社会作为个体新的成长空间和实践平台，其功能和作用不断提升。家庭的流动性、不稳定性增强，为现代社会的开放性提供了空间。个体的有机联系构成的社会是家国同构的时空场域，个体从家庭的价值观教育中独立出来向国家价值观转化，并在政治、经济、文化活动等方面的社会实践中固化核心价值观，弥合了国与家的价值认识偏差，形成一种新的张力。因此，作为家国同构的重要场域和活动空间，社会为个人成长、发展提供了物质载体和文化氛围，家国同构的传统也通过社会有机体实现了良好的互动。通过社会

---

①　习近平．在中国文联十一大、中国作协十大开幕式上的讲话［N］．人民日报，2021－12－15.

②　习近平．在2015年春节团拜会上的讲话［N］．人民日报，2015－02－18（2）．

主义和谐社会的建构，家庭关系拓展到社会关系，又从社会关系延伸至国家，从而实现个人、社会、国家三个层面的良性互动。

（3）构建融"国家—社会—家庭—个体"为一体的新场域。现代社会正由熟人社会向陌生人社会转变，由传统的道德约束机制向现代的道德、制度相辅相成的约束机制转变。"制度是一系列被制定出来的规则、守法程序和行为的道德伦理规范，它是指约束追求福利或效用最大化利益的个人行为。"[1] 社会是连接个体、家庭与国家的重要载体和活动空间，制度则是保障社会平稳运行的规则和机制。传统的大家庭小个体、大国家小社会的模式逐渐变成了社会建设拓展家庭空间、压缩国家空间的模式。社会的公益性日益突出，逐步取代和替换着家庭的情感、伦理等空间；社会的基本职能、政府权力的扩大和规范化逐渐压缩了传统的国家空间。由此，作为国家、社会发展基础的个体，作为价值链条重要节点的家庭，作为个体活动重要空间的社会，作为社会发展重要保障的国家，四者有机整合，有序互动，相互平衡，相互制约，形成了一个新的场域。实现中国梦就是要实现个人、家庭、社会、国家的良性互动。个人发展是动力，家庭稳定是保障，社会发展是巩固，国家发展是目标。

二、传统文化中德治与德教统一互动的管育方式实现了治国与治人的共生，开启了德政和民本的发展起点，奠定了以人为本的价值基础

德治与德教辩证统一的社会发展路径主要体现在：

第一，德教是前提，德治是目的。"千百年来，中国人已习惯于用道德的眼光评判衡量一切，它不是外在强迫，而是内心的自觉。伦理道德至

---

① 道格拉斯·C. 诺思. 经济史中的结构与变迁 [M]. 陈郁，罗华平，等译. 上海：上海三联书店、上海人民出版社，1994：225 – 226.

上的观念已内化为人们的思维模式和行为准则，人们只须循此而为，而无须究其根由。"① 传统文化的基本格局是伦理政治化，道德不仅规范人的行为，而且生成人的德性；道德不仅是行为规范的存在，也是价值规范的存在，更是个人生命意义的存在。儒家文化中的君子人格、内圣外王，提倡德是治理国家、取得民心的首要手段，德治是最高的目的，德治的前提是重视德教。

第二，德教注重自身修养与外在灌输教育的辩证统一。家庭的伦理道德教育是个人教育的主要场所，国家、执政者历来都重视道德教化，儒家认为玉不琢不成器，人不学不知义。而提高个人自身的道德修养是提高道德素养、道德理性的重要途径和渠道。孔子提出一日三省，温故知新；孟子认为人皆有四端：恻隐、善恶、辞让、是非之心；《礼记·大学》曰："古之欲明明德于天下者，先治其国；欲治其国者，先齐其家；欲齐其家者，先修其身；欲修其身者，先正其心；欲正其心者，先诚其意；欲诚其意者，先致其知，致知在格物。物格而后知至，知至而后意诚，意诚而后心正，心正而后身修，身修而后家齐，家齐而后国治，国治而后天下平"，"修身、齐家、治国、平天下"体现的正是德治与德教的辩证统一。

第三，主张德主刑辅，为精神文明建设提供重要的思想保障。德育强调的是以人为本，内圣外王，其为社会的发展提供了基本的道德氛围和舆论氛围，道德先于法律诞生，法律是道德的底线，是道德上升形成的强制性行为规范。

在新的历史时期，德教与德治作为意识形态整合方式面临着新的挑战。首先，基于性善论的假设前提，受到了市场趋利性的挑战。市场经济条件下，利益驱动使利益主体的价值观产生了偏差，功利主义、自由主义、金钱至上、虚无主义等多元社会思潮对传统道德提出严峻的挑战，诚信成为市场经济竞争的衡量指标。传统伦理道德的基本问题是善和德，现

---

① 张立文，等. 传统文化与现代化 [M]. 北京：中国人民大学出版社，1987：93.

代伦理道德的基本问题是正当和义务，传统道德源头的两种感情是恻隐和仁爱，现代社会最有意义的基本义务是诚信和忠恕。经济基础决定上层建筑，上层建筑的发展又有着超前或滞后的特点，能动作用于经济基础。物质利益关系追求利益最大化，不仅把复杂的社会关系简单化了，也把日常生活目标简单化了，同时也否定了传统的道德规范和价值准则。其次，功利化的思维方式弱化了道德价值。改革开放以来，中国社会经历了深刻变革和急剧转型，社会的快速发展导致矛盾凸显，突出表现为市场经济的快速发展，利益格局的深刻变化，多元社会思潮的深刻冲击，功利化、自由化的思维方式在一定程度上阻碍了中国民主化、现代化的发展进程。对经济效益的刻意追求，对消费主义的盲目追捧，使传统道德观念、价值理念出现模糊、扭曲，这些严重阻碍和挑战了社会主义核心价值观的培育和践行。最后，社会舆论的病态化发展弱化了道德的评价力度。互联网时代自媒体、新媒体、多媒体等媒介改变了传统的认知方式，快餐式、碎片化、感性化的文化消费取代经典文化知识的立体感接受。改革开放以来，随着竞争意识、民主意识、公平意识、自由意识等的增强，以互联网、计算机为基础的新兴社会舆论载体逐渐取代以传统的电视、报纸等为基础的社会舆论载体，成为主流舆论载体延伸至日常生活的各个层面，从广度和深度的调节关系看有不断扩大和加深的趋势。网络上的舆论领袖、舆论水军则无限扩大现实社会的贫富分化、渲染社会断裂分层导致的被剥夺感，无节制的网络恶搞，社会道德事件的网络炒作等现象扰乱正常的舆论秩序甚至导致社会舆论出现病态化的趋势。网络舆论传播速度快、影响面广，加之西方国家意识形态的渗透和分化，各种社会思潮的交融交织，不同个体的道德素养和道德判断水平参差不齐，更是为社会舆论的病态化发展提供了蔓延的空间。德教与德治统一的传统涵养社会主义核心价值观主要有以下三个实践路径：

（1）将道德作为社会主义核心价值观建设的重要向度。社会主义核心价值观"三个倡导"的内涵是道德生活的基本价值规范，是对传统道德的

"仁义礼智信"等的现实写照。道德建设关系到个人道德素质的提升，有助于社会公德的培育和养成，也是社会主义核心价值观的本质要求。道德力量是人类发展的内在推动力，像齿轮一样推动整个社会向前发展。以道德为支撑点，建设社会主义核心价值观是中国特色社会主义的根本保证和价值支撑。因此，要科学统筹协调国家、社会、个人发展的利益关系，从而达成价值共识，体现社会道德建设的公平、公正原则，克服道德领域应然和实然的断裂关系。加强社会主义道德体系建设是构建道德中国的基础，是实现中国梦的内在要求，是培育和践行社会主义核心价值观的必然条件。

（2）将道德生活作为个体幸福的指标，构建社会主义核心价值体系。个人的生活受到道德的引领而变得丰富多彩，亚里士多德曾将"至善"作为幸福生活的第一指标。道德生活的幸福观是衡量社会主义核心价值观贯彻落实的重要指标。随着市场经济的深入发展、全球化进程的加快，人们的生活逻辑日益被"物化"的价值观所主导。即使生活水平提高，精神文明水平也未必保持同一水平，取而代之的是对现代物质、技术、生活的焦虑，精神意义缺失，归属感不强。社会主义核心价值体系是道德文明建设的价值指引，公平公正的社会环境是道德文明建设的环境因素，经济发展和历史传统是道德文明建设的历史坐标，从而在理论支撑、经济基础、社会环境、制度安排等方面全方位、多维度、立体化衡量道德体系的建设。因此要处理好道德生活中个体与集体、社会、国家的关系，提供涵养社会主义核心价值观的道德力量。

（3）将道德建设作为国家治理的内容，在法治国家的建设中强化道德的维护机制。国家治理的现代化是民主法治进程的现代化，传统社会中法律是道德的保障，道德是法律的基础，国家的现代化治理在突出民主法治建设的同时，也要注重道德建设和道德维护。道德习俗上升为法律是法治进程加快的重要因素，法律的制定和完善也为道德生活、道德舆论提供了基本的制度和规范保障。道德是对个人品德、家庭美德、职业道德、社会公德等各个层面和领域的总体概括，是国家治理的重要内容。道德的约束机制既有内在的个体约束性，又有外在的社会舆论约束性，德治与法治相互补充，相互影响，道德是人类社会文明进步的标志，是法治社会发展进步的一个重要机制。"社会转型期的道德建设，无论从社会性的层面来讲，还是从社会个体道德生长的外部动力而论，都需要道德立法。首先是社会家庭生活领域中的道德立法。其次是作为人类道德生活特殊领域的职业道德立法。最后是维护社会共同生活的全社会性的公共生活领域的道德立法。"① 道德立法是加强道德维护的一个方面，但是过于硬性要求又失去了道德内在的自主性和独立性。国家提供制度保障和法律保障，社会提供良好的舆论氛围和行为规范，个体提高自身的内在道德素养，是强化道德建设的立体思维方式，也是国家治理的重要实践方略。通过教育、宣传、示范、惩戒等不同手段保障个体、家庭、社会、国家的四位一体模式，构建德治与法治并举的治理模式，有利于社会主义核心价值观引领作用的实现。

三、中国传统文化中包容整合的思维方式是社会主义核心价值观的历史来源和价值支撑

中华优秀传统文化蕴含了包容整合的思维方式，如大同理想、天人合一、和而不同、系统思维和整体观念等。"美国未来学家杰里米·里夫金曾指出，美国梦死亡之后，中国梦最有资格成为人类发展的新梦想。阿诺德·汤因此很早就断言，中国肩负着不止给半个世界而且整个世界带来政治统一与和平的命运。"② 中国文化传承传统文化，根植于传统文化的价值思维方式，整合式、包容式的思维方式有利于凝聚个人力量与国家力量，

---

① 陈炳水. 道德立法：社会转型期道德建设的法律保障 [J]. 江西社会科学，2001（1）：135.
② 洪向华，赵磊，幸尧. 多维度中的中国梦 [N]. 光明日报，2013 - 10 - 20.

辩证统一地思考问题、解决问题。

（1）传统文化的发展具有包容整合的特质，也是其自身发展的内在规律。中国传统文化海纳百川，吐故纳新，从整体观出发，有天人合一、家国同构等思想。从传统文化的发展进程来看，虽然儒家文化一直是传统文化的主流思想，但是在不同的历史时期，都曾出现过文化的大融合。传统文化具有包容整合的特质，或者说是包容整合的文化基因。"那些对民族的文化和历史发展产生过深远影响的心理底层结构和思维方式，或许可以成为一个民族的文化基因。"① 传统文化是社会主义核心价值观的文化基因，文化基因的内在表现形式即民族的思维方式和心理结构。社会主义核心价值观传承传统文化，传统文化孕育着核心价值观，也是核心价值观的历史根源。

（2）传统文化包容整合的思维方式表现为和而不同、多元互补。传统文化强大的生命力在于儒家文化的精神内核——和而不同，传统文化包容开放、博采众长、兼收并蓄的姿态，是多民族、多区域共同缔造的，融合了儒家、道家、法家、佛家等不同的思想体系。包容整合的思维方式与马克思主义的唯物辩证法有异曲同工之妙，都强调辩证地认识事物、分析问题、解决问题。整体主义的哲学体系强调事物是矛盾双方对立面的统一，如"相反相成""物极必反""祸福""泰否"等范畴都是从整体上把握和分析事物的典范。中国传统文化包容整合的思维方式是在看待人和自然、人和人、人和社会的关系过程中产生的，西方文化则侧重分析事物的个体、部分，强调个人主义，中国则突出整体思维，强调以人为本的社会和谐。

（3）包容整合的思维方式是推动传统文化发展和人类文明进步的强大动力。中国梦的实现靠全体人民的共同努力，实现中华民族的伟大复兴，实现两个"一百年"的奋斗目标，要积极构建社会主义经济、政治、文

---

① 刘长林．中国系统思维：文化基因透视［M］．北京：中国社会科学出版社，1990：1.

化、社会、生态文明五位一体的总布局。中国梦的实现，中华民族的伟大复兴，需要整合各民族的文化，吸收、借鉴世界各国优秀的文化成果，增强我国文化的凝聚力，构建社会主义核心价值体系，达成道德行为规范的一致共识。

现代社会，单向度、碎片化、以自我为中心等现象在冲击传统的整合包容的价值观的同时，也提出了重构的要求。首先，从经济的发展到人的发展，从物质世界到精神世界，都受到了单向度的冲击。现代化进程中，科技成为重要的推动力，从马克思的异化劳动到卢卡奇的物化思想，从马尔库塞的单向度的人到哈贝马斯的交往理论，都从理论与实践的层面解释了技术进步带来的单向度化。技术对人的异化体现在工具理性对价值理性的冲击，工具上升为价值追求，目的和手段的关系被颠倒。单向度的冲击不仅体现在经济领域，甚至延伸至精神领域，人被严重异化，社会成为单向度的社会，技术操纵意识形态的发展。人的精神片面发展，价值观的形成和发展就会受到市场化、自由化、片面化的影响。其次，碎片化的影响从线上发展到了线下。碎片化是社会转型过渡期的基本特征，传统的社会结构、市场体制、社会观念等一体性被打破，取而代之的是利益分层和价值分化，物质消费和精神消费的碎片化逐渐从线上向线下发展，传统的广播、报纸、电视的主导地位被现代的网络、多媒体、自媒体等终端取代，同时碎片化的思维方式对个体内部认知图式与外部信息环境形成矛盾与冲突，成为社会主义核心价值观培育和践行中的一个难题。网络上不断变化、性质不同的信息强烈冲击个体对具体事件的判断和分析，价值多元、文化多样、经济迅速发展带来了个体对效率与公平、事实与价值、实践与理论的认识分歧。科技、文化、教育各个领域都受到碎片化思维的冲击，给社会主义核心价值观的培育和践行、中国梦的实现带来了严峻的挑战。最后，以自我为中心的价值取向，导致了单子化的存在方式的出现。市场经济的趋利性、个体对价值的片面理解是以自我为中心价值取向的基础性条件。而我国传统文化重视先大家后小家、先集体后个人的价值取向是纠正自我中心主义的内部文化基因。自我中心主义推行到社会意识形态领域主要指个体在认知层面以自己的立场观察和思考问题，倾向利己主义的价值取向；在实践层面，以自己的立场作为行为的目的采取行动；在社会关系层面，以自己的立场作为行为的目的处理一切社会关系。

包容整合的思维方式涵养社会主义核心价值观主要有以下三个路径：

（1）从和而不同的思维方式出发，贯彻社会主义核心价值观。社会主义核心价值观是社会的主导价值原则和价值理想，传统文化是社会主义核心价值观和中国梦的价值源泉，传统文化"和而不同""天下大同"的价值追求和理想目标是培育和践行社会主义核心价值观、实现中国梦的动力源泉。"和而不同"价值理念的前提和基础是"和"，即社会主义核心价值观首先从不同个体与社会、国家层面共同的利益、价值追求出发，从以人为本的价值前提出发，从社会的长远目标和国家的发展大局出发，构建社会主义核心价值体系；"和而不同"的立足点和价值旨归是"不同"，即在满足国家社会发展需求和利益需求的同时保持个体和社会阶层的独立性、自主性，实现个体全面自由发展、中华民族的伟大复兴。"中华民族在长期实践中培育和形成了独特的思想理念和道德规范，有崇仁爱、重民本、守诚信、讲辩证、尚和合、求大同等思想，有自强不息、敬业乐群、扶正扬善、扶危济困、见义勇为、孝老爱亲等传统美德。中华优秀传统文化中很多思想理念和道德规范，不论过去还是现在，都有其永不褪色的价值。我们要结合新的时代条件传承和弘扬中华优秀传统文化，传承和弘扬中华美学精神。"① 社会主义核心价值观是社会主义核心价值体系的合理价值内核，国家、社会、个人三个层面有机融合，有利于提升个体对中国梦、核心价值观的情感认同、价值认同、政治认同、文化认同，提升个体对中国特色社会主义的道路自信、制度自信和理论自信。

（2）从包容整合的思维方式出发，拓展社会主义核心价值观的国际影

① 习近平. 在文艺工作座谈会上的讲话［N］. 人民日报，2015 – 10 – 15.

响。社会主义核心价值观既整合了传统文化与现代文化，又整合了民族文化与国际文化，使其自身具有历史传承性、时代特征性、民族性、开放性等特点；既包容了社会主义主导文化，又包容了大众文化、精英文化，使其具有引领作用、规范作用，进一步凸显社会主义核心价值观的吸引力和凝聚力，凸显社会主义核心价值观的传播力和影响力。党的十七大以来倡导的包容性发展，在国内指经济、政治、文化、科技、教育等各领域的全方位、立体式发展，在国外指发达地区和发展中地区的共同发展，经济发展、社会进步的同时带动文化和科技的进步以及人类精神文明水平的提高。包容性的思维方式拓展了现实的实然与理想的应然之间的发展空间，是国家凝聚力、吸引力的重要象征和标志。包容性发展强调转变经济发展方式，实现公平与效率的协调发展；实现人民利益和国家利益的协调发展；实现国家间利益的协调发展。

（3）从整体性出发，夯实社会主义核心价值观的内涵。通过整合我国优秀传统文化和现代文化，赋予传统文化新的价值内涵，将其创造性地转化为适应现代社会发展的价值内涵。"一个民族、一个国家的核心价值观必须同这个民族、这个国家的历史文化相契合，同这个民族、这个国家的人民正在进行的奋斗相结合，同这个民族、这个国家需要解决的时代问题相适应。"[①] 因此，要从历史发展的整体性视角出发，用我国传统文化的精华来夯实社会主义核心价值观的内涵；从现实发展的整体性视角出发，用传统文化的精髓来丰富社会主义核心价值观的价值导向；从人民与国家的互动关系视角出发，用传统文化的价值目标涵养社会主义核心价值观的深层次理想目标。"在欧洲和伟大的东方文明（中国、印度、日本）中，历史回忆和对往昔记忆的珍视扮演着最为重要的角色。历史记忆保存在故事、传说和符号中，在这里，英勇的事件、伟大的竞赛和特别的磨难都扮

---

① 习近平. 青年要自觉践行社会主义核心价值观——在北京大学师生座谈会上的讲话 [J]. 中国高等教育，2014（10）：5.

演着重要的角色。"① 传统文化涵养社会主义核心价值观是历史记忆创新性转化的必然结果，从整体性的思维方式思考社会主义核心价值观的价值内核，有利于破解转型期社会结构变化、阶层分化、利益分化、价值分化带来的矛盾与冲突，有利于整合社会力量集中精力进行富强中国、文明中国、幸福中国、美丽中国的建设和展望。"当然，我们强调弘扬社会主义核心价值观，继承和发扬中华民族优秀传统文化，坚持和弘扬中国精神，并不排斥学习借鉴世界优秀文化成果。我们社会主义文艺要繁荣发展起来，必须认真学习借鉴世界各国人民创造的优秀文艺。"②

第三节　社会主义核心价值观对大众文化的思想引领

社会主义核心价值观是我们党和国家凝聚社会共识的最大价值公约数，有助于建设社会主义共有精神家园，形成共同的力量与信念。进入新时代，建设社会主义文化强国需要不断加强社会主义核心价值观的引领作用，不断增强文化自信和价值观自信。大众文化是中国特色社会主义文化的重要组成部分，发挥社会主义核心价值观的思想引领作用就是指用21世纪的马克思主义指导思想引领多元文化思潮，坚持一元主导下的多元文化繁荣。

一、坚持马克思主义理论引导

思想是行动的先导，理论是实践的先导，马克思主义理论的创新有助

---

① 阿格尼丝·赫勒. 现代性理论 [M]. 李瑞华，译. 北京：商务印书馆，2005：145.
② 习近平. 在文艺工作座谈会上的讲话 [N]. 人民日报，2015 – 10 – 15.

于引领社会主义实践，而政治、经济、文化、社会、生态各个方面的实践
创新有赖于理论创新的指引。现代社会科技信息的迅猛发展，导致了知识
碎片化、信息化、个体原子化的存在状态，在理论创新的过程中要注重理
论的系统性、整体性。"如何在激烈的文化竞争中，提升我国的国家文化
软实力，维护我们的文化安全。如何有力地回应这一课题呢？提升文化引
领力、内聚力、形象力、转化力、创造力诸方面，是提升我国国家文化软
实力的应有路径。"① 在国家治理能力和治理体系现代化的进程中，要打造
高势位的理论优势，因为"文化一旦产生，立即向外扩散"②。理论上亦是
如此，"文化学借用物理学的'势'、'位'概念，提出价值文化'势差'
或'势位差'理论。价值文化的'势位差'，指不同价值文化因其自身所
内蕴的知识、价值、规律和表现美等品质的含量不同，以及知识的层次和
概念范畴的位阶不同，所具有的势能和位能不同，从而形成'势位'的差
异。这使得不同价值文化的吸引力、凝聚力、辐射力、渗透力、影响力及
文化标矢功能等方面存在差异。这种差异推动价值文化由'高势位'向
'低势位'流动，影响和改变'低势位'价值文化，这个趋势最终无法人
为地阻挡。这个规律已为人类5 000多年的文明史所证实。'价值信仰'系
统的'流动性'告诉我们：在经济全球化时代，国家核心价值体系只有
'高势位'建设，才能在'价值信仰'系统的流动中，处于强势的地位，
流向全国和全世界，发挥巨大的影响力"③。马克思主义理论一经形成就会
从一定的高度上引领制度建设、行为规范、思想体系的发展，马克思主义
理论自身蕴含的吸引力、凝聚力、渗透力、影响力推动社会的发展和进
步，从而引导政治理论、经济理论、文化理论、社会理论、生态理论的整
体创新与超越，做到合目的性与合规律性的辩证统一，体现在价值理性与

---

① 沈壮海. 文化：力量与较量［J］. 理论月刊，2008（5）：9.

② 季羡林. 东方文化集成［M］. 北京：光明日报出版社，1997：5.

③ 陈秉公. 论国家核心价值体系"高势位"建设的目标诉求与方针［J］. 思想政治教育研究，
2012（5）：2.

工具理性的辩证统一、经济效益和社会效益的统一、局部利益和整体利益的统一、眼前利益与长远利益的统一等方面。作为文化建设的灵魂和精髓，社会主义核心价值体系为我们提供了统一的、正确的指导思想，为我们提供了共同的理想信念，为我们提供了强大的精神力量，为我们提供了基本道德规范。① 马克思主义理论创新为经济、政治、社会、文化、生态等提供了理论的指导，社会主义核心价值观作为马克思主义的最新理论成果，不仅指明了共同理想的前进方向，而且整合了不同的思想、行为，为社会主义建设提供了精神动力和基本的价值准则，体现了社会主义的文化认同、价值追求。

社会主义核心价值观是马克思主义理论创新的时代标志和时代产物，具有与时俱进的理论品质，具有科学性、实践性等特点。社会主义核心价值观是马克思主义理论创新的最新成果，随着时代的发展将不断被赋予新的内涵和特征。用社会主义核心价值观引领大众文化的发展首先要明晰核心价值观面对的现实困境和问题，"当前社会主义核心价值观培育面临的主要问题是：培育社会主义核心价值观的针对性亟待加强、核心价值观与社会主义核心价值观的关系亟待进一步理顺、培育和践行的统一性有待提高、需预防社会主义核心价值观培育的碎片化和空虚化倾向等"②。要解决社会主义核心价值观引领过程中面对的针对性、有效性、碎片化等问题，需要加强马克思主义理论体系自身的创新。"在理论研究方面，必须将社会主义核心价值体系建设置于马克思主义中国化、创造'中国特色、中国风格、中国气派的马克思主义'新形态中，作为其中的一个有机组成部分进行探索。"③ 社会主义核心价值观的理论研究需置于马克思主义理论创新体系研究的框架之内。

马克思主义理论的引领力主要体现在以下几个方面：首先，从马克思

---

① 韩震．兴国之魂：论推进社会主义核心价值体系建设［J］．求是，2012（13）：23－24.

② 邱仁富．培育社会主义核心价值观的问题意识［J］．毛泽东思想研究，2015（2）：100.

③ 孙伟平．关于社会主义核心价值观的几点思考［J］．山东社会科学，2015（2）：36.

主义理论引领力的创新主体来看，人民群众是历史的创造者。因此，要充分尊重人民的首创精神，知识精英要贴近人民生活，善于从人民的实践需求、实践经验、实践创新中归纳总结出符合中国实际的马克思主义思想理论。因为先进的理论也能武装人民群众，列宁曾说过，"只有以先进理论为指南的党，才能实现先进战士的作用"①。同时，注重马克思主义经典文本的解读，回到马克思、走近马克思、考察研究马克思主义思想史，理论界知识分子要加强马克思主义理论的研究创新，回答中国当代的实际问题，增强中国特色社会主义道路自信、理论自信、制度自信、文化自信。"以史为鉴、开创未来，必须继续推进马克思主义中国化。马克思主义是我们立党立国的根本指导思想，是我们党的灵魂和旗帜。中国共产党坚持马克思主义基本原理，坚持实事求是，从中国实际出发，洞察时代大势，把握历史主动，进行艰辛探索，不断推进马克思主义中国化时代化，指导中国人民不断推进伟大社会革命。中国共产党为什么能，中国特色社会主义为什么好，归根到底是因为马克思主义行！"② 其次，从加强马克思主义理论引导的目的来看，加强马克思主义指导思想的理论创新是为了促进人的全面自由发展。尊重社会历史的发展规律、自然发展的客观规律、人类自身的发展规律，从马克思主义辩证的立场出发，从人的全面发展的客观需求出发，实现理论对现实实践的超越和对人的精神家园建设的终极关怀，体现中国特色社会主义的制度优越性、时代特征、价值取向、理论旨趣。"新的征程上，我们必须坚持马克思列宁主义、毛泽东思想、邓小平理论、'三个代表'重要思想、科学发展观，全面贯彻新时代中国特色社会主义思想，坚持把马克思主义基本原理同中国具体实际相结合、同中华优秀传统文化相结合，用马克思主义观察时代、把握时代、引领时代，继续发展当代中国马克思主义、21世纪马克思主义！"③ 最后，从马克思主

① 列宁选集：第1卷. 北京：人民出版社，1972：283.
② 习近平. 在庆祝中国共产党成立100周年大会上的讲话［N］. 人民日报，2021-07-02（1）.
③ 习近平. 在庆祝中国共产党成立100周年大会上的讲话［N］. 人民日报，2021-07-02（1）.

义理论引领的途径来看，就是通过马克思主义理论体系的创新建设符合中国大众思维方式、认知特点的话语体系，将意识形态建设的政治话语体系、学术话语体系不断转化为知识话语体系、生活话语体系，促进马克思主义理论的普及和大众思想理论水平的提升。

二、加强多元文化思潮的思想引领

改革开放以来，随着经济全球化进程的加快，经济利益结构日益多元化，社会结构的深刻变革、转型，利益格局的深刻调整，对人的思想观念产生了深刻影响。经济全球化的深入发展带动了对外文化交流的繁荣和深化，多种社会思潮涌入中国，给我国的思想文化建设带来机遇的同时也给文化安全带来了严峻的挑战。党的十五届五中全会首次提出重视社会思潮的影响，党的十六届六中全会、党的十七大等更是极为重视多元文化思潮的引领。引领的前提是利益分化带来思想价值观念的多元、多变，引领不是杜绝，不是禁止，而是在整合的基础上进行引导、指引，充分认识文化思潮产生的背景、发挥的作用、产生的影响，利用文化思潮传播的规律，对其加以转化，从而实现在尊重多元文化的基础上，更好地为社会主义文化建设服务。

发挥核心价值观对多元文化思潮的包容整合作用，首先要深入研究社会思潮的概念，社会思潮产生的时代背景及社会思潮的历史作用，然后才能有针对性地加以整合引领。"社会思潮作为一种社会意识，是社会心理形态和思想理论形态的有机统一。"① 社会思潮是社会意识的一种，是社会普遍心理和思想意识的有机体，也就意味着社会分工的产生，利益分化的形成是多种思想意识形成的基础和前提，所以认识社会思潮首先要承认多元利益主体的存在。"社会思潮是指在一定时期内，以某种社会心理为基

---

① 邓卓明，税强. 论引领社会思潮的五大路径 [J]. 马克思主义研究，2014（5）：98.

础，以特定的思想理论为内核，在一定的阶级或阶层中反映一定的社会存在并在传播中产生了较大影响的思想潮流。"① 社会思潮作为一种思想潮流具有普遍的社会心理支撑和特定的思想理论内核，因此，发挥核心价值观对社会思潮的引领一方面要注重对社会心理形成加以分析，另一方面要加强马克思主义理论自身的建设，从理论自身的科学性、合理性、合规律性包容整合多元社会思潮。只有把握了社会思潮传播和发展的规律，才能从根本上解决人们的思想困惑。"《人民论坛》在 2010—2013 年连续四年评选年度十大社会思潮的基础上，经过调查，于 2015 年 1 月份评选出 2014 年十大社会思潮，它们分别是新自由主义、新左派、民族主义、民粹主义、普世价值论、生态主义、历史虚无主义、极端主义、新儒家、宪政思潮。"② 随着经济全球化的深入，文化全球化的趋势也不断加强，互联网的裂变式发展使得网络化生存成为生活常态，网络成为信息发布、舆论传播、社会动员的聚合器，多元文化相互交流的空间不断拓宽，交流的渠道日益多样化，交流的时空距离不断压缩，给多元文化思潮的传播提供了便利的空间和渠道。改革开放以来，经济成分、利益格局、社会组织形式日益多元多样，社会结构发生深刻变革，人们的思想观念日益多样化，为多元社会思潮的传播提供了物质前提和受众基础。各种社会思潮相互交流、交融、交锋，甚至出现价值冲突，这对大众文化的发展产生了复杂的思想冲击，大众文化成为各种社会思潮竞相传播、竞相交流的重要文化载体和文化场域，如何引领多元文化思潮、保证大众文化传播正能量，成为社会主义核心价值观理论引领的一个重要难题。

多元文化思潮的理论引领要坚持包容开放的姿态，坚持一元主导下的多元并存、多元共生，保持马克思主义在意识形态领域的主导性。针对每一种具体的社会思潮，必须要深刻揭示其本质。"每一种欲求获取最大的

---

① 李建华，等. 多元文化时代的价值引领——社会主义核心价值体系建设与社会思潮有效引领研究［M］北京：人民出版社，2012：29-30.

② 黄春. 核心价值观引领当下中国社会思潮的路径探析［J］. 学习论坛，2015（8）：55.

话语权力的社会思潮必将其自身立于某一哲学基础之上，才能与主流意识形态理论或其他各种社会思潮最有效地争夺话语权。"① 社会思潮的背后往往是某种理论、某种意识形态在提供强有力的支撑，因此对多元社会思潮的把握要坚持正确的价值导向，加强主流意识形态建设。增强社会主义核心价值观对多元社会思潮的引领的首要前提是认识社会思潮的本质，认识其蕴含的思想理论，然后要加强马克思主义思想理论体系建设，增强意识形态领域的吸引力和凝聚力，由此，才能增强社会主义核心价值观的指导和引领。对社会思潮传播的主体、途径、载体、环境加以优化，进而将不良社会思潮控制在一定的影响范围之内。从社会体制的改革、社会机制的创新、国家治理能力的提升等方面，为社会主义核心价值观引领营造良好的社会基础，促进社会大众心态平衡与发展。

第四节　社会主义核心价值观对大众文化的创新引领

党的十九届五中全会审议通过了《中共中央关于制定国民经济和社会发展第十四个五年规划和二〇三五年远景目标的建议》，首次提出建成社会主义文化强国的概念。社会主义文化强国的建设需要以党的全面领导为保障，以新发展理念为引领，不断推动文化事业和文化产业繁荣发展，社会文明程度新提高。新发展理念中创新、协调、绿色、开放、共享五个层次分明、层层递进的发展理念是对发展的深层次考量，是对自然发展规律、社会发展规律、人类历史发展规律的系统性总结，是过程与目的相统一、手段与目标相统一的可持续发展观，是历史与现实相统一、国内与国外相统一、理论与实践相统一的协调的发展观。以新发展理念引领文化强

① 刘同舫. 理想与现实之间的人类解放境界［M］. 北京：人民出版社，2013：186.

国建设，就是要在坚持党的全面领导的基础上，牢牢坚持马克思主义在意识形态领域的主导地位，增强社会主义核心价值观的凝聚力、吸引力，不断提升中国文化软实力；就是要不断健全现代化的文化产业体系，提升全民的文明程度，提升文化服务水平。

一、创新的发展理念引领大众文化发展

社会主义核心价值观引领大众文化发展，从本质上讲就是要引导大众文化的发展方向。进入新时代，我国经济社会发展进入了新阶段。新阶段就需要新发展理念，创新是新发展理念的首要观念。社会主义核心价值观引领大众文化发展要以创新的思维方式和发展方式推动大众文化的深入持续发展，为把我国建成社会主义文化强国贡献应有的文化力量。创新是一个民族进步的灵魂，是一个国家兴旺发达的不竭动力。创新的发展理念解决的是发展的动力问题，强调的是发展基点。文化创新体现在以下几个方面：转变文化价值观念；丰富文化知识体系；转变文化思维方式；完善文化体制。① 大众文化是新时代文化的重要表现形式和重要文化形态，大力推动创新的文化发展理念，需要在社会主义核心价值观的引领之下，不断推动传统文化的创造性转化和创新性发展，赋予传统文化新的时代内涵与文化表现形式，例如近些年的国潮热现象、故宫文创产品走红等；不断创新文化产业体系，丰富和完善文化产业结构，尤其是乡村振兴战略背景下乡村文化的振兴及乡村大众文化的发展，例如农村网购、乡村文旅的兴起等；不断创新文化产品的供给侧结构改革，满足人民对美好生活的精神文化需求；不断进行文化产品的创新创造，推动和促进文创产品、文创产业的发展，例如深圳文博会在国内外享有良好声誉。"创新是引领发展的第一动力。发展动力决定发展速度、效能、可持续性。习近平总书记指出，

---

① 周明星．"五大发展理念"视阈下文化建设的思考［J］．思想政治教育，2017（6）：126 – 127.

抓住了创新，就抓住了牵动经济社会发展全局的'牛鼻子'。树立创新发展理念，就必须把创新摆在国家发展全局的核心位置，不断推进理论创新、制度创新、科技创新、文化创新等各方面创新，让创新贯穿党和国家一切工作，让创新在全社会蔚然成风。"① 创新不仅是发展的理念，而且是发展的动力，要以社会主义核心价值观为价值引领，"把新发展理念贯穿于文化发展改革全过程，以创新激发文化发展动力，不断推进文化理论创新、实践创新和制度创新"②。不断创新大众文化的创作主体、创作过程、生产过程、消费过程，使大众文化在新时代发挥更大的社会价值。

二、协调的发展理念引领大众文化发展

社会主义核心价值观从国家、社会、个人三个层面规定了新时代该建设什么样的国家、构建什么样的社会、培育什么样的公民，三个层面的内容本身就是协调发展的价值表现。协调发展是解决发展进程中出现的不平衡问题，强调发展节奏。"协调既是发展手段又是发展目标，同时还是评价发展的标准和尺度；协调是发展两点论和重点论的统一，既要着力破解难题、补齐短板，又要考虑巩固和厚植原有优势，两方面相辅相成、相得益彰，才能实现高水平发展；协调是发展平衡和不平衡的统一，协调发展不是搞平均主义，而是更注重发展机会公平、更注重资源配置均衡；协调是发展短板和潜力的统一，协调发展就是找出短板，在补齐短板上多用力，通过补齐短板挖掘发展潜力、增强发展后劲。树立协调发展理念，就必须牢牢把握中国特色社会主义事业总体布局，正确处理发展中的重大关系，重点促进城乡区域协调发展，促进经济社会协调发展，促进新型工业化、信息化、城镇化、农业现代化同步发展，在增强国家硬实力的同时注

---

① 中共中央宣传部. 习近平总书记系列重要讲话读本［M］. 2016 年版. 北京：学习出版社、人民日报出版社，2016：133.

② 沈壮海，史君. 把五大发展理念贯穿于文化发展改革全过程［J］. 党建，2017（7）：44.

重提升国家软实力，不断增强发展整体性。"① 文化是"五位一体"发展战略的重要组成部分，文化的发展与政治、经济、社会、生态等其他的发展相融合。大众文化是中国特色社会主义文化的重要文化样态，同样要协调与政治、经济、社会、生态等发展的重要关系。文化协调发展体现在：物质与精神文化的协调、一元与多元文化的平衡、传统与现代文化的共振、中华与世界文化的和谐。② 文化的协调发展不仅体现在国内的协调而且体现在国内与国际的协调。

经济社会发展是一个过程，它的协调发展也是一个动态的、具体的、历史的过程。当代价值论视野中，发展关系归根到底就是以人为主体，以人的需要为标准，以人的实践活动为手段构建的人与世界之间的一种价值关系。协调发展，需要统筹城乡发展、区域发展、经济社会发展、人与自然的和谐发展、国内发展与对外开放，推进生产力和生产关系、经济基础和上层建筑相协调，推进经济、政治、文化建设的各个环节、各个方面相协调；统筹中华民族伟大复兴战略全局和世界百年未有之大变局，统筹发展和安全，统筹推进"五位一体"战略布局，沉着应对各种风险与挑战，切实转变发展方式，推动质量变革、效率变革、动力变革，繁荣社会主义文化事业和文化产业。文化强国建设是一种全面、协调、可持续的文化发展观。"在文化改革发展中树立和贯彻协调发展理念，力促实现文化发展的城乡同步、供求平衡、内外协调、效益双赢。在文化发展中倡导协调发展理念，就要补齐文化发展的短板，解决文化发展的城乡差异、区域失衡问题……就要协调文化质量与数量、文化需求与供给的平衡……就要协调好文化发展对内与对外的关系……就要正确认识文化产品意识形态属性与商品属性的关系、社会效益和经济效益的关系。"③ 首先，大众文化的发展

① 中共中央宣传部. 习近平总书记系列重要讲话读本［M］. 2016 年版. 北京：学习出版社、人民日报出版社，2016：133－134.
② 周明星."五大发展理念"视阈卜文化建设的思考［J］. 思想政治教育，2017（6）：127－128
③ 沈壮海，史君. 把五大发展理念贯穿于文化发展改革全过程［J］. 党建，2017（7）：45.

与我国的政治建设相协调，应加强政治文明建设，坚定"四个自信"，自觉树立"四个意识"，努力做到"两个维护"。其次，大众文化的发展与我国的经济发展水平和发展阶段相协调，应坚持物质文明与精神文明的协调发展，不断提升全民的精神文明素质。再次，大众文化的发展与我国现阶段的社会发展水平相协调，应自觉融入"四个全面"建设战略布局，不断提升人的科学文化素质和法治素养，持续推进人才强国战略，坚持底线思维和系统思维方式。最后，大众文化的发展与生态文明建设相协调，应注重文化产品的经济属性与意识形态属性相协调。

三、绿色发展理念引领大众文化发展

人类社会发展经历了从传统农业社会向现代工业社会转变的历史阶段，伴随着信息技术引发的新一轮产业革命，人们的生态环保意识日益加强，生态文明建设成为新时代"五位一体"发展格局中的重要组成部分。绿色发展解决的是人与自然的和谐问题，强调发展的底色。人类社会从工业文明迈向生态文明的历史进程中，不仅是生产方式的巨大变革，而且是人类社会从观念到制度再到文化的全方位的转变。中国特色社会主义生态文明建设是新时代对我们党和国家提出的新的更高要求，也是顺应世界经济社会发展的历史潮流的必然选择，当然，也是实现中华民族伟大复兴中国梦的重要途径。习近平总书记在主持十八届中央政治局第十三次集体学习讲话时指出："一种价值观要真正发挥作用，必须融入社会生活，让人们在实践中感知它、领悟它，要注意把我们所提倡的与人们日常生活紧密联系起来，在落细、落小、落实上下功夫。"[①] 社会主义核心价值观引领大众文化发展，就是要把绿色发展的理念融入文化产业发展中、文化产品创作生产中，注重低碳、环保。"文化绿色可以体现在几个方面，如注重内

---

① 习近平谈治国理政：第1卷［M］．北京：外文出版社，2018：165．

外文化塑造融合之底色、科学规划文化绿色发展内容、完善文化绿色发展法律法规构建、完善文化绿色发展技术体系。"① 社会主义核心价值观在引领大众文化绿色发展的同时，不仅要提高人们对文化产业绿色发展的认识水平，而且要培养人们对文化产业绿色发展的深厚情感，使人们在日常生活中自觉养成良好的绿色文明行为，从而为社会主义文化强国建设贡献应有之力。

进入新时代，社会主义核心价值观已经融入日常生活的方方面面，以绿色的发展理念引领大众文化，推动文化产业体系的不断丰富和完善，既是培育和践行社会主义核心价值观的内在要求，也是破解现代文化产业发展面临的国际国内挑战的应有之义。"树立绿色发展理念，就必须坚持节约资源和保护环境的基本国策，坚持可持续发展，坚定走生产发展、生活富裕、生态良好的文明发展道路，加快建设资源节约型、环境友好型社会，形成人与自然和谐发展现代化建设新格局，推进美丽中国建设，为全球生态安全作出新贡献。"② 绿色发展观体现了发展观的变革，其核心和关键是重新解读"现代性"问题，这既是对中国社会发展"现代性"的重新追问，也是在新时代的历史方位中我们解读"现代性"的思维方式的深刻变革，同时也要求我们重新审视"现代性"的发展观。人类社会进入现代化阶段，工具理性的"现代性"观念受到"人本主义"思潮的冲击，现代化的核心是传统人转变为现代人，在人格方面体现现代精神，在心理、行为、价值观念和思维方式等方面都实现彻底转变。然而，经济社会进入现代化以后，随之而来的是片面追求经济增长、效益优先带来的国家、社会、公民对公正、秩序、和平等要求的阻截。社会实践再次向人们证明了一个道理：只有在经济基础公平公正的社会环境中才会实现预期的效率与公平，才是真正意义的现代化。单纯的物质消费主义"现代性"观

---

① 周明星．"五大发展理念"视阈下文化建设的思考［J］．思想政治教育，2017（6）：128．
② 中共中央宣传部．习近平总书记系列重要讲话读本［M］．2016年版．北京：学习出版社、人民日报出版社，2016：134．

念受到后工业社会、生态文明的挑战。恩格斯曾指出，"我们不要过分陶醉于我们人类对自然界的胜利。对于每次这样的胜利，自然界都对我们进行报复。每一次胜利，期初确实取得了我们预期的结果，但是往后和再往后却发生完全不同的、出乎预料的影响，常常把最初的结果又消除了"①。恩格斯很早就提出生态文明的价值理念，20 世纪中后期，罗马俱乐部的报告《增长的极限》也指出工业文明已走到了尽头，预言了人类社会生态文明阶段的到来。《里约宣言》是全球绿色发展观行动的准则。"以绿色推动文化健康发展，遵循规律，推动形成绿色发展方式和生活方式；一方面要通过文化健康发展形成绿色发展方式，适应我国经济发展新常态；另一方面要通过文化健康发展形成绿色生活方式，要增加优秀文化精品和优质文化服务供给，通过文化产品、文化作品、文化活动和文化服务等载体和形式，传播正能量、弘扬真善美，用优秀精品给人以价值引导、精神引领、审美启迪，还要紧跟'互联网＋文化'的时代潮流，形成绿色网络生态。"②绿色发展理念引领大众文化发展，就是要倡导绿色的文化创造、生产和消费方式，培养绿色文明的生活方式，提高大众追求绿色生态的价值理念。

四、开放的发展理念引领大众文化发展

中国特色社会主义的文化自信，源自中华文化的影响力和竞争力。文化的发展是没有国界的，越是世界的，越是民族的；越是民族的，越是世界的。开放发展解决的是发展内外联动问题，强调发展格局。"实践告诉我们，要发展壮大，必须主动顺应经济全球化潮流，坚持对外开放，充分运用人类社会创造的先进科学技术成果和有益管理经验。树立开放发展理念，就必须顺应我国经济深度融入世界经济的趋势，奉行互利共赢的开放

---

①　马克思恩格斯文集：第 9 卷［M］．北京：人民出版社，2009：560．

②　沈壮海，史君．把五大发展理念贯穿于文化发展改革全过程［J］．党建，2017（7）：45．

战略，坚持内外需协调、进出口平衡、引进来和走出去并重、引资和引技引智并举，发展更高层次的开放型经济，积极参与全球经济治理和公共产品供给，提高我国在全球经济治理中的制度性话语权，构建广泛的利益共同体。"① 习近平总书记提出的人类命运共同体价值理念从某种程度上来说就是开放发展理念的最深刻诠释。社会主义核心价值观是社会主义先进文化的价值内核，提升中国文化软实力，就是要不断提高对外开放的水平，提升中国文化的国际影响力，传播中国好声音，形成中国话语体系，讲好中国故事。大众文化也要在继承发扬中华优秀传统文化的同时，不断吸收借鉴人类优秀文化成果，不断推陈出新，创作出更多优秀的文化作品，提升中华文化的影响力。尤其是互联网的裂变式发展，为文化发展开辟了新的样态，网络文化的传播力和影响力突破时空的限制，其传播方式、影响力都远远超出传统的大众文化，因此，要以社会主义核心价值观为导向，引领网络文化价值取向的发展。"以开放力促文化走向世界，发出中国声音、传播中国思想、阐释中国价值观、共享中国智慧"②，中国的发展离不开世界，世界的发展需要中国。全球化不仅仅是经济、科技的全球化，同时也是文化的全球化，我国文化的发展要以更加开放的姿态融入世界文化发展的大格局，"文化开放就是适应文化发展的要求，合理规划开放方略，积极参与世界文化价值体系的重建，打造中国文化品牌，创设文化开放条件，做好'土文化'与'洋文化'的战略结合"③，对内不断提升文化的价值影响力，对外不断丰富中国的文化产品和文化形式，展示中华优秀文化的魅力。

---

① 中共中央宣传部.习近平总书记系列重要讲话读本 [M].2016年版.北京：学习出版社、人民日报出版社，2016：135.

② 沈壮海，史君.把五大发展理念贯穿于文化发展改革全过程 [J].党建，2017（7）：46.

③ 周明星."五大发展理念"视阈下文化建设的思考 [J].思想政治教育，2017（6）：129.

五、共享的发展理念引领大众文化发展

　　广义的文化是人类产生以来的本质力量的对象化，即文化就是人化。文化的典型特征是具有传承性，体现在文化的重要作用就是化人。由此，文化的发展与人的互动过程即为共享的过程。共享发展解决的是社会公平正义问题，强调发展目的。共享发展理念，其内涵主要有四个方面。一是全民共享，即共享发展是人人享有、各得其所，不是少数人共享、一部分人共享。二是全面共享，即共享发展就要共享国家经济、政治、文化、社会、生态文明各方面建设成果，全面保障人民在各方面的合法权益。三是共建共享，即只有共建才能共享，共建的过程也是共享的过程。四是渐进共享，即共享发展必将有一个从低级到高级、从不均衡到均衡的过程，即使达到很高的水平也会有差别。树立共享发展理念，就必须坚持发展为了人民、发展依靠人民、发展成果由人民共享，作出更有效的制度安排，使全体人民在共建共享发展中有更多获得感，增强发展动力，增进人民团结，朝着共同富裕方向稳步前进。①

　　文化发展成果由人民共享，凸显出人民的主体地位。文化共享要扎实推进文化共享工程、推动文化"精准扶贫"、提高适用性文化共享资源建设、增强文化服务供给。② 中国特色社会主义社会进入新时代，新时代呼吁更多德艺双馨的创作者创造出更多的文艺精品引领社会风尚。文化共享的同时要使大众文化产品能够为时代画像，为英雄讴歌，在共产党的领导下，实现全民精神文明的提高。"'共享'作为发展理念和手段，其在价值取向上体现了社会主义以人为本的终极追求，在目标追寻上体现了对全面建成小康社会的理论响应，在现实功能上已然发挥着促进财富积累和经济增长的实际效果。新发展理念作为一个有机统一的理念系统，其整体性和

---

① 中共中央宣传部．习近平总书记系列重要讲话读本［M］．2016 年版．北京：学习出版社、人民日报出版社，2016：129.

② 周明星．"五大发展理念"视阈下文化建设的思考［J］．思想政治教育，2017（6）：130.

联动性是共享发展得以实现的重要保障。"① 社会主义核心价值观作为全社会的最大价值公约数，能够凝聚起社会力量，共同营造出共治、共享、共建的社会氛围。"以共享推进文化全民受益，促成文化发展的人人参与、人人尽力、人人享有，提升全民族的精神文化素养。"② 坚持以人民为中心，最根本的是巩固人民群众在社会主义文化事业中的主体地位，最关键的是重视人民群众的伟大力量并把人民群众作为推动中国特色社会主义文化事业发展的根本动力，把满足人民群众对美好生活的追求作为根本出发点和文化事业发展的目的。

以新发展理念引领文化强国建设就是要把握人与自然、人与人、人与社会协调发展的历史规律，就是要坚持历史与现实、国内与国外、理论与实践辩证统一的系统思维方式，就是要坚持过程与目的、手段与目标、内容与方式相协调的可持续发展观。五大发展理念五位一体，主旨相通，目标指向一致，统一于四个全面战略布局，统一于坚持发展中国特色社会主义，统一于"两个一百年"奋斗目标，构成了新时代推动我国经济社会发展的根本路径。首先，推动文化强国建设必须把握历史规律；其次，推动文化强国建设必须坚持系统思维方式；最后，推动文化强国建设必须实现可持续发展。"创新、协调、绿色、开放、共享的发展理念，相互贯通、相互促进，是具有内在联系的集合体，要统一贯彻，不能顾此失彼，也不能相互替代。哪一个发展理念贯彻不到位，发展进程都会受到影响。一定要深化认识，从整体上、从内在联系中把握新发展理念，增强贯彻落实的全面性、系统性，不断开拓发展新境界。"③ 我国经济社会发展进入新时代，新时代呼唤新理念，新理念引领新发展，只要在大众文化的发展进程中不断坚持新发展理念，不断融入社会主义核心价值观，就能够不断凸显其竞争力和国际影响力。

---

① 武彦斌，曾琰."共享"推动发展的实践逻辑、现实要求及支撑要素：兼论新发展理念的科学性［J］. 湖北社会科学，2019（1）：20.

② 沈壮海，史君. 把五大发展理念贯穿于文化发展改革全过程［J］. 党建，2017（7）：44.

③ 中共中央宣传部. 习近平总书记系列重要讲话读本［M］. 2016年版. 北京：学习出版社、人民日报出版社，2016：136.

第六章　社会主义核心价值观规范大众文化发展的路径

大众文化作为市场化的产物，其衍生的产品由于趋利性往往将经济效益放在首位而忽视其社会效益，道德失范现象突出。社会主义核心价值观是社会主义社会先进文化的内核与灵魂，具有广泛的感召力和吸引力，能够最大限度地凝聚社会力量，达成价值共识，形成共同的理想信念。如何实现社会主义核心价值观对大众文化价值导向的规范作用成为一个重要的时代课题。社会主义核心价值观对大众文化价值导向的规范是指通过对大众文化主体的思想、行为发挥制约、调节作用，使人们的思想行为符合社会主义核心价值观的基本要求，包含制度规范、法律规范、道德规范等。社会主义核心价值观的规范路径是从中观层面探析社会主义核心价值观引导大众文化的发展方向，涉及规范机制的内涵、规范机制的基本原则和规范机制的基本路径。规范路径可以分为制度体制规范、法律法规规范、道德行为规范。制度体制规范主要是加强党的领导，深化政治、经济、文化、社会体制改革，从顶层制度设计上规范大众文化的发展方向；法律法规规范主要是建立健全社会主义法律法规、弘扬法治精神、培养法治思维方式等，发挥法律法规蕴含的价值属性和价值目标导引作用；道德行为规范主要是加强社会主义核心价值观的宣传教育、道德榜样的示范引导、节日仪式的涵化渗透等，通过日常行为进行规范和约束。

第一节　社会主义核心价值观规范
大众文化发展的机制

　　大众文化内蕴的价值观多元多样，突出表现为娱乐化、世俗化、市场化、个性化等价值取向。大众文化有积极的一面，也有消极的一面；有高雅的艺术趣味，也有低俗的审美趣味。大众文化作为市场化的产物，其衍生的产品由于趋利性往往将经济效益放在首位而忽视其社会效益，道德失范现象突出。因此，发挥社会主义核心价值观的规范作用尤为必要。"没有哪一个人类社会能够脱离具有一定观念、价值观、规范、信仰以及思考方式的人而存在。"① 社会主义核心价值观不仅是一种价值标准、价值目标，更是一种价值规范。社会主义核心价值观的引领机制是首要的主导机制，而规范机制是基本的主导机制，规范是引领的保障和必要条件。价值观通过社会的规范体系来体现，价值目标通过规范的制约、调节作用来实现。价值观的规范机制是在社会实践活动中形成的，主要通过对人的思想和行为的调节、制约来完成。价值观在实践活动中的规范机制主要有道德规范、法律规范、宗教规范、政治规范、经济规范等。

一、社会主义核心价值观规范的内涵

　　社会主义核心价值观为人们的日常生活提供了基本的价值规范，为大众文化的发展提供了基本的价值评价原则。"规范是人的价值意识中与人

---

　　① 戴维・英格利斯. 文化与日常生活［M］. 张秋月，周雷亚，译. 北京：中央编译出版社，2010：6.

的行为联系得最直接、最密切的一种形式。人与人之间，不论是个人之间、个人与集体之间，还是各个民族、各个国家之间，冲突的一个重要方面就是缺乏共同遵循的规范或有了规范而并未遵循。创造一定的文化氛围，提高认同感，寻求共识，建立相同或相容的价值规范，对于人类的生存和发展具有重要意义。"① 社会主义核心价值观的规范策略主要是从中观层面实施的约束和治理策略，约束主要指道德规范和行为规范的约束，例如舆论导向的规范、榜样示范、节日仪式等日常生活道德与行为的规范；治理主要指制度和法律的规范，道德层面上的约束不能从根本上解决问题，而国家政治、经济、文化体制机制的改革创新，法律法规的完善则从根本上规范了大众文化的发展方向和发展趋势。

"规范"一词是指共同的思想、行为标准，"指在一切已建立的社会群体中引导成员作出反应的那种共同的标准或思想"②。规范的形成有实践基础和主体性，在一定历史时期具有稳定性，体现一定的价值观。规范是在社会实践基础上形成的社会共识和价值标准，随着生产实践的发展而不断向前发展。"规范指人们的行为规则。有技术规范、社会规范之分。在社会规范中，有道德规范、礼仪规范、宗教规范和法律规范。所有的规范，在人们的生产或生活中，对人们间的关系都以不同方式起着调整的作用。"③ 规范根据不同的标准划分为不同的类型，如道德规范属于伦理范畴，法律规范属于法制范畴。不同的规范在不同的领域发挥着制约、调节作用。

价值观是文化的内核、灵魂，规定着文化的发展方向。人的社会化过程就是文化产生和发展的过程，在人的社会化过程中价值观发挥作用的层面就是规范机制，人的思想和行为的发展都受到一定价值观的调节和制

① 袁贵仁. 价值观的理论与实践：价值观若干问题的思考 [M]. 北京：北京师范大学出版社，2013：80.
② 李鑫生，蒋宝德. 人类学辞典 [M]. 北京：华艺出版社，1990：401 - 402.
③ 栗劲，李放. 中华实用法学大辞典 [M]. 长春：吉林大学出版社，1988：970.

约，从而成长为符合历史发展需要的人。"人们之所以创造规范，是因为规范是社会共同生活所不可缺少的。它是确定与调整人们共同活动及其相互关系的原则，是维持社会基本秩序的文化模式，是社会生活正常运转的机制，是社会控制的手段以及民族文化心理传承的载体。"① 价值观的规范机制是人的社会化活动的必要条件和必然结果，规定和指导人在一定的价值标准和价值目标下活动，是评价和衡量个人思想、行为的价值尺度和社会依据，是社会稳定发展的基本保障手段之一。

二、社会主义核心价值观规范机制的内容

核心价值观的规范机制主要是指对人们的思想、行为发挥制约、调节作用，使人们的思想、行为符合核心价值观的基本要求。"现代社会由于具有开放、复杂、多样、变化快的特点，人们的思想、行为也呈现出多层性、多样性、多变性状况。面对这种状况，如果我们仅用一种原则的、抽象的思想观念进行引导，而没有明确的规范加以规约，就很难把人们的思想、行为导向一个基本一致的方向，甚至可能会出现更多思想道德越轨、失范的情况。"② 随着改革开放以来全球化、信息化、多元化的深入发展，人们的思想观念、行为习惯呈现出复杂状态，越是多元、多样、复杂，越是要凸显主导性，坚持主导性就是坚持社会主义的性质和方向。

核心价值观的规范机制既是核心价值观内在的规则体系和价值规范，又是发挥核心价值观主导性的制约、调节作用；既是社会有机体有序运行的内在规律，又是人们思想和行为协调发展的重要因素。通过一定的价值规范运行，可以将不同利益阶层、不同社会地位、不同价值追求的人们有机联系在一起，构成良性运行的社会整体，为人们的思想和行为方式，提

---

① 袁贵仁. 价值观的理论与实践：价值观若干问题的思考 [M]. 北京：北京师范大学出版社，2013：87.

② 张耀灿，郑永廷，吴潜涛，等. 现代思想政治教育学 [M]. 北京：人民出版社，2006：176.

供基本的价值准则和行为规范。"在价值概念中，占主导地位的是主体的需要、动机、意图和愿望；在规范概念中，突出的因素是主体的义务、责任和强制性的体验……规范是实现价值的规则体系，是获得价值目标的手段。一切价值体系都要通过规范'引申'为人们在某种情境中如何行动的规则，才能具体指导人们的行动，实现价值指导活动的功能。"① 价值观的规范机制主要是为价值的实现提供规则体系和规则意识，突出个体在社会中的责任、义务和强制性体验，是调整人际关系、社会关系、人与自然关系的原则和机制，是维持经济、政治、文化健康、稳定发展的重要保障。

三、社会主义核心价值观规范机制的实现方式

核心价值观的规范机制是保障其引领机制实现的重要措施，是核心价值观主导机制在实践层面具有操作性的机制。首先是制度规范，其中政治制度、经济制度、法律制度是主要手段。"价值观已经被制度化。法律和制度是现代社会控制的主要手段，要使价值观转化为价值文化，必须使价值观体现在社会的制度体系之中。价值观已成为社会制定政策措施，进行管理决策的体制机制，并转化为社会风尚和公众普遍奉行的行为模式。"② 每一历史时期的制度都是这一时期的价值观的反映，通过制度固定下来更加具有约束力和强制力。其次是伦理规范，如道德规范、审美规范、宗教规范等。价值观是人们在日常生活实践中不断形成的，并对日常生活具有重要的调节和指示功能；道德生活是人最基本的思想生活，德治是我国传统文化的重要资源，对人的思想和行为具有重要的调节作用，并对社会的治理、国家的稳定也具有重要的保障作用。同样，审美规范、宗教规范等在日常生活层面也发挥着相应的调节作用。

---

① 袁贵仁. 价值观的理论与实践：价值观若干问题的思考 [M]. 北京：北京师范大学出版社，2013：81.

② 江畅. 论价值观与价值文化 [M]. 北京：科学出版社，2014：18-19.

第二节 深化体制改革，规范大众文化的价值取向

大众文化蕴含了多元多样的价值观，价值分化、价值冲突、价值失序等现象时有发生，社会主义核心价值观对多元价值观具有引领作用，同时，为了保证大众文化的持续健康发展，社会主义核心价值观还具有规范和调节的作用。社会主义核心价值观首先是从制度层面发挥规范作用。制度（包括政策、法规）是思想观念的"外化"，体现一个国家的价值理想和价值目标，当然，它一旦确立，又会不断强化或变革人们的思想观念，与国家的价值理想和价值目标互动。但确立、践行核心价值观不可能脱离制度设计和制度改革。社会主义核心价值观体现了社会主义的本质，体现了国家和人民的共同期待，它必须融入并引导社会主义市场经济体制、政治和法律体制、文化体制改革，融入并引导国家治理体系和社会治理过程。[①] 社会主义核心价值观是制度的价值理念和价值规则，体制的创新和改革能为社会主义核心价值观的培育和践行提供制度保障。"制度是指在一定条件下的社会活动和社会关系的规范系统，表现为社会活动和社会关系。针对不同社会空间，有三层意义：一是指同经济基础和上层建筑统一的社会性质规范，如资本主义制度、社会主义制度；二是指社会一个方面的机构、设施、规则，如经济制度、政治制度、家庭制度；三是指各种具体活动、具体单位的纪律、规章、规程及某一类具体行为模式，如奖惩制度、学习制度、服务制度等。规范是制度的主体，表现为风格、道德、规则、章程、条例、仪式、模式、法律等。并有机排列、组合起来，支配人们的行为，使之呈现有序性。因此，制度也有强制性。人们总是利用一切

[①] 孙伟平. 关于社会主义核心价值观的几点思考 [J]. 山东社会科学，2015（2）：36.

手段来宣传、推行、强化各种制度，从而有效地维护一定的社会秩序。"①
本书中的制度主要是指第二层意思，包括政治、经济、文化、社会制度，
通过协调各种利益关系，达到社会的和谐，体现社会主义的本质特征。

一、不断深化政治体制改革，为大众文化发展提供政治保证

中华人民共和国成立以来，我国确立了人民代表大会制度的根本政治
制度，政治协商、民族区域自治、基层群众自治的基本政治制度，不仅体
现了人民民主专政的社会性质，而且保障了人民的基本权利。改革开放以
来，随着经济的快速发展，社会结构发生深刻调整，政治制度、政治体制
也要适时调整，不断适应持续、快速发展的经济、社会，在坚持以经济建
设为中心的前提下，不断完善政治制度，深化政治体制改革。"党的十八
届三中全会提出的全面深化改革的总目标，就是完善和发展中国特色社会
主义制度、推进国家治理体系和治理能力现代化。这是坚持和发展中国特
色社会主义的必然要求，也是实现社会主义现代化的应有之义。"② 深化政
治体制改革也是推进国家治理能力和治理体系现代化的要求。

深化政治体制改革就是要创新顶层制度设计，坚持以经济建设为中
心，保证人民的主体地位和人民积极性的发挥，从战略高度转变党的执政
方式，提高党的执政能力建设，深化政治体制改革，促进民主化、法制化
进程的加快，充分体现社会主义制度的优越性。顶层制度设计是适应改革
开放以来的经济、社会深刻转型的必然要求，是政治制度改革的总体规划
和布局，是"十三五"规划"创新、协调、开放、绿色、共享"五大发展
理念的重要体现。首先在思想上要弄清楚一些事关改革全局的是是非非，

---

① 刘建明，张明根. 应用写作大百科 [M]. 北京：中央民族大学出版社，1994：323.
② 完善和发展中国特色社会主义制度 推进国家治理体系和治理能力现代化 [N]. 人民日报，
2014 – 02 – 18 (1).

至少有以下三个问题必须正确回答：如何看待现行体制的"优"与"劣"；如何看待不同体制的"利"与"弊"；如何看待体制改革的"得"与"失"。①顶层制度设计要从系统上、整体上把握经济、政治、文化、社会、生态五位一体的格局，政治制度的改革涉及权力、利益的分配，注重顶层设计，才能促进社会的和谐，保证人民的基本权力得到满足和实现。

我们党和国家致力于政治制度建设，不断建立和健全政治制度，如人民代表大会制度、政治协商制度、民族区域自治制度和基层民主自治制度等，保证公民的基本政治权利和民主权利的实施，为经济、社会、文化、生态的发展提供稳定的政治基础和政治环境。伴随着社会经济利益分化、社会结构转型，如何体现公平、公正、民主、和谐成为政治体制改革的重要难题。应积极稳妥地进行政治体制改革，完善人民代表大会制度，人民大众充分发挥舆论监督、社会监督、批评指正的权利，形成顺畅的民主意见反映通道；完善政治协商会议制度，加强与民主党派的民主交流与监督，调动其参政议政的积极性；完善民族区域自治制度，增强民族的团结与统一，调动各民族参政议政的主动性，积极主动地参与建设社会主义事业；完善基层民主自治制度，体现以人为本的价值理念，尊重人民的首创精神，扩大基层民主的范围和权利。

政府的行政体制改革是全面深化改革的重要方面，其关键是转变政府的执政理念，提高和完善执政能力建设，转变政府的工作职能。"中国政府体制改革绝对不是一个单纯的行政改革问题，无论是从政府体制改革的筹划上讲，还是从政府体制改革的关联结构看，抑或是从政府体制改革的举措上分析，当前政府体制改革确确实实是个政治问题，它的实质是政府、市场和公民社会三者关系动态变化的博弈过程。"②行政体制改革的核心就是简政放权，根据经济、社会发展的需要，适时调整政府的工作重

① 朱健. 改革顶层设计的三道必答题 [J]. 领导之友，2011（6）：16－18.
② 王征国. 三维文化观：中国社会主义新文化观研究 [M]. 北京：中国言实出版社，2014：379.

点，调整职能机构的设置，加强宏观调控、公共服务、社会管理的职能。创新行政管理的方式，体现政务公开、信息透明、简化程序、提高效率的基本原则，不断提升政府的公信力、执行力，建设服务型政府，尽力满足人民日常生活的管理、服务需要。

大众文化有显性价值和隐性价值相结合的价值特点，显性的表现为娱乐化、市场化、审美化等价值取向，隐性的表现为意识形态价值，如消费主义、虚无主义、自由主义、个人主义等。政治规范层面主要是指对政党执政规律的把握，转变执政方式，科学执政和民主执政，把握社会发展规律，满足人民需要，实现"四个全面"的战略目标。政治制度创新、政治体制改革有利于扩大民主，激发社会的创新活力，为经济、社会、文化的发展提供稳定的政治环境、民主的政治氛围、公平公正的制度保障。大众文化的发展离不开社会政治制度的制约和规范，因此，加强政治制度建设有利于社会主义核心价值观引领与规范大众文化的发展趋势和发展方向。

二、不断深化经济体制改革，为大众文化发展提供物质保障

改革开放以来，我国逐步确立了以公有制为主体、多种所有制经济共同发展的基本经济制度，以按劳分配为主体、多种分配方式并存的分配制度。一方面，坚持公有制为主体的所有制形式和按劳分配为主体的分配方式，保证了社会主义性质；另一方面，基于我国的特殊国情，鼓励多种所有制经济共同发展、多种分配方式并存，调动人的积极性，充分发挥市场在资源配置中的基础作用，先富带动后富，最终实现共同富裕。改革开放40 多年虽然取得了巨大的经济成就，但是也带来了经济发展不平衡、两极分化严重、利益分化等问题，因此，为了满足人民群众日益增长的物质文化需要，为了在全球化、信息化、市场化的进程中不断提升我国的国际影响力，必须适时进行经济体制改革。"市场是社会结构和文化相互交汇的

地方。整个文化的变革，特别是新生活方式的出现之所以成为可能，不但因为人的感觉方式发生了变化，而且因为社会结构本身也有所改变。"① 市场经济的快速发展导致了经济、政治、文化、社会结构发展的不平衡，市场经济体制改革的目标就是转变经济发展方式，调整经济结构，注重效率与公平的统一。大众文化是文化的市场化与市场的文化化的双重结合，只有注重公平与效率的统一、经济效益与社会效益的统一，才能化解工具理性和价值理性之间的矛盾冲突。

深化经济体制改革，创新经济增长方式是我国现阶段经济制度创新的重要策略。经济基础决定上层建筑，以经济建设为中心是我们党坚持100年不动摇的基本路线的重要内容，经济的持续、快速、稳定、健康发展是中国特色社会主义事业坚实的物质基础。经济体制改革的前提是坚持公有制为主体、按劳分配为主体，保证社会主义所有制的性质；经济体制改革的重点是转变经济发展方式，提高经济的增长速度、增长效益，提高我国的综合国力；经济体制改革的难点是经济利益的分配；调整利益分配方式，改善人民的生活质量是经济体制改革的重要目标。"人们为之奋斗的一切，都同他们的利益有关。"② 经济利益关系到人们生活的幸福指数，关系到人们的价值观念，关系到人们对国家、制度、文化、社会的认同指数，因此，初次分配经济利益时，要在注重效益的同时兼顾公平，再次分配时要更加注重公平，公平公正是社会秩序安定团结的重要物质前提。"'思想'一旦离开'利益'，就一定会使自己出丑。"③ 经济利益关系到人们的思想意识、社会心态，社会主义市场经济体制改革的重点就是促进经济的全面、协调、可持续发展，实现以人为本的发展目标。

社会主义市场经济体制改革要体现"创新、协调、开放、绿色、共

---

① 丹尼尔·贝尔．资本主义文化矛盾［M］．赵一凡，蒲隆，任晓晋，译．北京：生活·读书·新知三联书店，1989：163.
② 马克思恩格斯全集：第1卷［M］．北京：人民出版社，1995：187.
③ 马克思恩格斯全集：第2卷［M］．北京：人民出版社，1957：103.

享"的新发展理念。新发展理念不仅体现物质文明和精神文明的协调发展，体现经济发展方式的创新型转换，体现对外开放、对内改革的国际化发展方向，体现绿色生态发展，体现经济的循环发展，而且还体现经济增长的成果由全体人民共享。确立、践行核心价值观不可能脱离制度设计和制度改革。社会主义核心价值观体现了社会主义的本质，体现了国家和人民的共同期待，它必须融入并引导社会主义市场经济体制、政治和法律体制、文化体制改革，融入并引导国家治理体系和社会治理过程。① 经济体制改革是培育和践行社会主义核心价值观的题中之义，是提高国家治理能力和治理体系现代化的基础。在市场经济这一历史形态中，一切价值观的引导、构建，均必须基于市场经济这一现实经济生活基础之上……一切有生命力的价值观念要求，均应当从市场经济这一现实经济生活基础中找到自身的逻辑生长点。② 社会主义市场经济体制改革有利于缓解社会利益矛盾和冲突，只有通过社会分配制度、社会保障制度完善调节利益分配，在利益分配合理性的基础上达成价值共识，消除不合理、不平等、不公正的原则，才能调动人民生产和生活的积极性、主动性与创造性，体现社会主义制度的优越性，促进人的自由全面发展。大众文化蕴含了多元化的价值观，多元化的价值观源于利益主体的多样化，经济体制改革就是从市场经济的生产、交换、分配等视角加以改革，以促进利益分配的合理性和公正性，为社会主义核心价值观的培育和践行提供坚实的物质基础，为达成价值共识、凝聚社会力量奠定坚实的经济基础，也为社会主义核心价值观引领和规范大众文化的发展提供物质支撑。

---

① 孙伟平. 关于社会主义核心价值观的几点思考［J］. 山东社会科学，2015（2）：36.
② 高兆明. 当代中国价值构建中的方法论问题［J］. 江海学刊，1997（6）：95.

三、不断深化文化体制改革，为大众文化发展提供精神动力

文化是人化和化人双向互动的结果，一方面文化是人在社会实践过程中形成的物质成果、精神成果的总和，通常人们所说的文化是指精神方面的成果；另一方面文化作为精神文明的重要成果对人具有教化、熏陶、陶冶的作用，无论是人化，还是化人，文化的发展都是为了促进人类社会的进步、人的自由全面发展。文化在现代化进程中的作用已经越来越突出，逐渐成为综合国力的重要组成部分，成为国际竞争的重要标志。《中共中央关于深化文化体制改革推动社会主义文化大发展大繁荣若干重大问题的决定》中指出，"文化是民族的血脉，是人民的精神家园。我们党历来高度重视运用文化引领前进方向，凝聚奋斗力量，团结带领全国各族人民不断以思想文化新觉醒、理论创新成果、文化建设新成就推动党和人民事业向前发展，文化工作在革命、建设、改革各个历史时期发挥了不可替代的重大历史作用"①。深化文化体制改革是"四个全面"战略布局的重要组成部分，不仅关乎国家文化软实力的提升，而且关系到社会主义事业的精神动力和智力支撑。

深化文化体制改革是改革开放以来经济、社会、文化发展的时代要求，文化建设取得巨大成绩的同时也面临着国际、国内新形势的严峻挑战。社会主义文化体制改革：首先，必须坚持社会主义先进文化的前进方向，坚持马克思主义在意识形态领域的领导地位，这关系到社会主义的性质。其次，必须坚持文化事业和文化产业协调发展的规律。社会主义文化大发展大繁荣是文化事业的发展目标，"当今时代，文化与经济的合流，

---

① 中共中央关于深化文化体制改革推动社会主义文化大发展大繁荣若干重大问题的决定（二〇一一年十月十八日中国共产党第十七届中央委员会第六次全体会议通过）[N]. 人民日报，2011 - 10 - 26 (1).

成为了经济发展的新源泉与新形态。文化产业作为一种重要的经济形态，已经成为很多发达国家国民经济中的支柱性产业。并且，越来越多的国家认识到，文化产业的竞争，是经济的竞争、文化的竞争，同时也是政治的较量，是国力的综合较量"①。文化成为经济发展的推动力之一，文化产业越来越成为经济的支柱产业，因此，文化产业的发展是文化事业进步的重要标志，文化事业的发展是文化产业发展的重要目标，二者相辅相成，辩证统一于社会主义文化软实力建设、文化强国战略。再次，文化体制改革要引进文化竞争机制，坚持文化"走出去"和"引进来"相结合。随着市场化、国际化、信息化进程的加快，各国的竞争越来越表现为文化软实力的竞争，如何提升我国文化的竞争力成为当下文化体制改革的重要课题。必须坚持"走出去"和"引进来"相结合的原则，既积极吸收和引进国外优秀人类文明成果，又不断打造中国文化的品牌，提升中国文化在国际上的影响力。最后，深化文化体制改革的目的是满足人民群众日益增长的精神文化需求，坚持人民主体性的文化创造原则，积极促进官方主流文化、知识精英文化、大众文化三者的良性互动，形成充满活力、富有效率、开放创新的文化生态。"建设社会主义文化强国，增强国家文化软实力，必须坚持社会主义先进文化前进方向，坚持中国特色社会主义文化发展道路，坚持以人民为中心的工作导向，进一步深化文化体制改革。要完善文化管理体制，建立健全现代文化市场体系，构建现代公共文化服务体系，提高文化开放水平。"② 坚持人民的主体地位是深化文化体制改革必须要遵循的首要前提。文化是人民创造的，也是为人民的生活服务的，要坚持社会主义先进文化的引领与大众文化的发展相结合，满足不同层次的精神文化需求。

深化文化体制改革要不断融入创新性元素，引入市场因素，同时借鉴

---

① 沈壮海. 文化：力量与较量 [J]. 理论月刊, 2008 (5)：10 - 11.
② 中共中央关于全面深化改革若干重大问题的决定（二〇一三年十一月十二日中国共产党第十八届中央委员会第三次全体会议通过）[N]. 人民日报, 2013 - 11 - 16 (1).

西方发达国家的文化建设经验，根据时代的发展需求和特征不断制订新的文化政策。互联网已经成为日常生活的重要方式，不仅改变了人们传统的生活方式与思维方式，也成为新的文化生长点。如何妥善处理传统文化、现代文化、网络文化、后现代文化等多元文化融合的文化生态，是文化体制改革的重要内容。在传统文化方面要在坚持继承的基础上不断进行创新性转化，不断赋予其新的时代内容和时代特征；在网络文化盛行的时代，必须坚持弘扬主旋律与坚持多样性的统一，促进网络文化的繁荣发展；在现代与后现代文化的交融、交锋中，要积极引导文化的发展方向，坚持"百花齐放、百家争鸣"的文化方针，同时保持社会主义文化的先进性。要"完善文化管理体制、建立健全现代文化市场体系、建构现代公共文化服务体系、理顺内宣外宣体制"①。深化管理体制改革是提升文化发展活力的重要举措；现代文化市场体系是激发文化创造力和竞争力的重要机制，市场机制就是优胜劣汰，鼓励推陈出新；现代公共文化服务体系的创建是为了满足人民群众日益增长的精神文化需要，扩大公共文化服务的覆盖面，提升人民的科技文化素养；创新宣传教育机制、交流对话机制，是为了讲好中国故事，传播中国好声音，促进中外文化的交流对话，提升中国文化的影响力。

大众文化作为文化的一种表现形态，越来越成为文化产业的支柱、文化软实力的重要组成部分。深化文化体制改革，有利于化解大众文化快速发展与文化制度、体制相对落后之间的矛盾，文化产业发展迅速与文化动力相对不足之间的矛盾，文化产业整体规划与大众文化片面发展之间的矛盾等，在促进大众文化发展的同时，以文化人，促进人的自由全面发展。

---

① 钱均鹏．治国方略［M］．北京：当代中国出版社，2014：75.

四、不断深化社会体制改革，为大众文化发展提供社会氛围

社会体制改革是促进社会主义事业发展的重要组成部分，是推进国家治理能力和治理体系现代化的重要内容，与社会主义政治体制、经济体制、文化体制改革相辅相成，是适应经济变革、社会转型、利益格局调整、思想观念转变而适时调整国家行政职能的重要表现形式。"社会建设是通过动员社会力量、融合社会资源、协调利益关系、发展社会事业、完善社会功能、健全社会保障、增强社会活力、建立新的体制机制并构建全体人民各尽所能、各得其所而又和谐相处的社会环境，形成社会主义经济建设、政治建设、文化建设相协调的社会秩序。"[①] 社会是连接国家和个人的公共场域，是国家长治久安的"安全阀"和"减震器"。深化社会体制改革就是要整合社会力量，动员社会组织，协同参与国家事务管理，提升公共服务质量，健全社会保障，缓解利益分化带来的利益冲突、价值冲突，缓解社会矛盾，调动各种积极性，建设中国特色社会主义事业。"社会组织承担了越来越多的社会建设和管理职能，它在调节经济关系、整合社会资源、表达利益诉求、传播思想文化等方面发挥出越来越显著的作用。"[②] 随着经济的发展、社会的进步、民主法治的健全，市民社会开始逐步形成，社会组织在公共领域的实践活动中发挥着越来越重要的作用，在社会治理、社会管理的参与过程中产生了重要影响。

深化社会体制改革根植于社会共同体成员的广泛参与，目标是使人民的基本生活需求得到满足，促进社会民主、法治进程加快发展，形成和谐的社会氛围；着力点是社会公共服务体系的建构。改革开放以来，以经济

---

① 张艳国. 中国特色社会主义理论与实践概论［M］. 修订版. 武汉：华中师范大学出版社，2014：149.

② 潘玉腾. 推进社会主义核心价值体系大众化研究［M］. 北京：社会科学文献出版社，2012：32.

建设为中心的基本路线促进了经济的快速发展，然而经济发展与社会建设速度不匹配带来了不利于社会安定团结的问题，如利益分化、利益机制表达不健全、利益保障制度不完善、社会公共服务体系不健全、社会资源分配不均衡等。"我们的人民热爱生活，期盼有更好的教育、更稳定的工作、更满意的收入、更可靠的社会保障、更高水平的医疗卫生服务、更舒适的居住条件、更优美的环境，期盼孩子们能成长得更好、工作得更好、生活得更好。人民对美好生活的向往，就是我们的奋斗目标。"① 习近平总书记提出的工作目标，指明了深化社会体制改革的工作重点、工作思路。社会体制改革关乎国家社稷、关乎百姓民生，因此，要"紧紧围绕更好保障和改善民生、促进社会公平正义深化社会体制改革，改革收入分配制度，促进共同富裕，推进社会领域制度创新，推进基本公共服务均等化，加快形成科学有效的社会治理体制，确保社会既充满活力又和谐有序"②。深化社会体制改革是提升国家治理能力和治理体系现代化的重要尺度，社会"治理"理念是对"管理"理念的深化，突出权力机构、公共服务部门、各类社会组织共同参与国家治理、社会事务处理，是社会体制改革创新的新理念。深化社会体制改革，促进社会公平正义、诚信友善也是培育和践行社会主义核心价值观的题中之义。

　　深化社会体制改革，有利于自由、平等、公正、法治的社会秩序的维护，是社会和谐心态形成的基本前提。因此，应遵循社会运行的基本规律，调动社会成员广泛参与社会事务的处理，激发人民的创造性，形成健全的社会治理体系。大众文化作为人们日常生活的表现方式，在满足人们社会生活的物质需要和精神需要方面发挥着不可替代的作用，社会组织功能的成熟完善、社会公共服务体系的健全、公平公正社会秩序的形成为大

---

　　① 习近平等十八届中央政治局常委同中外记者见面时强调：人民对美好生活的向往就是我们的奋斗目标（2012 年 11 月 15 日）[N]．人民日报，2012 – 11 – 16（4）．

　　② 中共中央关于全面深化改革若干重大问题的决定（二〇一三年十一月十二日中国共产党第十八届中央委员会第三次全体会议通过）[N]．人民日报，2013 – 11 – 16（1）．

众文化的健康文明发展提供了良好的社会环境，也为社会主义核心价值观引领和规范大众文化发展起到了重要的示范、辐射和带动作用。"社会资本的定义简单地说，就是一个群体的成员共同遵守的、例示的一套非正式价值观和行为规范，按照这一套价值观和规范，他们便得以彼此合作。如果这个群体的成员能期待其他成员的行为可靠和诚实，他们就能彼此信任对方。信任的作用像一种润滑剂，它使一个群体或组织的运作更有效率。"① 社会体制改革也是社会资本的投资，使社会成员形成共同的价值取向，达成价值共识，从而自觉形成共同的价值认同、文化认同、国家认同，外化为诚信的社会行为。

第三节　完善法律法规，规范大众文化的发展方向

我国是社会主义法治国家，从"法制"观念到"法治"观念的转变是法治进程加快的突出表现，随着社会主义市场经济的发展而不断建立健全的社会主义法律体系、法律法规，对人的行为具有约束、规范、指引作用。法律是指"由国家制定、认可并依靠国家强制力保证实施，以权利和义务为调整机制，以人的行为及行为关系为调整对象，反映由特定物质生活条件所决定的统治阶级（在阶级对立社会）或人民（社会主义社会）的意志，以确认、保护和发展统治阶级（或人民）所期望的社会关系和价值目标为目的的行为规范体系"②。法律与道德的区别在于是否具有国家强制力的约束机制，法律是以规定人的权利和义务为内容的行为规则。中华人民共和国成立以来我国形成了以宪法为核心，以刑法、民法、商法、经

① 塞缪尔·亨廷顿，劳伦斯·哈里森. 文化的重要作用：价值观如何影响人类进步 [M]. 程克雄，译. 北京：新华出版社，2013：143.
② 张文显. 法理学 [M]. 北京：高等教育出版社，1999：46.

济法、社会法、行政法、诉讼与非诉讼程序法等为基本法的法律体系。依法治国必须遵循"有法可依、有法必依、执法必严、违法必究"的基本要求，有法可依是依法治国的基本前提，我国是大陆法系，执行法律必须以成文法为准绳，"法无明文规定不为罪"，因此，要根据经济、政治、社会、文化的发展变化不断制定、完善法律体系；有法必依是依法治国的中心环节，关系到依法治国的成败，任何人都不得有超越宪法和法律的特权；执法必严是关键，违法必究是重要保障。依法治国必须要遵从以上这个基本原则。发挥法律法规的规范作用，就是依靠国家强制力对人的行为进行约束，法律法规自身蕴含了基本的价值属性和价值目标，因此，发挥社会主义核心价值观对大众文化的规范作用，关键是建立健全与社会主义市场经济相适应的法律法规，规范大众文化市场的行为关系，形成正确的价值指引。

一、建立健全社会主义法律，为大众文化发展提供法律保障

我国现行《宪法》是 1982 年宪法，根据社会经济发展分别于 1988 年、1993 年、1997 年、2004 年、2018 年进行了五次修订。由此可见，我国的社会主义法律是在现代化进程中不断健全和完善的。例如，《物权法》是市场经济发展的产物，2020 年十三届全国人大三次会议表决通过了《中华人民共和国民法典》，并于 2021 年 1 月 1 日开始实施，《物权法》同时废止。"从人与社会的关系看，现代性社会往往与法治相联系。因为外在权威消失之后，人们必须依靠法律编织一个新的秩序的保证体系。因此，一般说来，法治国家也是与现代性互相塑造的。可以说，只有在现代性语境中，人类才能建立真正的法治国家。"[①] 进入 21 世纪，互联网迅猛发展，

---

① 韩震. 现代性与认同问题的思考 [J]. 学习与探索，2004（6）：14.

信息时代的到来不仅成为促进经济增长的重要因素，也日益改变着人们的生活方式和思维方式，网络文化发展引发的一系列社会问题，呼唤社会主义核心价值观引领下自由、平等、公正、法治的社会生态环境的出现。但网络技术的社会效应是双重的，网络图腾和技术至上主义及其实践造成了网络文化空间技术与人文的极大悖论，使得网络空间灵魂与肉体、理想与现实、手段与目的、虚与实、真与假、工具理性与价值理性不断裂化，给人与社会的安全利益带来了许多隐患。垃圾信息、骚扰邮件、网络色情、网络谣言、网络沉溺、计算机病毒、黑客行为、数字化犯罪、人肉搜索等网络问题对社会伦理和法律规范提出了严峻的挑战，引发了诸多社会问题，严重影响了社会正向变迁的发展历程。① 随着互联网的发展，加强网络立法是建设法治社会、法治国家的重要手段。习近平总书记《在网络安全和信息化工作座谈会上的讲话》中也指出："要加快网络立法进程，完善依法监管措施，化解网络风险。"② 2016 年 11 月，《网络安全法》的颁布为网络信息安全提供了强有力的法律保障，与此相关的还有《计算机信息网络国际联网安全保护管理办法》《中华人民共和国计算机信息系统安全保护条例》《互联网上网服务营业场所管理条例》《关于维护互联网安全的决定》等，下一步，我国还会相继出台相关法律法规。文化产业迅速崛起，日益成为经济发展的重要支柱，加强文化立法，建立健全文化法律是促进文化发展的重要保障。《文物保护法》《著作权法》《知识产权保护法》《广告法》《电影产业促进法》《公共文化服务保障法》等都要根据时代的发展不断地健全和完善，同时还可以借鉴西方国家文化发展的法律规范经验，加快中国的立法进程，制定适合我国国情的文化法律体系，同时做到有法可依、有法必依、执法必严、违法必究。

① 虢美妮. 社会主义核心价值观引领网络文化发展研究［J］. 新疆师范大学学报（哲学社会科学版），2013（5）：41.
② 习近平. 在网络安全和信息化工作座谈会上的讲话［N］. 人民日报，2016 - 04 - 26（2）.

二、建立健全社会主义法规政策，为大众文化发展提供政策依据

社会主义法规是依据宪法和法律规定，由国家机关制定的规范性文件，经人大常委会制定和公布，同样具有法律效力，如地方性法规。法规是对法律的补充和完善，是省、直辖市、自治区根据地区、民族特色的具体实际制定的。我国的基本国情是地域面积广、民族多、地域差异大，依据地区的具体实际制定社会主义法规是全面依法治国、推进国家治理能力和治理体系现代化的重要保证，是推进社会主义民主化、法治化的重要标志。我国基本上形成了以宪法为核心的社会主义法律体系的框架，基本上做到了有法可依。但同时，我们在立法方面也存在一些问题，主要是：存在立法内容部门色彩过浓的现象，存在立法滞后和立法空白现象，存在立法无序现象，存在法律实施过程中可操作性差的现象。[1] 法律制定的滞后、空白、重复无序等现象可以通过法规的健全和完善来补充，法规的适用性更强，更有针对性，更贴近现实生活。例如，《中共中央关于深化文化体制改革推动社会主义文化大发展大繁荣若干重大问题的决定》《关于鼓励和支持文化产品和服务出口若干政策》《关于支持和促进文化产业发展的若干意见》《关于文化体制改革试点中支持文化产业发展若干税收政策问题的通知》《关于推动文物文化单位文化创意产品开发的若干意见》《使用文字作品支付报酬办法》《关于知识产权支持小微企业发展的若干意见》《深入实施国家知识产权行动计划（2014—2020）》，等等。大众文化是文化产业的重要组成部分，大众文化是文化市场化与市场文化化相结合的产物，不断制定和完善相关的法规、政策，为大众文化和文化产业的发展提供法治环境，也体现了社会主义核心价值观"自由、平等、公正、法治"

---

① 郭学德. 法理学教程 [M]. 北京：九州出版社，2007：325.

的基本内涵。"科学的文化发展战略落实到具体的文化市场管理规则当中，通过规则的约束作用消除大众文化市场的畸形膨胀、混乱无序的不正常现象，使主流文化、精英文化和大众文化协调发展。"① 制定相应的法规，还有利于协调官方主流文化、精英文化和大众文化之间的关系，促进三者的融合互动，促进社会主义核心价值观规范大众文化的发展。

三、弘扬法律精神，培养法治思维方式，为大众文化发展提供法律环境和氛围

建立健全社会主义法律法规是社会主义依法治国基本方略的首要前提，而司法、执法是社会主义依法治国的关键，守法、用法是社会主义公民文化素质提升的重要表现。文化事业是社会主义事业的重要组成部分，大力发展文化产业、促进文化大繁荣大发展是巩固社会主义文化事业的重要保证。市场化、国际化、信息化的深入发展，对文化事业的发展形成了严峻的挑战，引入文化竞争机制、创新文化产业的发展必须遵循法律规范，以更好地规范文化市场、文化体系。市场的主体是人，人的法律意识、法制观念对文化市场的规范具有至关重要的作用。"社会主义法治目标的最终实现在于广大公民的自觉守法。公民在自觉守法中践行社会主义核心价值观主要体现在，通过公众舆论对公民的行为进行监督评价，对公民的违法行为进行贬斥，从而做到自觉守法。荣誉感和正义感是守法的道德心理前提，公民只有具有正确的人生观、价值观和荣辱观，才能积极、主动地践行自己引以为荣的事情。"② 公民的法律意识、法治观念的培养是培育和践行社会主义核心价值观的重要内容，也是推进社会主义法治化进

---

① 郑祥福，叶晖，陈来仪，等. 大众文化时代的消费问题研究 [M]. 北京：中国社会科学出版社，2008：73.

② 潘玉腾. 推进社会主义核心价值体系大众化研究 [M]. 北京：社会科学文献出版社，2012：211.

程的重要标志。只有全社会都知法、守法、用法，才能逐步走上法治规范的轨道。

第四节　加强道德示范，规范大众文化的舆论导向

我国是有着悠久历史和文化传统的国家，道德历来被放在国家统治、社会治理、家庭教育的重要位置。中华人民共和国成立以来，我国坚持依法治国与以德治国相结合的基本方略。道德是人们在社会实践中形成的，反映和调整社会生活中的利益关系，用善恶、好坏等评价标准，依靠内心信念、传统习惯、社会舆论维系的价值观念和行为规范的总和。道德作为一种社会意识，具有规范和调节的作用，在道德实践中规范人们的思想和行为，"道德示范是道德教育的基本方法之一。它是用生动典型的道德形象和模范行动去感染、影响受教育者的一种方法。进行道德示范，树立先进典型，号召人们向榜样看齐，实际上是鼓励人们向高尚的精神境界、道德境界迈进。在社会主义社会，革命先辈、各条战线的劳动模范、优秀党员等先进人物都是崇高的社会主义道德的典范，对人们有着极大的说服力、感召力和示范性。正确地运用道德示范对广大人民群众进行社会主义道德教育，会收到良好的教育效果"[1]。道德示范是道德教育的重要方式之一，也是培育和践行社会主义核心价值观的重要途径之一。"爱国、敬业、诚信、友善"是社会主义核心价值观在个人层面的价值追求、价值准则，主要通过宣传教育、榜样示范、节日仪式等对人们的日常行为进行规范和约束。

---

[1]　徐少锦，温克勤. 伦理百科辞典［M］. 北京：中国广播电视出版社，1999：1064.

一、加强宣传教育，为大众文化发展提供良好的社会舆论氛围

社会主义核心价值观是社会主义先进文化的灵魂和精髓，在个人层面提供了基本的道德规范和行为规范目标，加强道德层面的宣传教育，有利于全体社会成员达成共同的价值目标、道德规范、社会共识，有利于形成规范有序的社会秩序，为大众文化的发展提供良好的道德氛围、舆论氛围。"我们这个时代的奇特景观：很多人其实已经看到社会风气恶化和道德滑坡问题的严重性，看到了犬儒主义的盛行，投机行为的泛滥，人际关系的恶化，社会诚信的缺失。"① 道德行为失范、价值秩序混乱，加之新媒体时代互联网的及时性、互动性加强，准入门槛低，影响范围广等特点，对道德教育、舆论引领带来了更为严峻的挑战。"电子时代继承了 500 年的印刷和机械的时代。在这个时代中，我们遭遇到人相互依存和表达的新形态和新结构。"② 互联网时代的宣传教育、道德示范需要转换新的方式和手段，形成新的表达方式和话语形式。"生活是生活方式的政治，是认同的政治、选择的政治。它不仅包括个人生活，还包括社会生活的各个方面。它要解决的是集体人面临的挑战。"③ 价值观念是社会生活的集中体现，利益分化、社会转型、个人自主性增强等带来了多元价值观念，加强社会主义核心价值观的宣传教育，进行社会舆论、网络舆论的引导，仅仅靠喊口号、贴标语的方式是不够的，而是要利用学校、家庭、社会等多渠道进行主旋律教育，传承中华优秀传统文化的思想，同时，要利用好新闻、报纸、电视、官方网站等主流媒体进行宣传教育，注重传播方式和传

---

① 陶东风. 改善文化治理的制度环境 [J]. 探索与争鸣, 2014 (5): 16.

② 埃里克·麦克卢汉, 弗兰克·秦格龙. 麦克卢汉精粹 [M]. 何道宽, 译. 南京: 南京大学出版社, 2000: 99.

③ 安东尼·吉登斯. 失控的世界全球化如何重塑我们的生活 [M]. 周红云, 译. 南昌: 江西人民出版社, 2001: 165.

播内容的多样化、多层次性、生动性、鲜活性，贴近人们的日常生活。"坚持联系实际，区分层次和对象，加强分类指导，找准与人们思想的共鸣点、与群众利益的交汇点，做到贴近性、对象化、接地气；坚持改进创新，善于运用群众喜闻乐见的方式，搭建群众便于参与的平台，开辟群众乐于参与的渠道，积极推进理念创新、手段创新和基层工作创新，增强工作的吸引力感染力。"①《中共中央办公厅印发关于培育和践行社会主义核心价值观的意见》中明确了社会主义核心价值观生活化的工作准则，理论与实践紧密结合，使社会主义核心价值观不断自觉内化于心、外化于行。

　　首先，宣传教育要从人们的思想观念、思维方式、价值判断、价值选择的实际出发，尊重传播规律，讲好中国故事，传播中国好声音。如《家风是什么》新春特别采访节目，以家庭为基点深刻发掘个人品德、家庭美德、社会公德、传统习俗等对个人生活观念的影响，以家风带动社风、国风建设，有效衔接社会主义核心价值观与社会生活，通过潜移默化的文化熏陶和情感交流，牢固社会主义核心价值观的群众基础和文化根基，内化为人民的精神追求和理想信念，增进对民族文化的感悟和认同，传递社会主义核心价值观的正能量。其次，宣传教育注重艺术性和思想性相结合、多样性和主导性相结合，为人们的日常生活提供正确的道德规范和价值指引。如公益广告"尊老爱幼""爱护环境""社会公益慈善"等，从身边的小事、细节着手，弘扬社会正气，激发精神文明建设正能量，培育道德文明风尚，塑造崇高人格和精神品格，构建和谐社会。最后，宣传教育注重引导舆论导向和道德实践，从而潜移默化地影响人们的思想观念、道德情操、价值观念，满足不同个体的精神需求、道德追求。引导社会舆论导向不是强制性地明令禁止，而是疏导和渗透相结合，例如网络炒作事件、社会公共事件的引导，新闻媒体、官方网站等要及时发布事件进展、国家

---

① 中共中央办公厅印发关于培育和践行社会主义核心价值观的意见［N］. 人民日报，2013 - 12 - 24（2）.

相关领导部门的处理等，建立网络舆论预警防控机制。"只有当我们在意识形态与现实之间感受不到任何对立时，即在一种意识形态成功决定我们在日常生活中以何种方式体验现实时，这种意识形态才会真正地掌握我们。"① 宣传教育、舆论引导、道德示范等都注重内容的生活化、语言的生动化、故事的完整性和细节，以增强理论的说服力和感召力，宣传教育的实效性和针对性。中国革命和建设时期曾提出过言简意赅、深入浅出、形象生动的理论，如"枪杆子里出政权""摸着石头过河""科技是第一生产力"等。社会主义核心价值观的培育和践行既要注重理论的宣传教育，又要注重实践的养成。

二、注重榜样示范，为大众文化发展提供良好的社会道德风尚

榜样示范是道德示范的重要形式之一，马克思认为现实的人是一切社会关系的前提，也是榜样示范的基础。"人的本质不是单个人所固有的抽象物，在其现实性上，它是一切社会关系的总和。"② 人的思想道德是在社会实践中不断形成的，而且个体的差异导致了道德发展的不平衡性。榜样是现实生活中在道德情操、行为规范等方面具有典型性、先进性的人物，承载着一定历史时期内的社会核心价值观，榜样示范与其他的道德教育手段和方式相比，具有生动形象、说服力强、容易产生情感共鸣、容易达成价值共识等优点。"榜样是在一定历史时期经组织认定，公众舆论认可和公共传媒广泛传播，体现时代精神和人民意愿，代表先进生产力的发展要求，代表先进文化的前进方向，代表最广大人民群众的根本利益，值得公众效仿和学习的先进典型。榜样的特征体现了人格品质的先进性、与时俱

---

① 斯拉沃热·齐泽克. 意识形态的崇高客体 [M]. 季广茂，译. 北京：中央编译出版社，2002：69.
② 马克思恩格斯文集：第1卷 [M]. 北京：人民出版社，2009：505.

进的时代性和广泛传播的权威性。"① 历史上曾涌现出无数的先进典型，例如岳飞、范仲淹、顾炎武、林则徐等。我们党和国家历来重视榜样示范的重要性，在不同的历史时期挖掘和梳理了一批模范典型，在社会生活中发挥了重要的影响力，有的榜样精神甚至延续至今。习近平总书记《在庆祝中国共产党成立 100 周年大会上的讲话》中指出："一百年前，中国共产党的先驱们创建了中国共产党，形成了坚持真理、坚守理想，践行初心、担当使命，不怕牺牲、英勇斗争，对党忠诚、不负人民的伟大建党精神，这是中国共产党的精神之源。一百年来，中国共产党弘扬伟大建党精神，在长期奋斗中构建起中国共产党人的精神谱系，锤炼出鲜明的政治品格。"② 例如雷锋精神，毛泽东曾题词"向雷锋同志学习"，雷锋精神直至今日仍有广泛的道德教育和道德示范作用。榜样的示范作用在于他们的身上集中体现了一个时代的精神，是时代精神和民族精神的典型缩影。改革开放以来，随着市场化、全球化、信息化的快速发展，先进模范的精神主要表现为改革创新的时代精神、以爱国主义为核心的民族精神。各行各业涌现出不少先进的楷模，例如许振超、袁隆平、任长霞、牛玉儒、黄旭华、吴孟超、钟扬、林俊德、南仁东、黄文秀等，对于增强社会主义社会的凝聚力和号召力，唤醒人们的建设热情具有重要的示范作用。"先进典型是时代的先锋和社会的楷模，他们的崇高精神闪烁着时代核心价值观的理性光辉。"③ 发挥榜样示范的功能就是要通过先进典型的树立，榜样精神的弘扬，使社会形成统一的价值共识和思想引领。榜样是一个时代的精神标志，榜样身上的道德力量和人格品质是随着时代的发展而不断发生变化的，树立先进典型要根据时代的需要、时代的特征，发掘符合中国社会实际的先进个人和集体，探索榜样教育的活动载体，多渠道、多形式进行宣

① 彭怀祖，姜朝晖，成云雷. 榜样论 [M]. 北京：人民出版社，2002：8.
② 习近平. 在庆祝中国共产党成立 100 周年大会上的讲话 [N]. 人民日报，2021 - 07 - 02（1）.
③ 潘玉腾. 推进社会主义核心价值体系大众化研究 [M]. 北京：社会科学文献出版社，2012：178.

传教育，增强榜样的影响力和感召力。

榜样示范是历史性的、发展的，榜样示范的方式与方法是多样的、多渠道的。首先，先进典型的树立、先进模范的选择要实事求是、贴近人们的日常生活，能够反映时代精神。例如"感动中国十大人物"评选，借助网络、报纸广播、电视等各种渠道进行评选，选出的先进人物都是平民化、典型化的，对人们日常生活中的利益分歧、利益纠纷、感情困扰等都有很好的感化、启示、熏陶作用。其次，榜样精神的宣传要集中体现时代精神，不是高大全的表述，榜样只有生动、形象，才更容易打动人心，更容易说服人。榜样示范是"教育者通过榜样这一价值载体的人格形象，激励和引导学习者自我内化榜样精神品质，生成自我价值观念、道德人格和创新行为方式的一种教育活动"①。榜样示范的道德人格、价值观念引领是培育和践行社会主义核心价值观的重要手段，也是引领和规范大众文化多元价值取向的重要途径。最后，榜样示范要注重典型的多样性、多层次性、及时性，注重宣传的深刻性、科学性、真实性，注重榜样的可示范性等。"人是复合体，具有复杂性、多重性，榜样人物也是如此。"② 发掘和选取先进典型是榜样示范的首要前提，宣传教育的深刻性、生动性、多样性是榜样示范功能发挥的重要保障，榜样的可示范性、可操作性是榜样树立科学性的重要尺度。榜样示范，是道德教育最生动、形象、有力的方式，可以有效地将榜样的精神品质、道德人格力量转化成人们自觉的价值认同，外化为自觉的实践行动。

三、充分利用节日仪式，为大众文化发展提供情感认同

我国有着上下 5 000 年的悠久历史，传统节日、传统仪式已经成为重

① 袁文斌. 当代中国榜样教育研究 [D]. 石家庄：河北师范大学，2010：49.
② 罗祎璠. 如何有效组织实施榜样教育 [J]. 新课程学习，2011 (5)：133.

要的文化资源，对人们的思想、行为具有重要的规范和引领作用。"自古以来，无论是公祭人文初祖，还是民祭已逝的亲人、祖先；无论是国家祀典，还是民间的扫墓上坟，都在庄重地对先人、先祖送上自己的思念和敬意。这种神圣的生命交流仪式，年年轮回，代代传承，构成了人们顽强生存和追求幸福的动力，抒发了人们尊祖敬宗、继志述事的道德情怀。可以说，清明祭祖既是中华民族寻根谒祖的心愿显示，也是中华民族认祖归宗的纽带。当下全球一体化时代，文化认同愈加凸显，无论公祭人文初祖或回家扫墓上坟谒祖，仪式化的祭祀固化了'我是谁'的寻根意识，已成为中国文化教化的重要符号。"① 作为文化遗产的节日、仪式、庆典已经融入民族的血脉，成为中华民族生生不息的重要组成部分，通过节日、仪式、庆典连接五湖四海的同胞，交流思想、表达情意、抒发情感，已成为人们达成共识，形成文化认同、民族认同、国家认同的最基本的形式之一。

节日仪式的规范作用主要体现在通过重要节日的庆祝，形成人们共同的情感纽带，从而达到共同的情感认同、民族认同。例如，春节象征着团圆、祥和、喜庆，每年春节，举国同庆，四海一家，家人、朋友互相团聚，辞旧迎新，是中华传统文化宝贵的非物质文化遗产。春节在不同的地域有不同的习俗，习俗文化成为个体文化认同、价值认同的重要方面。但是，随着经济社会的快速发展，传统春节仪式已经逐渐变淡，而节日经济却火爆如潮，这是消费社会带来的一个现象。在快速发展的经济社会中，使人回归温情、人性化的生活中是传统节日的重要功能。传统节日代表了一个地区、民族、国家的文化符号，蕴含了核心价值观的基本内容，随着时代的发展不断被赋予新的内容，重视传统节日道德教化、道德规范的功能，是培育和践行社会主义核心价值观的重要途径。

节日仪式对人们的思想和行为具有重要规范和引领作用。首先，要充分重视和保护中国的重要传统节日，发掘传统节日蕴含的道德教化功能和

---

① 范玉刚.道可道非：关于文化价值的祈想［M］.北京：人民日报出版社，2011：116.

价值传承功能。节日仪式的教化功能是隐性的，人们在庆祝节日的同时，潜移默化地受到道德的熏陶，同时转化为强大的思想动力，更加自觉地投入社会实践中。其次，要正确处理节日文化和节日经济之间的关系，发挥社会主义核心价值观的规范和引领作用。"只有把节日过得有文化、有意味、有意义，成为每个人人生记忆中的节点，才是民族节日的本真内涵。如果说节日的仪式是一个壳，要使仪式有意义填充什么内容就很重要。节日文化担负了意义生成的重要功能。意义感就在节日仪式的一次次固化和传承中，中华民族的共有精神家园就在节日意义感的生成中，意义并不疏离我们自身，它就在民族文化的弘扬中，就在当下的日常生活里，就在家乡，就在故土，就在我们的心中。"① 习近平总书记提倡廉洁自律，奉行节俭的作风，对处理二者关系具有重要的指导意义。例如，中秋节象征团圆，中秋节的到来带动了月饼的销售，但"天价月饼"成为节日经济的毒瘤，月饼的广告、包装费用远远超过月饼自身的价值，使得中秋节的文化意义越来越淡。注重节日经济、节日文化之间的平衡，是传承传统文化、践行社会主义核心价值观的重要举措。

在社会主义核心价值观主导大众文化发展的实践中，规范路径主要表现为制度规范、法律规范、行为规范、道德规范等。通过对人的思想、行为的调节和制约使大众文化的创作、生产、传播，消费主体的思想、行为符合社会主义核心价值观的基本要求，既是积极培育和践行社会主义核心价值观的基本要求，也是大众文化健康、持续发展的有力保障。

---

① 范玉刚. 道可道非：关于文化价值的祈想 [M]. 北京：人民日报出版社，2011：119.

第七章　社会主义核心价值观
嵌入大众文化的路径

　　大众文化是传播社会主义核心价值观的重要文化载体，大众文化经过创作、生产、传播、消费四个不同的环节最终实现自身价值，而大众文化价值的实现具有经济价值和文化价值双重属性。改革开放以来，大众文化发展迅速，成为文化产业的支柱。但因受到商业逻辑和资本逻辑的驱使，大众文化与社会主义核心价值观脱嵌的现象时有发生。社会主义核心价值观主导大众文化发展的嵌入路径是从微观层面探析社会主义核心价值观融入大众文化的方式方法，从大众文化的创作、生产、传播、消费等不同环节入手，实现思想和行为的无缝对接。文化创造者是人类灵魂的工程师，培养德艺双馨的文化创作者，是嵌入的基础和关键。大众文化产品的生产、制作者是大众文化作品批量化生产、制作的企业、个人，是经济效益和社会效益实现的重要环节，企业文化、生产者的素质关系到大众文化产品内蕴价值的实现。大众文化的传播是多渠道、多载体、多传播者，电视、广告、报纸、新闻、网络等都是重要的渠道，符号的认同成为大众文化传播的重要方式。大众文化消费是意义的流通与接受，消费文化产品的同时，接受的是文化产品内蕴的价值观、思维方式和生活方式。消费反映了大众的精神文化需求，对大众文化的创作、生产具有能动的制约和促进作用。社会主义核心价值观嵌入大众文化的创作、生产、传播、消费过程中，既层次分明，又环环相扣，有利于从微观层面上实现社会主义核心价值观对大众文化的引领和规范。

第一节　社会主义核心价值观嵌入大众文化的机制

价值观是文化的内核，文化是价值观的重要载体。社会主义核心价值观的嵌入机制研究如何将社会主义核心价值观融入大众文化中，融入文化产品中；如何用社会主义核心价值观引领和规范大众文化的创造、生产、传播和消费过程，从而使作为当前主要文化形态的大众文化发挥正能量，传播正确的价值取向。本节从嵌入机制的内涵入手，分析社会主义核心价值观嵌入机制的基本内容，提出嵌入机制的实现方式，从而将社会主义核心价值观对大众文化的主导落到实处，落到日常生活的细微之处。

一、社会主义核心价值观嵌入机制的内涵

"嵌"有两层含义即凹进去或者镶嵌的意思，深陷或者凹进去才有外来事物进入的可能和空间。"入"就是由外到内、进入的意思。由此，"嵌入"就是凹进去，或者外部事物镶嵌进去。"嵌入说"在哲学上是关于唯物主义与唯心主义争论的一个说法，"阿芬那留斯把'头脑的思维'这一唯物主义观点，攻击为'自然科学的拜物教'，污蔑唯物主义关于思想是头脑的机能的观点，是要把思想放进头脑，是'把看得见的东西等等放到人里面'去，是作了不能容忍的'嵌入'。这就是阿芬那留斯的'嵌入说'"①。阿芬那留斯"攻击唯物主义反映论把感觉、思维看作是大脑的产物和大脑的机能，意味着把外部世界'嵌入'到头脑里去了。嵌入说的唯心主义实质在于，否认感觉、思维是头脑的机能，宣扬没有客观内容的

---

① 刘炳瑛. 马克思主义原理辞典 [M]. 杭州：浙江人民出版社，1988：783 - 784.

'纯粹经验'和没有头脑的'纯粹思想'"①。"嵌入说"实质上是唯物主义与唯心主义关于"思维是大脑的机能,是对外部世界的反映"这一命题的不同立场。"嵌入理论"是匈牙利哲学家、政治经济学家卡尔·波兰尼最早提出的,他主要是用以分析经济行为嵌入社会关系中,后来延伸到思想政治教育研究,"思想政治教育援用嵌入理论作为分析的理论工具,可以较好地回答思想政治教育的思想理念、内容要求、路径方法等与宏观的社会制度、社会结构、教育传播及社会生活等的整合、借助与融合问题。即思想政治教育只有嵌入到社会系统、社会结构和社会生活之中,才能产生更积极的教育效果与更明显的社会影响"②。"嵌入理论"成为思想政治教育整合的工具,开始进入思想政治教育领域,并受到学者们的关注。"组织所处的政治制度、社会文化以及长期所形成的群体认知也会影响其经济和社会行为,表现为政治、文化和认知嵌入性。在一定意义上,可以认为是实体与政治、文化和认知等'虚'体之间的虚联系。"③ 思想政治教育领域引入"嵌入理论",进一步拓宽了思想政治教育的视野,形成了一个融政治、文化、社会于一体的教育场域,其本质就是更容易在日常生活中渗透思想政治教育。价值观教育是思想政治教育的重要内容,社会主义核心价值观的嵌入机制是指将核心价值观融入日常生活,融入政治、经济、文化、社会各领域,使人们在生活实践中自觉形成价值认同。社会主义核心价值观的嵌入机制是实现价值观主导的微观层面,在细微之处感受到价值观的引领作用和规范作用,达成思想和行为的无缝对接,就像空气一样无处不在。社会主义核心价值观的嵌入机制与引领机制、规范机制层层联系、环环相扣。引领机制针对当前的多元文化思潮冲击,规范机制针对当前人们思想和行为的多元多样冲突,嵌入机制针对当前大众文化市场的价

---

① 高清海. 文史哲百科辞典 [M]. 吉林:吉林大学出版社,1988:727.

② 金奇. 思想政治教育的嵌入式存在:基于嵌入理论的视角 [J]. 现代教育科学,2012 (11):129.

③ 杨玉波,李备友,李守伟. 嵌入性理论研究综述:基于普遍联系的视角 [I]. 山东社会科学,2014 (3):175.

值乱象、大众文化产品的价值观混乱，三个层面分别从宏观、中观、微观的视角加以阐述，形成核心价值观主导机制的理论建构。

二、社会主义核心价值观嵌入机制的基本内容

社会主义核心价值观嵌入机制的重要现实支撑是日常生活，习近平总书记指出，"一种价值观要真正发挥作用，必须融入社会生活，让人们在实践中感知它、领悟它。要利用各种时机和场合，形成有利于培育和弘扬社会主义核心价值观的生活情景和社会氛围，使核心价值观的影响像空气一样无所不在、无时不有"①。日常生活是社会主义核心价值观培育和践行的基本载体，也是嵌入理论的基本载体，将社会主义核心价值观的内容嵌入日常生活中是必然要求。大众文化满足人们日常生活的精神文化需要，承载多样的价值观，是核心价值观主导的重要文化载体。大众文化是文化、资本、市场的结合体，具有经济属性和社会属性双重属性，市场经济条件下，大众文化的经济效益往往取代社会效益，大众文化市场出现各种价值乱象，如"抗日雷剧"、价值空心化、有产品无文化（价值）、产品价值符号化等现象，对社会主义主导文化形成强烈冲击。"在文艺创作方面，也存在着有数量缺质量、有'高原'缺'高峰'的现象，存在着抄袭模仿、千篇一律的问题，存在着机械化生产、快餐式消费的问题。文艺不能在市场经济大潮中迷失方向，不能在为什么人的问题上发生偏差，否则文艺就没有生命力。低俗不是通俗，欲望不代表希望，单纯感官娱乐不等于精神快乐。"②习近平总书记在参加文艺工作座谈会时严厉批评文艺创作中的市场导向、抄袭模仿、质量低俗等现象，并提出人民主体的价值导向、社会主义核心价值观的引领方向、以文化人与以文铸魂的价值追求，

---

① 习近平. 把培育和弘扬社会主义核心价值观作为凝魂聚气强基固本的基础工程［N］. 人民日报，2014－02－26（1）.

② 习近平. 在文艺工作座谈会上的讲话［N］. 人民日报，2015－10－15.

实质上为社会主义核心价值观主导大众文化的嵌入机制指明了方向。社会主义核心价值观嵌入日常生活的过程，是社会主义核心价值观影响人、熏陶人、陶冶人的过程，是社会主义核心价值观引领思想、达成价值共识的过程，是社会主义核心价值观规范人的思想行为的过程。大众文化的价值观嵌入要尊重经济发展规律和社会发展规律，从创造主体、生产主体、传播主体到消费主体都自觉尊重双重规律，形成价值观认同、达成价值观共识，推动大众文化持续健康发展。核心价值观嵌入机制的实现过程是大众文化的创造、生产、传播、消费过程中融入社会主义核心价值观的过程，是用社会主义核心价值观引领和规范大众文化发展的过程。

三、社会主义核心价值观嵌入机制的实现方式

社会主义核心价值观的嵌入机制指社会主义核心价值观如何融入日常生活中的方式、方法和原则。文化是价值观的载体，有利于增强价值观的吸引力和渗透力，有利于提升人们的思想道德素质和文化素质。"文化一经形成，它的各方面因素和各方面特征就会以一定的结构形式走向系统性，凝固成特定的文化模式，发展成独特的文化传统。这种文化模式和文化传统会通过各种社会形式和传播媒介介入人们的精神生活和物质生活中，潜移默化地影响着、改变着人们的行为方式、价值取向、思维特点，使人们的思想品德不知不觉地打上了处于其中的文化背景的烙印。"[1] 文化是个开放的系统和场域，是满足人的精神需要的重要因素，文化的创造、生产过程就是人的社会化的过程。"人们的观念、观点和概念，一句话，人们的意识，随着人们的生活条件、人们的社会关系、人们的社会存在的改变而改变。"[2] 价值观随着生产的发展而不断向前发展，受生产力水平的

---

[1] 张耀灿，陈万柏. 思想政治教育学原理 [M]. 北京：高等教育出版社，2001：213.
[2] 马克思恩格斯文集：第 2 卷 [M]. 北京：人民出版社，2009：50.

制约和影响。社会主义核心价值观是社会主义社会的主导价值观，核心价值观的建设不仅要尊重经济发展规律，而且要尊重社会发展规律。大众文化的价值观嵌入也同样要尊重经济发展规律和社会发展规律，从创造主体、生产主体、传播主体到消费主体都自觉尊重双重规律，形成价值观认同、达成价值观共识，推动大众文化的持续健康发展。个体的价值观认同是达成群体价值观共识的前提和基础，群体的价值观共识是个体的价值观认同的必然结果。社会主义核心价值观嵌入大众文化的最终目的是达成价值观共识，而前提是对社会主义核心价值观的认同。核心价值观"富强、民主、文明、和谐、自由、平等、公正、法治、爱国、敬业、诚信、友善"二十四个字从国家、社会、公民层面确立了全国各族人民凝聚社会共识的最大价值公约数，满足人们的精神需求，符合经济、社会发展规律，成为现阶段统一思想、凝聚力量、调节利益分歧的重要精神动力。

社会主义核心价值观嵌入机制的实现过程是大众文化的创造、生产、传播、消费过程中融入社会主义核心价值观的过程，是用社会主义核心价值观引领和规范大众文化发展的过程。托尼·贝内特提出了文化的断层线现象，表现在："一方面，有些人依靠本能生活在日常生活层面，通过保留顽固的单一层面的意识和行为形式来再生产习以为常的日常琐事，就如马尔库塞的'单向意识'的人。另一方面，日常生活批判也关注确认另一些人：他们的社会地位，通过赋予他们获得双层意识的能力，使得他们能穿透日常生活肤浅的表面，引入另一维度（平常中的不平常），避免无休止重复的可能性，从而推动历史的发展进程。"① 大众文化与日常生活紧密联系，是满足人们日常生活的精神文化需要的产物，文化断层线的出现为社会主义核心价值观的嵌入提供了空间与可能。首先，大众文化与大众是互动开放的系统，大众文化的社会主义核心价值观嵌入首先是大众文化的主体自觉接受、认同核心价值观。创造主体在创造过程中坚持核心价值观

---

① 转引自陶东风，周宪. 文化研究：第6辑［M］. 桂林：广西师范大学出版社，2006：137.

的引领，才能创造出符合人民利益需要的文化、符合时代发展特征和审美品位的文化。其次，生产主体在大众文化生产过程中尊重经济效益和社会效益的双重统一，并且优先考虑社会效益，才能使大众文化不在市场经济中迷失方向，才能真正满足人们正常的物质文化需要。再次，传播主体在大众文化的传播过程中自动摒弃虚假需求的广告、放弃媒体大肆渲染的广告，才能真正被社会所认同，才能在舆论宣传中传播正能量。最后，消费主体在大众文化的消费过程中，坚持正确的价值立场，自觉抵制不良思潮和虚假广告的诱惑，才能反过来引导和制约大众文化的生产。这四个环节相互联系、相互制约，构成一个有机联系、相互耦合的整体。

社会主义核心价值观嵌入机制的实现方式，主要是在大众文化的创作、生产、传播、消费过程中融入与渗透社会主义核心价值观。首先，大众文化创作过程中的核心价值观嵌入：培养德艺双馨的文艺创作者；注重形式与内容的统一；尊重文艺创作规律和人的个性化差异，不断创作满足人们个性化和多样化需求的文化作品。其次，大众文化生产过程中的核心价值观嵌入：从文化作品到文化产品的转变是大众文化价值实现的基础，在生产过程中企业文化、核心价值观、品牌意识、资金投入都是增加文化产品附加值的重要因素，要处理好经济效益和社会效益的辩证统一，将社会效益放在首位。再次，大众文化传播过程中的核心价值观嵌入：大众文化传播是形式与内容的统一，是文化产品实现自身价值的关键环节，社会主义核心价值观融入大众文化的传播过程中就是要对其进行重新编码，不断创造代表社会主义核心价值观的符号，通过符号传播，人们能自觉达成价值共识、形成价值认同。最后，大众文化消费过程中的核心价值观嵌入：要规范和引导大众的消费行为和消费意识，形成正确的价值理念，达成价值观认同和自我价值实现。

第二节　社会主义核心价值观嵌入大众文化的创作过程

　　大众文化创作过程的社会主义核心价值观嵌入路径是社会主义核心价值观嵌入大众文化的基础环节，也是决定环节。它决定了大众文化的审美价值、思想价值、艺术价值等。营造良好的文化氛围，形成科学合理的价值引导机制，提升文艺工作者自身的思想道德素质，建设积极进取、团结创新的文艺队伍，是社会主义核心价值观嵌入大众文化创作过程的重要路径。

一、尊重人民首创精神、遵循文化发展规律

　　文化创新是民族进步的重要标志，大众文化是文化的重要形态，其最大的生命力在于满足人民日益增长的精神文化需求，是日常生活的重要组成部分。随着市场化、全球化、信息化的深入发展，个体的自主意识增强，文化的多元价值取向相互交流、交融、交锋，大众文化创作的质量决定了大众文化的生产、传播和消费等环节，社会主义核心价值观具有强大的感召力和凝聚力，是凝聚社会共识的最大价值公约数，对大众文化的发展具有重要的引领和规范作用，将生动的故事、独特的情节、创新的叙事方式等融入大众文化的创作过程中，有利于提升人们的思想道德素质，在满足基本的情感需要的同时达成情感认同、价值认同。"作品是产品的基础。没有好作品，就没有好产品，已被文化发展史充分证明是一条'铁律'。"[①] 大众文化的创作是大众文化发展的基础，是大众文化精神价值实

---

　　① 高书生．文化再生产论——兼论文化和经济融合 [J]．行政管理改革，2011 (7)：52.

现的前提。文化作为上层建筑的重要组成部分，是对经济、政治、社会的能动反映。人民是历史文化的主体，因此，进行大众文化创作要尊重人民的首创精神。同时，要尊重文化发展的基本规律，源于现实而高于现实，引领时代发展，反映社会的本质特征。"创作生产更多无愧于历史、无愧于时代、无愧于人民的优秀作品，是文化繁荣发展的重要标志。必须全面贯彻为人民服务、为社会主义服务的方向和百花齐放、百家争鸣的方针，立足发展先进文化、建设和谐文化，激发文化创作生产活力，提高文化产品质量，发挥文化引领风尚、教育人民、服务社会、推动发展的作用。"①坚持"双百"方针和"双为"方针是社会主义文艺事业发展的重要保障，也是贯彻和落实社会主义核心价值观的重要前提。只有保持创新的活力和动力，才能不断创作出时代的文化精品。

二、注重形式与内容的统一、不断创作时代精品

大众文化的创作要注重形式与内容的统一，通俗性与思想性的统一，在话语表达、叙事方式、情节设计等方面不断融入时代元素，融入社会情感、融入审美情趣、融入道德元素和价值元素，做有温度、有道德、有精神的文化作品。大众文化是时代发展的产物，是文化产业大繁荣大发展的重要力量。推动大众文化的创新发展，还要注重文化创作过程中的"区位化"因素，满足不同层次和不同主体的价值需求，例如，青年大学生是社会上最活跃的主体，容易接受新事物，要在创作过程中贴近大学生的实际需求，满足他们的成长需求；儿童是社会上最需要教育和保护的主体，他们容易受到外界的塑造和影响，要在创作过程中融入多种价值元素引领儿童的成长；普通社会成员是社会的大多数，对大众文化的需求层次多，要

---

①　中共中央关于深化文化体制改革推动社会主义文化大发展大繁荣若干重大问题的决定（二〇一一年十月十八日中国共产党第十七届中央委员会第六次全体会议通过）［N］. 人民日报，2011 - 10 - 26（1）.

针对不同的群体，创作不同的大众文化作品。在大众文化的创作过程中融入社会主义核心价值观，不是简单的贴标签、喊口号，不是将社会主义核心价值观 24 个字机械地添加到文化作品中，而是要体现思想性和艺术性的统一、人民性和创新性的统一。"文化产品的创作生产与意识形态领域其他工作相比，都有引导社会、教育人民、推动发展的普遍性，但同时也有自身的特殊性。其特殊性就在于，思想性、知识性寓于艺术性、观赏性之中，并通过艺术性、观赏性得以实现。"① 大众文化创作者应提升自身的思想道德素质，增强自己的社会责任感和历史使命感，不断创作出符合时代特征、满足人民需求的文化精品。"文化精品是文化作品的组织结构和表现手段的总和，是形式与内容和思想性、知识性、艺术性、观赏性完美结合的统一体。文化精品代表一个时代的精神高度，代表一个民族思想的深度，深刻地表达一个民族的精神情感，引导人们的欣赏情趣。一个国家、一个时代，没有自己的文化精品，就没有文化的繁荣。创作文化精品，是文化工作的根本任务，也是文化繁荣的标志。"② 大众文化创作者应不断提升文化修养，在创作过程中不断深入群众基层，深入老百姓的日常生活，深入国家社会发展的方方面面，书写人民群众最需要的作品，为满足人民的精神文化需求不断创作出能够反映时代特色和民族特色的文化精品。

三、培养德艺双馨的创作队伍

文化的创作主体是人，大众文化创作的主体更离不开德艺双馨的艺术家。"我国作家艺术家应该成为时代风气的先觉者、先行者、先倡者，通过更多有筋骨、有道德、有温度的文艺作品，书写和记录人民的伟大实

① 李长春. 切实加强对文化产品创作生产的引导　多出精品力作　多出优秀人才［N］. 人民日报，2010 – 12 – 17（3）.

② 王莹. 关于精神文化产品的哲学思考［J］. 学术探索，2012（8）：60.

践、时代的进步要求，彰显信仰之美、崇高之美，弘扬中国精神、凝聚中国力量，鼓舞全国各族人民朝气蓬勃迈向未来。"① 大众文化创作者应尊重人的个体化差异，体现以人为本的创作本质，不断创作出满足人们个性化和多样化需求的文化作品。"当今社会是一个价值多元的社会。其意义不仅在于改变了社会政治领域、经济领域和文化领域团结的方式，更重要的是在于承认人的多样性，尊重人作为个体发展在创作方面的差异性。这也就意味着面对社会多元价值的碰撞和交融，只能以契合人们价值观共同认同的价值体系引导文化产品的创作。"② 尊重差异、包容多样是社会主义核心价值观的内在要求，也能在多元多样的价值取向中凸显出社会主义核心价值观的引领作用，在比较中达成价值共识，提升对中华民族和社会主义的认同。"人工智能时代，算法广泛地渗透到社会和权力的关系之中，并与价值体系不可分割地交织在一起，对社会生活和人们的思想价值观带来重大影响。作为新的权力形态，某种程度上算法赋予计算机软件代码'上帝'般的力量，无处不在地规训和操控着人们的日常生活乃至思想情感。算法的崛起给主流价值观的重塑带来了新的驱动力，但同时带来了'受众本位''信息茧房''算法黑箱''后真相'泛滥等现实隐忧。这些风险也危及到主流价值观的构建，导致社会共通价值观的缺失。"③ 随着信息社会的深入发展，人类社会进入了人工智能时代，网络文化大行其道。网络不仅成为人们的生活方式，而且深刻改变着人们的思维方式。在网络文化作品的创作过程中，尤其需要加强社会主义核心价值观的嵌入，不断提升网络文化创作主体的思想道德素质和审美素养，增强网络文化产品的价值引领力。

---

① 习近平. 在文艺工作座谈会上的讲话［N］. 人民日报，2015 - 10 - 15.

② 胡晶晶，葛涛安. 以社会主义核心价值体系引导文化产品的创作［J］. 求实，2012（3）：67.

③ 陈文胜. 嵌入与引领：智能算法时代的主流价值观构建［J］. 学术界，2021（3）：88.

第三节　社会主义核心价值观嵌入大众文化的生产过程

大众文化创作者创作的文化作品转变成产品的过程就是大众文化的生产过程，而在大众文化产品批量化生产、制作的过程中，非常重要的环节就是大众文化产品的经济效益与社会效益的平衡，在这个过程中企业文化、生产者的素质等都是至关重要的因素。因此，在大众文化的生产过程中，社会主义核心价值观的嵌入至关重要。社会主义核心价值观嵌入大众文化的生产过程就是坚持经济效益和社会效益的统一，并优先考虑社会效益，使大众文化不至于在市场经济大潮中迷失价值方向；与此同时，要不断塑造大众文化生产企业的企业文化、打造品牌意识、增加文化产品的附加值等。

一、经济效益和社会效益相统一，社会效益放在首位

大众文化的创作是生产的基础，文化作品的生产是文化作品个体化向文化产品社会化转变的重要环节。"无论是学术创作，还是文学创作，作为个体化创作的成果都体现为作品。要把各类作品转化为产品，必须经过生产环节。"① 大众文化首先经过个体的创作，经过创作完成的作品往往是唯一的，比如一部小说、一个电视剧本、一个电影剧本等要转变成大众需要的文化产品，就必须经过出版、拍摄、后期制作等，最后出现在市场上跟大众见面。"'个性化'的创造与'社会化'生产的有机结合，在过程方

① 高书生.文化再生产论——兼论文化和经济融合［J］.行政管理改革，2011（7）：51.

面则体现为单纯的'作品'到有市场价值的'产品'再到规模生产的'商品'的转换。"① 大众文化作品经过批量的生产、制作，可以满足大多数社会成员的精神文化需求。文化产品生产的数量决定了传播的范围和覆盖面，例如音乐唱片的发行、小说的出版、电影的拍摄等，从无形的精神作品到有形的物质产品实现了物质价值与精神价值的紧密结合。因此，将社会主义核心价值观嵌入大众文化的生产过程具有重要的意义。"从'产品'到'商品'，经济学上称之为'惊险一跳'。完成这'惊险一跳'的是文化企业，而非创作者。"② 从文化作品到文化产品的转变是文化生产的重要职能，也是大众文化自身价值实现的基础，在生产过程中企业文化、核心价值观、品牌意识、资金投入等都是增加文化产品附加值的重要因素。大众文化是文化与经济的结合体，具有物质价值和精神价值的双重属性，因此，大众文化的生产必须要处理好经济效益和社会效益的辩证统一，将社会效益放在首位。大众文化产品与其他商品不同的是，不能仅看眼前的经济效益，而是要从长远考虑，兼顾社会效益。例如，近些年，国产电影不仅叫座，而且叫好，《红海行动》《战狼 2》《流浪地球》《我和我的祖国》《长津湖》等，制作方不仅注重片场的特效、演员的动作设计、电影的背景拍摄及后期制作，还注重影片内容的精心打磨、故事情节的安排、电影人物精神品质与价值观的塑造。

二、社会主义核心价值观融入企业文化提升品牌意识

大众文化生产过程中融入社会主义核心价值观需要不断提升企业自身的文化素质，营造良好的企业文化，例如团队精神、创新精神、竞争意识、责任意识、品牌意识等。企业文化对文化产品的生产具有至关重要的

---

① 胡晶晶，葛涛安. 以社会主义核心价值体系引导文化产品的创作 [J]. 求实，2012 (3)：68.
② 张玉玲. 既要创作"个性化"又要满足"社会化"[N]. 光明日报，2011 - 03 - 31 (1) .

作用，例如海尔企业的文化精神是"敬业报国、追求卓越"，企业精神引领海尔不断走出国门，走向世界，不断提升服务意识与服务水平，不断提升企业的创新能力，从而成为全球知名品牌。大众文化产品的价值增值往往是通过提升品牌竞争力来实现的，提升了物质价值的同时也能更好地体现精神价值，而文化产品附加值的实现依赖文化产业链的打造，从上游产品的生产到中游产品的孵化，再到下游产品的衍生，从而带动文化产业的创新、转型和升级。"《喜羊羊与灰太狼》动漫产业链是一个庞大的产业集群，其形成过程包括前期策划、中期制造、后期营销、衍生品开发授权等环节。上游做内容，中游做营销，下游做衍生。其中，衍生品又可分为内容衍生品和形象衍生品，内容衍生品是指承接动画片的电影、人偶剧、漫画、书籍等；后者则是将内容形象结合到玩具、食品、服饰等具体的实物。如果把《喜羊羊与灰太狼》产业链比作一串项链，那么它是由动画片、漫画、大电影、舞台剧、书籍、游戏、玩具、食品、服饰、主题游乐园等多颗光彩熠熠的珠子组合而成。"① 类似的成功案例有很多，不仅提升了自身的文化品牌，而且带动了相关文化产业的发展，一方面将社会主义核心价值观的精神内涵融入企业文化中，另一方面也是在实践中不断培育和践行社会主义核心价值观。大众文化的生产过程也是提升文化生产力和竞争力的过程，"文化生产力不仅是指生产文化产品和提供文化服务的能力，而且还包括文化资源在非文化产品生产领域中发挥的作用"②。文化生产力的提升不仅包括文化产品生产和制作能力的提升，而且包括服务质量的提升，大众文化的消费在很大程度上是购买质量与服务的双重性能。

三、建立健全文化产品生产制作的评价监督体系

　　大众文化的生产制作过程还要引入竞争机制，随着市场化、全球化、

---

① 刘述清.《喜羊羊与灰太狼》文化产业链研究［D］. 广州：暨南大学，2013：6.
② 李新家. 关于文化经济的几个理论问题［J］. 思想战线，2006（1）：39.

信息化的加快发展，只有提升文化企业的竞争力才能占有文化市场，才能赢得更为宽广的发展平台。文化企业提升企业竞争力的重要方式就是要打造企业的文化形象，树立企业的文化品牌，形成健全的文化产业链。大众文化作品到产品的"惊险一跳"实现了文化与经济的对接，受到多元化的价值取向的影响，商业逻辑和资本逻辑的推动一方面激发了企业的竞争活力，另一方面带来了一系列的负面影响，如知识产权侵犯、网络文化的监督不完善、文化产品价值"空心化"等，因此，要建立健全文化产品生产、制作的评价监督体系。"互联网技术和新媒体改变了文艺形态，催生了一大批新的文艺类型，也带来文艺观念和文艺实践的深刻变化。由于文字数码化、书籍图像化、阅读网络化等发展，文艺乃至社会文化面临着重大变革。要适应形势发展，抓好网络文艺创作生产，加强正面引导力度。"① 社会主义核心价值观融入大众文化的生产过程，就是发挥其自身的引领和规范作用，促进文化企业的健康持续发展，平衡经济效益和社会效益的关系，促进文化产业的发展，提升中国文化的国际竞争力，不断促进文化产品的出口，扭转文化产品贸易逆差。

第四节　社会主义核心价值观嵌入大众文化的传播过程

大众传媒是大众文化传播的重要物质载体，进入信息社会，传统的报纸、广播、电视、新闻、广告等逐渐被互联网所取代，自媒体、全媒体、融媒体等成为新的大众文化传播渠道，符号认同日益成为大众文化传播的重要方式。由于大众文化在传播过程中受到虚假广告、媒体过度渲染、网

---

① 习近平. 在文艺工作座谈会上的讲话［N］. 人民日报，2015 – 10 – 15.

络舆论思潮等不良影响，社会主义核心价值观的融入就显得尤为必要。大众文化传播是形式与内容的统一，是文化产品实现自身价值的关键环节，社会主义核心价值观融入大众文化的传播过程中需要对其进行重新编码，不断创造代表社会主义核心价值观的价值符号，通过符号传播，使人们自觉达成价值共识、形成价值认同。

一、社会主义核心价值观重新编码并进行符号传播

大众文化的传播是大众文化价值实现的重要途径，大众传媒是大众文化传播的物质载体，社会主义核心价值观融入大众文化的传播过程，即是对大众文化传播进行引领和规范的过程。互联网的迅速发展，对传统大众传媒产生了颠覆性的影响。后现代视觉中心的转向使现代大众传媒更加注重视觉的冲击、语言的表达，广告的视听效果直接影响到大众文化的消费。"作为信息的物质载体，符号具有多种呈现形式，文字、语言、声音、动作、表情、图形、图像、影像等都可以起到符号的作用，成为意义的携带者。"① 大众文化的传播往往是借助符号进行的，网络文化的盛行更是加剧了符号传播的进程，大众文化传播是精神价值的交流、意义的流通、情感的交流，而符号传播则代表了物质价值与精神价值的统一。"人类传播是一种交流和交换信息的行为，信息则是符号和意义的统一体。符号是信息的外在形式或物质载体，而意义则是信息的精神内容。"② 社会主义核心价值观融入大众文化的传播过程，即是对其重新编码，不断创造代表社会主义核心价值观的符号，通过符号的传播，使人们自觉达成价值共识、形成价值认同。"文化就像是冰山，而广大民众所能看到的只是冰山中露出

---

① 姚远. 当下流行美剧的价值传播及其影响研究 [D]. 北京：中央民族大学，2012：16.
② 郭庆光. 传播学教程 [M]. 北京：中国人民大学出版社，1999：42.

的上半部分。"① 如图 1 所示。

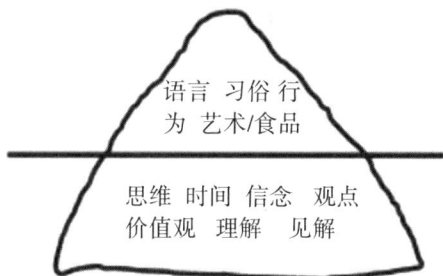

　　　　语言 习俗 行
　　　　为 艺术/食品
　　————————————
　　　思维 时间 信念 观点
　　　价值观 理解 见解

图 1　　"文化冰山"示意图

　　通过文化传播，人们在接受基本的语言、行为、习俗、艺术等知识的同时，也在潜移默化地接受文化传播的思维方式、理想信念、价值观念等。因此，大众文化的传播隐性渗透社会主义核心价值观教育，也是培育和践行社会主义核心价值观的重要路径。

二、传播过程注重形式与内容相统一

　　大众文化的传播是形式与内容的统一，是文化产品实现自身价值的关键环节。随着信息社会的加速发展，碎片化、时空压缩成为时代的典型特征，如何在短时间内吸引大众对文化产品的关注？如何使人在碎片化的信息中找到对自己有帮助的文化产品？如何使人在闲暇中提升自己？这些问题的解决都需要对大众文化的传播过程进行深加工。所谓深加工就是要在传统、现代、后现代并存的时代背景下，在传统传播媒介和现代传播媒介并存的背景下，转换话语表达方式、叙事方式、情感表现方式等，注重传播的区位因素平衡，区分不同受众、不同时间段、不同媒体、不同传播方

————————————

① 谢敏. 新媒体环境下中国文化价值理念国际传播要素分析［J］. 新媒体研究，2015（11）：45－46.

式等，传播过程中营造互动式、体验式的文化氛围，建构社会主义核心价值观传播的认知情境和对话情境，使人们在关注大众文化传播的过程中，自觉参与和体验大众文化，同时潜移默化地形成价值共识，外化为自觉的行为规范。例如纪录片《舌尖上的中国》，在对传统美食制作工艺进行介绍的同时，融入了民族的情感、地域的特色、民族的传统等因素，使得饮食文化与传统文化相承接，在美食与人的情感表达之间穿插故事叙述等环节，增加了人情味，很容易打动人的内心，由此唤起观众对民族、文化的认同，这个纪录片开播后很快受到了海内外观众的关注，引起了广泛的影响。"文化产品的价值承载和延伸功能决定了文化产品在创作生产和传播消费过程中能凝涵、延伸社会主义核心价值体系的精神实质。文化产品的价值承载和延伸功能是指，文化产品本身能够承载思想价值，能够传播价值观、传递理想信念、传承道德风俗等思想文化观念，并能够在文化产品的传播过程中延伸、拓展其价值。其中，它的价值承载功能主要体现在文化产品的创作生产阶段，能够将创作者的思想、社会的主流价值、社会文化等体现在文化产品当中。"① 大众文化的传播是对创作、生产过程中融入的价值观进行展示，是对大众文化消费的引导和暗示，具有重要的承接功能。

三、注重文化形象，加强国际传播

在大众文化的传播过程中融入社会主义核心价值观，是提升中国文化软实力，提高文化竞争力的重要手段。互联网的发展，大大缩短了文化传播的时空距离，文化的国际传播是提升中国文化影响力，传播中国好声音的重要渠道。新媒体的出现，为世界范围内的信息交流提供了更加广阔、便捷的平台，在一定程度上促进了世界文化的交流和融合。在新媒体传播的环境下，中国价值理念的国际化传播过程中需要对受众群体进行细分，

① 陆静. 文化产品实现社会主义核心价值体系的科学机理 [J]. 理论月刊, 2012 (9)：174.

形成多层次的传播态势。① 大众文化的国际传播更要注重中国的文化形象，积极借鉴国外大众文化传播核心价值观的经验，不断提升中国大众文化的国际影响力。"文化产品在工厂中凭借现代科学技术手段，以标准化、规格化的方式被大量生产出来，并通过电影、电视、广播、报纸、杂志等大众传播媒介传递给消费者，最终使文化不再扮演激发否定意思的角色，反而成为统治者营造满足现状的社会的控制工具。"② 大众文化是工业化、市场化、信息化、国际化的产物，其影响已经冲出一国范围扩大到国外，传播过程中的语言规范、行为规范、价值规范等也将直接对国内外的大众具有明显的示范作用。

第五节　社会主义核心价值观嵌入大众文化的消费过程

　　大众文化的创作、生产、传播、消费四个环节环环相扣，相互影响，相互制约，大众文化的消费决定了大众文化自身价值的实现程度，消费需求也对创作、生产具有重要的导向作用。社会主义核心价值观融入大众文化的消费过程就是要引导大众理性消费，克服盲目消费、符号消费、异化消费带来的负面影响。大众文化的消费是一个开放的意义系统，在那里，大众文化产品的意义被重新解读。大众文化产品的消费实际上是大众文化自身蕴含的价值的实现过程，也是大众根据自己的知识背景、个人需求等对大众文化产品进行意义再解读的过程。

---

①　谢敏. 新媒体环境下中国文化价值理念国际传播要素分析 [J]. 新媒体研究, 2015 (11): 46.
②　颜海, 苏娴, 熊晓亮. 文化产业概论 [M]. 北京: 北京大学出版社, 2014: 2.

一、营造公平公正的消费环境

大众文化的消费是物质需求和精神需求的双重满足，物质层面的消费是一次性的，而精神层面的消费则具有传承性。比如，一本好书，读完之后，书中表达的思想、情感、价值会对人产生持久的影响；一首好歌，听完之后，会产生长久的记忆。"与物质消费不同，文化消费要借助一定的消费场所和消费终端。图书馆、博物馆、美术馆、剧场和影院等是重要的文化消费场所，电子书包、电子阅读器、移动终端、数码产品等电子产品，已经或正在成为十分便捷的文化消费终端。无论是建设文化消费场所，还是生产文化消费终端，都离不开社会化生产。"① 社会主义核心价值观融入大众文化的消费过程，需要营造公平、公正的消费环境，建立健全文化消费的公共设施、公共场所、公共服务等。电视、网络等成为每家每户必备的大众文化消费设施，政府对基本公共服务、公共设施的投入，在一定程度上可以引导和规范大众文化的消费。

二、提升大众的审美品位

大众文化的消费受到社会成员个体素质的影响，如审美品位、受教育程度。因此，加强社会主义核心价值观的宣传和教育，提升公民的思想道德素质是合理引导消费的必要举措。"艺术对象创造出懂得艺术和具有审美能力的大众，任何其他产品也都是这样。因此，生产不仅为主体创造对象，而且也为对象生产主体。"② 大众审美品位、自身综合素质的提升，是社会主义核心价值观融入大众文化消费的关键。"如果音乐很好，听者也懂音乐，那么消费音乐就比香槟高尚。"③ 大众文化的消费彰显了大众自身

---

① 高书生. 文化再生产论——兼论文化和经济融合 [J]. 行政管理改革，2011（7）：52.
② 马克思恩格斯文集：第 8 卷 [M]. 北京：人民出版社，2009：16.
③ 马克思恩格斯全集：第 1 卷 [M]. 北京：人民出版社，2009：361.

的素质，体现了不同的文化需求，将社会主义核心价值观融入日常生活的方方面面，使大众受到日常生活环境的熏陶，也会不断提升大众的综合素质。同时，大众文化的消费过程也是发挥以文化人、文化育人的过程，"文化产品所蕴含的思想、知识、精神、情趣等，最终会转化为消费者的思想观念，从而影响人的行为、作用于社会并形成一定的社会文化环境。我们每个人都生活于某种文化体系处于主导地位的社会中，所谓人的社会化过程，就是接受文化的培育和熏陶并习得一定文化价值规范的过程"①。大众消费文化产品，感受其文化价值和情感表达，不断达成心理认同，在这个过程中，认知、情感、意志等非理性因素发挥了重要的作用。

三、培养科学的消费意识

大众文化的消费在消费社会是符号的消费，在全球化时代是世界性的消费，在信息化时代是虚拟文化的消费。社会主义核心价值观融入大众文化的消费过程，就是要规范和引导大众的消费行为和消费意识，在符号消费过程中要合理消费，防止异化消费现象的产生，例如粉丝文化消费。"消费社会的特点是从'物的消费'过渡到'符号消费'，消费不再是物的占有和消耗，而是一种符号的系统化操控活动。大众传媒既是符号消费的技术支撑，也是消费符号的直接生产者。"② 在虚拟文化的消费过程中，要将虚拟与现实相结合，自觉抵制网络上各种不良文化的诱惑，例如虚拟购物过程中的诈骗行为等。虚拟网络游戏、虚拟网络互动平台等都是青年大学生的活动空间，过分沉溺于虚拟世界，会对大学生的身心健康产生不利影响。社会主义核心价值观规范和引导大众的消费行为，有利于大众形成正确的价值观，达成价值观认同和自我实现认同。

---

① 陈立旭. 论文化产品的社会效益和经济效益 [J]. 中国社会科学，1998 (5): 97.
② 孙春晨. 符号消费与身份伦理 [J]. 道德与文明，2008 (1): 7.

结　语

　　大众文化是工业化、市场化、城市化的产物，兼具社会效益和经济效益的双重属性，是文化产业的重要组成部分，受到市场化、商业化的逐利倾向影响，大众文化市场经常出现片面追求经济效益的价值秩序混乱现象，甚至出现价值冲突。社会主义核心价值观是我们党和国家凝聚社会共识的最大价值公约数，是马克思主义中国化的最新理论成果，在社会的价值体系中处于核心地位，对经济、文化、社会的发展具有引领和规范作用。大众文化在市场化、全球化、信息化的社会背景下日益呈现多元多样的价值取向，发挥社会主义核心价值观的主导作用，一方面有利于拓宽社会主义核心价值观培育和践行的文化载体，使人们在消费大众文化产品时自觉产生价值认同和文化认同；另一方面有利于引领和规范大众文化的发展方向，促进大众文化的健康良性发展，促进社会主义文化大发展大繁荣，提升我国的文化软实力和文化竞争力。

　　本书从大众文化与社会主义核心价值观的辩证关系入手，分析了社会主义核心价值观主导大众文化的必要性和可能性。基于马克思主义的意识形态主导性理论、国家文化软实力理论、主导性与多样性辩证关系理论等基础理论的剖析，创新性地提出了社会主义核心价值观主导大众文化的机制，包括宏观层面的引领机制、中观层面的规范机制、微观层面的嵌入机制，三个机制相互联系、相互制约，环环相扣，将主导性理论的研究向前推进了一步。我国大众文化的发展经历了三个不同的历史时期：改革开放初期，大众文化的价值取向主要是从神圣化向世俗化转变；20世纪90年代中后期，大众文化的价值取向主要是从世俗化向功利化转变；21世纪以来，大众文化的价值取向主要是从功利化向个性化转变。在分析改革开放以来我国大众文化发展趋向的基础上，通过梳理大众文化的价值取向及其嬗变，分析其背后存在的价值困惑，以期更好地推动新时代大众文化的健康良性发展。西方大众文化的发展及核心价值观主导大众文化发展的经验为我国社会主义核心价值观主导大众文化提供了有益的借鉴。西方的核心价值观主要有个人主义和整体主义两种类型，美国和日本是西方国家大众文化的典型代表，两个国家的核心价值观在不同的历史时期在引领大众文化发展方面积累了不同的经验，研究西方核心价值观主导大众文化的经验是通过历史与现实的比较，促进我国社会主义核心价值观主导大众文化的发展。我国大众文化的价值乱象需要以社会主义核心价值观进行引领和规范，社会主义核心价值观的引领主要包括马克思主义的思想引领、以爱国主义为核心的民族精神和以改革创新为核心的时代精神的精神引领、新发展理念的创新引领等；社会主义核心价值观的规范主要包括制度规范、法律规范、道德规范等；社会主义核心价值观的嵌入主要包括大众文化产品创作、生产、传播和消费过程的嵌入。引领机制、规范机制和嵌入机制是社会主义核心价值观主导大众文化发展的三个机制，也是社会主义核心价值观主导大众文化的三个基本路径。从宏观、中观、微观三个不同层面实现社会主义核心价值观对大众文化的主导是本书研究的重点和创新点，也是难点。大众文化是一个开放的文化场域，渗透到日常生活的方方面面，是日常生活的反映方式，大众文化产品和大众文化服务的种类丰富多彩，实现社会主义核心价值观对大众文化的科学合理引导不仅是一个理论问题，而且是一个现实问题，理论与现实的紧密结合是本书的意义所在。

　　西方大众文化理论流派纷呈，增加了理论的甄别难度和研究深度；文化与价值观的关系研究历来受到价值理论研究的关注，而核心价值观与文化的关系则是需要从理论上加以研究的新内容。社会主义核心价值观是意识形态的最新表现形式。社会主义核心价值观主导作用的发挥有利于维护意识形态主导性，是暗线，社会主义核心价值观引领文化发展是明线，两条线索相互呼应是一本研究的创新点。我国大众文化与西方大众文化产生的历史背景、内蕴的价值取向有很大不同，通过梳理我国大众文化价值取向的历史嬗变过程，可以看清我国当代大众文化发展的历史方位，这样才能提供有针对性的主导策略。主导性研究是思想政治教育领域的一个重要理论，对核心价值观的主导性进行剖析，提出引领、规范、嵌入三个不同的下位概念，是在深入研究大众文化、核心价值观、主导性等理论基础上的提升。

由于个人的理论基础和学术视野有限，关于核心价值观主导大众文化的理论研究还有待加强。只有从哲学、文艺学、美学、传播学、政治学、思想政治教育学等多学科加以系统研究，才能为大众文化的核心价值观主导研究提供科学合理的理论基础。在互联网背景下，大众文化出现了互动性、及时性、交替性、虚拟性等新特点，个性化的价值取向更加突出，社会主义核心价值观主导网络大众文化的发展是本研究未来的重点和难点，还有待继续深入。同时，大众文化在发展过程中出现了许多典型的个案，进行典型个案分析，有利于在总结典型的基础上深化社会主义核心价值观主导大众文化研究，因此，应该分析先进的大众文化典型，对典型的经验进行总结和提炼，从而促进文化产业的繁荣和发展。

参考文献

经典文献:

1. 马克思恩格斯全集: 第1卷 [M]. 北京: 人民出版社, 1995.

2. 马克思恩格斯全集: 第2卷 [M]. 北京: 人民出版社, 1957.

3. 马克思恩格斯全集: 第3卷 [M]. 北京: 人民出版社, 1960.

4. 马克思恩格斯全集: 第23卷 [M]. 北京: 人民出版社, 1972.

5. 马克思恩格斯全集: 第31卷 [M]. 北京: 人民出版社, 1998.

6. 马克思恩格斯全集: 第46卷上册 [M]. 北京: 人民出版社, 1979.

7. 马克思恩格斯文集: 第1-10卷 [M]. 北京: 人民出版社, 2009.

8. 马克思恩格斯选集: 第1-4卷 [M]. 北京: 人民出版社, 2012.

9. 马克思剩余价值论: 第1卷 [M]. 北京: 人民出版社, 1975.

10. 列宁选集: 第1-2卷 [M]. 北京: 人民出版社, 1995.

11. 列宁专题文集: 论无产阶级政党 [M]. 北京: 人民出版社, 2009.

12. 毛泽东著作选读: 下册 [M]. 北京: 人民出版社, 1986.

13. 邓小平文选: 第2卷 [M]. 北京: 人民出版社, 1994.

14. 邓小平文选: 第3卷 [M]. 北京: 人民出版社, 1993.

15. 习近平谈治国理政 [M]. 北京: 外文出版社, 2014.

16. 十五大以来重要文献选编: 上 [M]. 北京: 人民出版社, 2000.

17. 十六大以来重要文献选编: 上 [G]. 北京: 中央文献出版社, 2005.

18. 十六大以来重要文献选编: 下 [G]. 北京: 中央文献出版社, 2008.

19. 十八大报告辅导读本 [M]. 北京: 人民出版社, 2012.

学术著作：

1. 郑永廷．现代思想道德教育理论与方法［M］．广州：广东高等教育出版社，2000．

2. 郑永廷，叶启绩，郭文亮，等．社会主义意识形态研究［M］．广州：中山大学出版社，1999．

3. 郑永廷，等．人的现代化的理论与实践［M］．北京：人民出版社，2006．

4. 郑永廷，江传月．主导德育论：大学生思想政治教育一元主导与多样发展研究［M］．北京：人民出版社，2008．

5. 李萍．现代道德教育论［M］．广州：广东人民出版社，2001．

6. 李辉．现代思想政治教育环境研究［M］．广州：广东人民出版社，2005．

7. 李辉，等．大学生环境适应优化理论与方法［M］．北京：人民出版社，2010．

8. 王仕民．德育功能论［M］．广州：中山大学出版社，2005．

9. 王仕民．德育文化论［M］．广州：中山大学出版社，2007．

10. 詹小美．民族精神论［M］．广州：中山大学出版社，2007．

11. 詹小美．民族文化认同论［M］．北京：人民出版社，2014．

12. 王丽荣．当代中日道德教育比较研究［M］．广州：广东人民出版社，2007．

13. 艾思奇．辩证唯物主义 历史唯物主义［M］．北京：人民出版社，1978．

14. 钱均鹏．治国方略［M］．北京：当代中国出版社，2014．

15. 陈奔．美国个人主义的历史变迁［M］．厦门：厦门大学出版社，2012．

16. 陈刚．大众文化与当代乌托邦［M］．北京：作家出版社，1996．

17. 陈国强．简明文化人类学词典［M］．杭州：浙江人民出版社，1990.

18. 陈先达，等．坚持马克思主义在意识形态领域指导地位研究［M］．北京：经济科学出版社，2015.

19. 崔世广．日本现代化过程中的文化变革与文化建设研究［M］．石家庄：河北人民出版社，2009.

20. 范玉刚．道可道非：关于文化价值的祈想［M］．北京：人民日报出版社，2011.

21. 费孝通．乡土中国［M］．北京：人民出版社，2008.

22. 冯契．哲学大辞典［M］．上海：上海辞书出版社，1992.

23. 傅泽．文化想象与人文批评　市场逻辑下的中国大众文化发展研究［M］．北京：中国传媒大学出版社，2007.

24. 高清海．文史哲百科辞典［M］．长春：吉林大学出版社，1988.

25. 郭庆光．传播学教程［M］．北京：中国人民大学出版社，1999.

26. 郭学德．法理学教程［M］．北京：九州出版社，2007.

27. 郭镇之．全球文化间传播［M］．北京：北京广播学院出版社，2004.

28. 翰林辞书编写组．现代汉语大词典［M］．南昌：江西教育出版社，2013.

29. 杭之．一苇集［M］．北京：生活·读书·新知三联书店，1991.

30. 何萍．文化哲学：认识与评价［M］．武汉：武汉大学出版社，2010.

31. 黄亮宜．社会主义义利观：面向21世纪的价值选择［M］．郑州：河南人民出版社，2001.

32. 惠敏．当代美国大众文化的历史解读［M］．济南：齐鲁书社，2009.

33. 季羡林．东方文化集成［M］．北京：光明日报出版社，1997.

34. 江畅．理论伦理学［M］．武汉：湖北人民出版社，2000.

35. 江畅．论价值观与价值文化［M］．北京：科学出版社，2014.

36. 姜华. 大众文化理论的后现代转向 [M]. 北京：人民出版社，2006.

37. 姜键. 当代中国基本政治遵循与主导价值取向研究 [M]. 北京：人民出版社，2009.

38. 金炳华. 马克思主义哲学大辞典 [M]. 上海：上海辞书出版社，2003.

39. 金民卿. 大众文化论——当代中国大众文化分析 [M]. 北京：中共中央党校出版社，2002.

40. 康绍邦，胡尔湖. 新编社会主义辞典 [M]. 北京：中国广播电视出版社，1991.

41. 李德顺. 价值论——一种主体性的研究 [M]. 北京：中国人民大学出版社，2013.

42. 李德顺. 价值学大词典 [M]. 北京：中国人民大学出版社，1995.

43. 李建华，等. 多元文化时代的价值引领——社会主义核心价值体系建设与社会思潮有效引领研究 [M]. 北京：人民出版社，2012.

44. 李西建. 重塑人性：大众审美中的人性嬗变 [M]. 武汉：湖北人民出版社，1998.

45. 李鑫生，蒋宝德. 人类学辞典 [M]. 北京：华艺出版社，1990.

46. 李忠尚. 软科学大辞典 [M]. 沈阳：辽宁人民出版社，1989.

47. 栗劲，李放. 中华实用法学大辞典 [M]. 长春：吉林大学出版社，1988.

48. 梁鸿. 新启蒙话语建构：受活与 1990 年代以来的文学和社会 [M]. 北京：中国社会科学出版社，2012.

49. 廖盖隆，等. 马克思主义百科要览：下卷 [M]. 北京：人民日报出版社，1993.

50. 廖小平. 价值观变迁与核心价值体系的解构和建构 [M]. 北京：中国社会科学出版社，2013.

51. 林立树. 美国文化史 [M]. 北京：中央编译出版社，2014.

52. 刘炳瑛．马克思主义原理辞典［M］．杭州：浙江人民出版社，1988.

53. 刘建明，张明根．应用写作大百科［M］．北京：中央民族大学出版社，1994.

54. 刘同舫．理想与现实之间的人类解放境界［M］．北京：人民出版社，2013.

55. 刘延勃，张弓长，等．哲学辞典［M］．长春：吉林人民出版社，1983.

56. 刘自雄、闫玉刚．大众文化通论：第二版［M］．北京：中国广播电视出版社，2013.

57. 娄贵书．武士道与日本现代社会的价值理想［M］．北京：中国社会科学出版社，2014.

58. 陆扬，王毅．大众文化与传媒［M］．上海：上海三联书店，2000.

59. 陆扬．大众文化理论［M］．修订版．上海：复旦大学出版社，2008.

60. 罗国杰，宋希仁．中国伦理学百科全书·西方伦理思想史卷［M］．长春：吉林人民出版社，1993.

61. 罗国杰，于本源．中国伦理学百科全书·宗教伦理学卷［M］．长春：吉林人民出版社，1993.

62. 罗国杰．马克思主义价值观研究［M］．北京：人民出版社，2013.

63. 罗国杰．中国伦理学百科全书·伦理学原理卷［M］．长春：吉林人民出版社，1993.

64. 罗荣渠．各国现代化比较研究［M］．西安：陕西人民出版社，1993.

65. 马俊峰．马克思主义价值理论研究［M］．北京：北京师范大学出版社，2012.

66. 孟繁华．众神狂欢：当代中国的文化冲突问题［M］．北京：今日中国出版社，1997.

67. 莫林虎，等．大众文化新论［M］．北京：清华大学出版社，2011.

68. 南帆．文学理论 新读本［M］．杭州：浙江文艺出版社，2002.

69. 潘琦．邓小平大辞典［M］．南宁：广西人民出版社，1998.

70. 潘玉腾．推进社会主义核心价值体系大众化研究［M］．北京：社会科学文献出版社，2012.

71. 潘知常，林玮．大众传媒与大众文化［M］．上海：上海人民出版社，2002.

72. 潘知常．美学的边缘：在阐释中理解当代审美观念［M］．上海：上海人民出版社，1998.

73. 庞元正，丁冬红．当代西方社会发展理论新词典［M］．长春：吉林人民出版社，2001.

74. 彭怀祖，姜朝晖，成云雷．榜样论［M］．北京：人民出版社，2002.

75. 任超奇．新华汉语词典［M］．武汉：崇文书局，2006.

76. 任继愈．宗教大辞典［M］．上海：上海辞书出版社，1998.

77. 阮智富，郭忠新．现代汉语大词典：上册［M］．上海：上海辞书出版社，2009.

78. 阮智富，郭忠新．现代汉语大词典：下册［M］．上海：上海辞书出版社，2009.

79. 石书臣．现代思想政治教育主导性研究［M］．上海：学林出版社，2004.

80. 石书臣，等．主导论：多元文化背景下的高校德育主导性研究［M］．北京：人民出版社，2011.

81. 司马云杰．文化价值论：关于文化建构价值意识的学说［M］．西安：陕西人民出版社，2003.

82. 司马云杰．文化价值哲学［M］．济南：山东人民出版社，1990.

83. 宋希仁，陈劳志，赵仁光．伦理学大辞典［M］．长春：吉林人民出版社，1989.

84. 宋希仁. 西方伦理思想史［M］. 北京：中国人民大学出版社，2010.

85. 孙鼎国，王杰. 西方思想 3000 年·中［M］. 北京：九州图书出版社，1998.

86. 孙有中，等. 美国文化产业［M］. 北京：外语教学与研究出版社，2007.

87. 陶东风. 当代大众文化价值观研究：社会主义与大众文化［M］. 沈阳：辽宁教育出版社，2014.

88. 万峰. 日本近代史［M］. 北京：中国社会科学出版社，1978.

89. 万资姿. 符号与文化创造［M］. 北京：中国社会科学出版社，2011.

90. 王恩铭. 美国文化史纲［M］. 上海：上海外语教育出版社，2015.

91. 王建成，郭幼茂，等. 社会主义核心价值观五讲［M］. 南京：江苏教育出版社，2012.

92. 王宁. 消费社会学：一个分析的视角［M］. 北京：社会科学文献出版社，2001.

93. 王世伟，惠志斌. 信息安全辞典［M］. 上海：上海辞书出版社，2013.

94. 王一川. 大众文化导论［M］. 北京：高等教育出版社，2004.

95. 王岳川. 后殖民主义与新历史主义文论［M］. 济南：山东教育出版社，2001.

96. 王岳川. 中国镜像［M］. 北京：中央编译出版社. 2001.

97. 王岳川. 后现代主义文化研究［M］. 北京：北京大学出版社，1992.

98. 王岳川. 后现代主义文化与美学［M］. 北京：北京大学出版社，1992.

99. 王征国. 三维文化观：中国社会主义新文化观研究［M］. 北京：中国言实出版社，2014.

100. 韦建桦. 列宁专题文集: 论无产阶级政党 [M]. 北京: 人民出版社, 2009.

101. 吴世彩. 大众文化的和谐价值 [M]. 北京: 中央编译出版社, 2008.

102. 吴育林, 等. 当代中国价值问题与价值重建 [M]. 北京: 人民出版社, 2014.

103. 武心波. "一元" 与 "二元" 的历史变奏: 对日本 "国家主义" 的再认识 [M]. 上海: 上海三联书店, 2008.

104. 现代汉语辞海编委会. 现代汉语辞海 [M]. 最新修订版. 北京: 中国书籍出版社, 2011.

105. 徐海波. 意识形态与大众文化 [M]. 北京: 人民出版社, 2009.

106. 徐少锦, 温克勤. 伦理百科辞典 [M]. 北京: 中国广播电视出版社, 1999.

107. 徐四海, 辛锐. 实用古汉语字典 [M]. 南京: 东南大学出版社, 2004.

108. 颜海, 苏娴, 熊晓亮. 文化产业概论 [M]. 北京: 北京大学出版社, 2014.

109. 杨振斌. 思想政治教育新探索 [M]. 北京: 中国社会科学出版社, 2013.

110. 叶虎. 大众文化与媒介传播 [M]. 上海: 学林出版社, 2008.

111. 叶渭渠. 日本文化通史 [M]. 北京: 北京大学出版社, 2010.

112. 叶志良. 大众文化 [M]. 上海: 上海文艺出版社, 2003.

113. 衣俊卿. 现代化与日常生活批判 [M]. 哈尔滨: 黑龙江教育出版社, 1994.

114. 衣俊卿, 等. 20 世纪的新马克思主义 [M]. 北京: 中央编译出版社, 2001.

115. 衣俊卿. 文化哲学 [M]. 昆明: 云南人民出版社, 2001.

116. 衣俊卿, 等. 20 世纪的文化批判 [M]. 北京: 中央编译出版社, 2003.

117. 俞吾金．意识形态论［M］．修订版．北京：人民出版社，2009．

118. 袁贵仁．价值观的理论与实践：价值观若干问题的思考［M］．北京：北京师范大学出版社，2013．

119. 张凤阳．现代性的谱系［M］．南京：江苏人民出版社，2011．

120. 张文显．法理学［M］．北京：高等教育出版社，1999．

121. 张艳国．中国特色社会主义理论与实践概论［M］．修订版．武汉：华中师范大学出版社，2014．

122. 张耀灿，陈万柏．思想政治教育学原理［M］．北京：高等教育出版社，2001．

123. 张耀灿，郑永廷，吴潜涛，等．现代思想政治教育学［M］．北京：人民出版社，2006．

124. 张贞．"日常生活"与中国大众文化研究［M］．武汉：华中师范大学出版社，2008．

125. 赵德宇，等．日本近现代文化史［M］．北京：世界知识出版社，2010．

126. 郑祥福，叶晖，陈来仪，等．大众文化的消费问题研究［M］．北京：中国社会科学出版社，2008．

127. 中国百科大辞典编委会．中国百科大辞典［M］．北京：华夏出版社，1990．

128. 中国共产党第十七届中央委员会第六次全体会议文件汇编［M］．北京：人民出版社，2011．

129. 中宣部文化体制改革和发展办公室，文化部对外文化联络局．国际文化发展报告［M］．北京：商务印书馆，2005．

130. 周文华．美国核心价值观建设及启示［M］．北京：知识产权出版社，2014．

131. 朱贻庭．伦理学大辞典［M］．上海：上海辞书出版社，2002．

132. 朱永涛．美国价值观——一个中国学者的探讨［M］．北京：外语教学与研究出版社，2002．

133. 马克斯·霍克海默，西奥多·阿多诺. 启蒙辩证法［M］. 渠敬东，曹卫东，译. 上海：上海人民出版社，2020.

134. 霍克海默. 霍克海默集［M］. 曹卫东编选，渠东，付德根，等译. 上海：上海远东出版社，1997.

135. 马丁·海德格尔. 海德格尔选集：下卷［M］. 孙周兴，选编. 上海：上海三联书店，1996.

136. 马克斯·韦伯. 新教伦理与资本主义精神［M］. 李修建，张云江，译. 南昌：江西教育出版社，2014.

137. 鲍德里亚. 消费社会的神话与结构［M］. 今村仁司，冢原史，译. 东京：伊纪国屋书店，1979.

138. 鲍德里亚. 消费社会［M］. 刘成富，全志钢，译. 南京：南京大学出版社，2006.

139. 福柯著. 权利的眼睛：福柯访谈录［M］. 严锋，译. 上海：上海人民出版社，1997.

140. 孟德斯鸠. 论法的精神：上册［M］. 张雁深，译. 北京：商务印书馆，2005.

141. 让—弗朗索瓦·利奥塔尔. 后现代状况：关于知识的报告［M］. 车槿山，译. 南京：南京大学出版社，1997.

142. 埃里克·麦克卢汉，弗兰克·秦格龙. 麦克卢汉精粹［M］. 何道宽，译. 南京：南京大学出版社，2000.

143. 阿格尼丝·赫勒. 现代性理论［M］. 李瑞华，译. 北京：商务印书馆，2005.

144. 贝拉. 德川宗教：现代日本的文化渊源［M］. 王晓山，戴茸，译. 北京：生活·读书·新知三联书店，1998.

145. 大卫·雷·格里芬编. 后现代精神［M］. 王成兵，译. 北京：中央编译出版社，1998.

146. 丹尼尔·贝尔. 资本主义文化矛盾［M］. 赵一凡，蒲隆，任晓晋，译. 北京：生活·读书·新知三联书店，1989.

147. 道格拉斯·凯尔纳. 媒体文化——介于现代与后现代之间的文化研究、认同性与政治 [M]. 丁宁, 译. 北京: 商务印书馆, 2013.

148. 弗雷德里克·詹姆逊. 后现代主义与文化理论: 弗·詹姆逊教授讲演录 [M]. 唐小兵, 译. 西安: 陕西师范大学出版社, 1987.

149. 哈德罗·拉斯韦尔. 社会传播的结构与功能 [M]. 何道宽, 译. 北京: 中国传媒大学出版社, 2013.

150. 赫伯特·马尔库塞著. 单向度的人 [M]. 张峰, 译. 重庆: 重庆出版社, 1988.

151. 露丝·本尼迪克特. 文化模式 [M]. 王炜, 等译. 北京: 生活·读书·新知三联书店, 1988.

152. 罗伯特·贝拉. 心灵的习性: 美国个人生活中的个人主义和公共责任 [M]. 周穗明, 翁寒松, 译. 北京: 中国社会科学出版社, 2011.

153. 罗兰·罗伯森. 全球化——社会理论和全球文化 [M]. 梁光严, 译. 上海: 上海人民出版社, 2000.

154. 马尔库塞. 单向度的人: 发达工业社会意识形态研究 [M]. 刘继, 译. 上海: 上海译文出版社, 2006.

155. 尼尔·波斯曼. 技术垄断: 文化向技术投降 [M]. 何道宽, 译. 北京: 北京大学出版社, 2007.

156. 塔尔科特·帕森斯. 社会行动的结构 [M]. 张明德等, 译. 南京: 译林出版社, 2003.

157. 塞缪尔·亨廷顿, 劳伦斯·哈里森主编. 文化的重要作用: 价值观如何影响人类进步 [M]. 程克雄, 译. 北京: 新华出版社, 2013.

158. 汤姆·L·彼彻姆著. 哲学的伦理学 [M]. 雷克勤等, 译. 北京: 中国社会科学出版社, 1990.

159. 约翰·费斯克. 理解大众文化 [M]. 王晓珏, 宋伟杰, 译. 北京: 中央编译出版社, 2001.

160. 约翰·费斯克, 等. 关键概念: 传播与文化研究辞典 [M]. 李彬, 译. 北京: 新华出版社, 2004.

161. 约瑟夫·奈. 软力量：世界政坛成功之道 [M]. 吴晓辉，钱程，译. 北京：东方出版社，2005.

162. 福地重孝. 士族和士族意识 [M]. 春秋社，1956.

163. 高桥富雄. 武士道的历史：第 3 卷 [M]. 东京：新人物往来社，1986.

164. 高桥龟吉. 战后日本经济跃进的根本原因 [M]. 宋绍英，等译. 沈阳：辽宁人民出版社，1984.

165. 堺屋太一. 日本是什么 [M]. 东京：讲谈社，1992.

166. 鹈饲正树，永井良和，藤本宪一. 战后日本大众文化 [M]. 苑崇利，史兆红，秦燕春，译. 北京：社会科学文献出版社，2010.

167. 竹村民郎. 大正文化：帝国日本的乌托邦时代 [M]. 欧阳晓，译. 上海：上海三联书店，2015.

168. 斯拉沃热·齐泽克. 意识形态的崇高客体 [M]. 季广茂，译. 北京：中央编译出版社，2002.

169. 阿格妮丝·赫勒. 日常生活 [M]. 衣俊卿，译. 重庆：重庆出版社，1990.

170. 安东尼奥·葛兰西. 葛兰西论文学 [M]. 吕同六，译. 北京：人民出版社，1983.

171. 安东尼奥·葛兰西. 狱中札记 [M]. 曹雷雨，等译. 郑州：河南大学出版社，2014.

172. 安东尼·吉登斯. 失控的世界：全球化如何重塑我们的生活 [M]. 周红云，译. 南昌：江西人民出版社，2001.

173. 戴维·英格利斯. 文化与日常生活 [M]. 张秋月，周雷亚，译. 北京：中央编译出版社，2010.

174. 雷蒙德·威廉姆斯. 文化与社会 [M]. 吴松江，张文定，译. 北京：北京大学出版社，1991.

175. 迈克·费瑟斯通. 消费文化与后现代主义 [M]. 刘精明，译. 南京：译林出版社，2000.

176. 汤林森. 文化帝国主义 [M]. 冯建三, 译. 上海：上海人民出版社, 1999.

177. 特里·伊格尔顿. 马克思为什么是对的 [M]. 李杨, 任文科, 郑义, 译. 北京：新星出版社, 2011.

178. 约翰·B. 汤普森. 意识形态与现代文化 [M]. 高铦, 等译. 南京：译林出版社, 2012.

179. 约翰·斯道雷. 文化理论与大众文化导论 [M]. 常江, 译. 北京：北京大学出版社, 2010.

期刊论文：

1. 胡锦涛. 坚定不移沿着中国特色社会主义道路前进 为全面建成小康社会而奋斗——在中国共产党第十八次全国代表大会上的报告 [J]. 求是, 2012 (22).

2. 习近平. 青年要自觉践行社会主义核心价值观——在北京大学师生座谈会上的讲话 [J]. 中国高等教育, 2014 (10).

3. 习近平. 使社会主义核心价值观的影响像空气一样无所不在 [J]. 党史纵横, 2014 (3).

4. 习近平. 中共中央关于制定国民经济和社会发展第十三个五年规划的建议 [J]. 新长征, 2015 (12).

5. 中共中央关于构建社会主义和谐社会若干重大问题的决定 [J]. 求是, 2006 (20).

6. 李辉. "以文化人" 的价值论思考 [J]. 思想教育研究, 2015 (11).

7. 李辉. 社会主义核心价值观嵌入文化产品探析 [J]. 社会主义核心价值观研究, 2016 (1).

8. 任美慧, 李辉. 传统文化涵养中国梦的实践逻辑 [J]. 广西社会科学, 2015 (12).

9. 陈秉公. 论国家核心价值体系 "高势位" 建设的目标诉求与方针

[J]．思想政治教育研究，2012（5）．

10．陈立旭．二十年中国大众文化回眸：下［J］．观察与思考，1999（3）．

11．陈立旭．论文化产品的社会效益和经济效益［J］．中国社会科学，1998（5）．

12．陈立旭．新时期大众文化审视［J］．中共浙江省委党校学报，1999（2）．

13．戴木才，田海舰．论社会主义核心价值体系与核心价值观［J］．中国党政干部论坛，2007（2）．

14．邓卓明，税强．论引领社会思潮的五大路径［J］．马克思主义研究，2014（5）．

15．杜汝楫．马克思主义论事实的认识和价值的认识及其联系［J］．学术月刊，1980（10）．

16．范玉刚．"大众"概念的流动性与大众文化语义的悖论性［J］．人文杂志，2011（1）．

17．范玉刚．当下语境中的"大众"与"大众文化"［J］．中共中央党校学报，2007（3）．

18．冯立刚，邓建兴．社会主义核心价值体系引领大众文化的方式与机制［J］．大庆师范学院学报，2013（4）．

19．高书生．文化再生产论——兼论文化和经济融合［J］．行政管理改革，2011（7）．

20．高兆明．当代中国价值构建中的方法论问题［J］．江海学刊，1997（6）．

21．虢美妮．社会主义核心价值观引领网络文化发展研究［J］．新疆师范大学学报（哲学社会科学版），2013（5）．

22．韩民青．以物质文明建设为基础，以精神文明建设为主导［J］．道德与文明，1996（4）．

23．韩震．现代性与认同问题的思考［J］．学习与探索，2004（6）．

24. 韩震. 大众传媒、大众文化与民族文化认同 [J]. 马克思主义与现实，2010 (4).

25. 韩震. 西方核心价值观有何不同 [J]. 求是，2014 (2).

26. 韩震. 兴国之魂：论推进社会主义核心价值体系建设 [J]. 求是，2012 (13).

27. 和磊. 论当代中国大众文化价值虚无主义的取向路径 [J]. 当代文坛，2015 (3).

28. 胡国胜. 革命与象征：民主革命时期"列宁符号"的建构与传播 [J]. 党史研究与教学，2012 (3).

29. 胡晶晶，葛涛安. 以社会主义核心价值体系引导文化产品的创作 [J]. 求实. 2012 (3).

30. 胡伟. 中国的民主政治发展应有顶层设计 [J]. 探索与争鸣，2013 (2).

31. 黄春. 核心价值观引领当下中国社会思潮的路径探析 [J]. 学习论坛，2015 (8).

32. 江涛. 新发展方式与社会主义文化价值体系的调适 [J]. 中共中央党校学报，1999 (2).

33. 蒋磊，赵卫东. "当代中国大众文化价值取向"研讨会综述 [J]. 文艺研究，2011 (10).

34. 金奇. 思想政治教育的嵌入式存在：基于嵌入理论的视角 [J]. 现代教育科学，2012 (11).

35. 李普涛. 以媒介为核心的中国新世纪文化缺陷及发展方向定位 [J]. 中州学刊，2005 (3).

36. 李新家. 关于文化经济的几个理论问题 [J]. 思想战线，2006 (1).

37. 廖小平. 改革开放以来我国价值观变迁的基本特征和主要原因 [J]. 科学社会主义，2006 (1).

38. 刘怀光. 流行文化及其对经典文化表达方式的颠覆——现代流行

文化的后现代意义［J］．理论导刊，2008（6）．

39. 刘建军．中国文化产品评价体系探讨［J］．学术论坛，2012（2）．

40. 刘孝友．"意识形态"内涵六辨［J］．当代世界与社会主义，2011（6）．

41. 陆静．文化产品实现社会主义核心价值体系的科学机理［J］．理论月刊，2012（9）．

42. 罗祎璠．如何有效组织实施榜样教育［J］．新课程学习，2011（5）．

43. 马大康．新理性精神：文学的立身之本——兼论理性与感性生命的关系［J］．东方丛刊，2004（1）．

44. 邱仁富．培育社会主义核心价值观的问题意识［J］．毛泽东思想研究，2015（2）．

45. 邵建．媒体时代、道德失序、话语重构？［J］．艺术百家，2006（4）．

46. 沈壮海．文化：力量与较量［J］．理论月刊，2008（5）．

47. 石书臣．思想政治教育主导性概念的界定与内涵［J］．学校党建与思想教育，2004（7）．

48. 孙春晨．符号消费与身份伦理［J］．道德与文明，2008（1）．

49. 孙立平．定型——节选自《90年代以来中国社会结构演变的新趋势》［J］．南风窗，2003（6）．

50. 孙美堂．从价值到文化价值——文化价值的学科意义与现实意义［J］．学术研究，2005（7）．

51. 孙伟平．关于社会主义核心价值观的几点思考［J］．山东社会科学，2015（2）．

52. 陶东风．从两种世俗化视角看当代中国大众文化［J］．中国文学研究，2014（2）．

53. 陶东风．改善文化治理的制度环境［J］．探索与争鸣，2014（5）．

54. 陶东风．核心价值体系与大众文化的有机融合［J］．文艺研究，2012（4）．

55. 滕威. 书写中产阶级与中产阶级的自我书写——关于 1998 年中国文化市场"隐私热"现象的报告 [J]. 上海文学，2000（4）.

56. 王迎新，平章起. 论消费社会大众文化的意识形态渗透 [J]. 广西社会科学，2014（8）.

57. 王莹. 关于精神文化产品的哲学思考 [J]. 学术探索，2012（8）.

58. 吴华. 论电子是那个无信息流的意义表达缺失 [J]. 内蒙古科技与经济，2009（12）.

59. 吴倬，孟宪东. 论社会主导价值观和个性化价值意识 [J]. 清华大学学报（哲学社会科学版），2004（1）.

60. 谢嘉，刘云章. 对文化产品精神价值的思考 [J]. 人民论坛，2011（32）.

61. 谢敏. 新媒体环境下中国文化价值理念国际传播要素分析 [J]. 新媒体研究，2015（11）.

62. 邢建昌. 大众文化的发展与中国美学的转型 [J]. 文学前沿，2001（1）.

63. 徐志远. 主导性与多样性：现代思想政治教育学的重要对偶范畴 [J]. 探索，2008（1）.

64. 杨建义. 论社会主义核心价值体系的文化属性和建设路径 [J]. 福建师范大学学报（哲学社会科学版），2008（1）.

65. 杨玉波，李备友，李守伟. 嵌入性理论研究综述：基于普遍联系的视角 [J]. 山东社会科学，2014（3）.

66. 尹学龙. 美国大众文化的特点及其对北京城市文化建设的启示 [J]. 道德与文明，2013（6）.

67. 张利华. 试析中国特色社会主义核心价值体系的结构与内涵 [J]. 中国特色社会主义研究，2007（4）.

68. 张怡. 葛兰西的文化政治思想 [J]. 外国文学，2000（4）.

69. 赵萍. 社会主义核心价值观嵌入思政教育研究：基于嵌入性理论的视角 [J]. 北京教育（高教版），2015（7）.

70. 朱健. 改革顶层设计的三道必答题 [J]. 领导之友, 2011 (6).

71. 邹广文, 宁全荣. 当代中国文化形态及其走向 [J]. 北京行政学院学报, 2012 (4).

72. 邹广文. 社会转型期的大众文化定位 [J]. 吉林大学社会科学学报, 1998 (6).

学位论文：

1. 安静. 大众文化消费背景下我国图书传播的变化与发展 [D]. 长春: 吉林大学, 2005.

2. 陈承新. 论当代中国政治意识引导 [D]. 北京: 中共中央党校, 2012.

3. 陈艳. 从国际交流基金看日本文化外交 [D]. 天津: 南开大学, 2007.

4. 代海燕. 法兰克福学派大众文化批判理论的反思 [D]. 青岛: 中国石油大学, 2008.

5. 范海兰. 詹姆逊的后现代主义大众文化观 [D]. 长沙: 湖南师范大学, 2008.

6. 李炜. 中国大众文化叙事研究 [D]. 武汉: 华中师范大学, 2008.

7. 刘述清. 《喜羊羊与灰太狼》文化产业链研究 [D]. 广州: 暨南大学, 2013.

8. 刘友女. 意识形态结构视域中国主导意识形态问题研究 [D]. 上海: 华东师范大学, 2012.

9. 刘中望. 快感、权力、意义——论约翰·菲斯克的大众文化理论 [D]. 湘潭: 湘潭大学, 2005.

10. 齐仁庆. 中国文化产业发展的价值取向问题研究 [D]. 长春: 东北师范大学, 2012.

11. 山小琪. 大众文化批判的批判 [D]. 西安: 陕西师范大学, 2002.

12. 唐江南. 斯拉沃热·齐泽克的大众文化理论 [D]. 湘潭: 湘潭大学, 2013.

13. 王冠伟. 大众文化到消费文化："神话"向世俗化的转向［D］. 哈尔滨：黑龙江大学，2005.

14. 王迎新. 大众文化的意识形态功能研究［D］. 天津：南开大学，2013.

15. 王正祥. 从"生活世界"看哈贝马斯大众文化思想［D］. 苏州：苏州大学，2004.

16. 姚远. 当下流行美剧的价值传播及其影响研究［D］. 北京：中央民族大学，2012.

17. 袁文斌. 当代中国榜样教育研究［D］. 石家庄：河北师范大学，2010.

报纸文章：

1. 胡锦涛. 高举中国特色社会主义伟大旗帜，为夺取全面建设小康社会新胜利而奋斗［N］. 人民日报，2007 - 10 - 16.

2. 习近平. 把培育和弘扬社会主义核心价值观作为凝魂聚气强基固本的基础工程［N］. 人民日报，2014 - 02 - 26.

3. 习近平. 建设社会主义文化强国　着力提高国家文化软实力［N］. 人民日报，2014 - 01 - 01.

4. 习近平. 习近平在省部级主要领导干部学习贯彻十八届三中全会精神全面深化改革专题研讨班开班式上发表重要讲话［N］. 人民日报，2014 - 02 - 18.

5. 习近平. 在 2015 年春节团拜会上的讲话［N］. 人民日报，2015 - 02 - 18.

6. 习近平. 在文艺工作座谈会上的讲话［N］. 人民日报，2015 - 10 - 15.

7. 习近平. 在十八届中央政治局常委与中外记者见面会上的讲话［N］. 人民日报，2012 - 11 - 16.

8. 中共中央办公厅印发关于培育和践行社会主义核心价值观的意见

［N］．人民日报，2013 – 12 – 24．

9. 中共中央关于全面深化改革若干重大问题的决定 ［N］．人民日报，2013 – 11 – 16．

10. 中共中央关于深化文化体制改革推动社会主义文化大发展大繁荣若干重大问题的决定 ［N］．人民日报，2011 – 10 – 26．

11. 李长春．切实加强对文化产品创作生产的引导　多出精品力作多出优秀人才 ［N］．人民日报，2010 – 12 – 17．

12. 李辉．培育和践行社会主义核心价值观的文化载体 ［N］．光明日报，2014 – 09 – 10．

13. 洪向华，赵磊，幸尧．多维度中的中国梦 ［N］．光明日报，2013 – 10 – 20．

14. 金元浦．定义大众文化 ［N］．中华读书报，2001 – 07 – 25．

15. 李德顺．什么是价值观 ［N］．学习时报，2001 – 06 – 11．

16. 罗剑明．"核心价值" 如何主导大众文化 ［N］．社会科学报，2007 – 6 – 21．

17. 曾庆瑞．电视剧：创作灵感消失在何处？ ［N］．中国艺术报，2011 – 08 – 10．

18. 张玉玲．既要创作 "个性化" 又要满足 "社会化" ［N］．光明日报，2011 – 03 – 31．

19. 赵周贤，刘光明．固本开新的科学指南　革弊鼎新的行动纲领——论习主席在全军政治工作会议重要讲话的意义 ［N］．光明日报，2014 – 12 – 22．

20. 周正刚．对文化地位和作用认识的新高度 ［N］．人民日报，2012 – 04 – 16．

外文文献：

1. GIDDENS A. The consequences of modernity ［M］. Cambridge：Polity Press，2003.

2. ZEITLIN I M. Ideology and the development of sociological theory [M]. 7th ed. Inglewood: Prentice Hall, 2000.

3. FISKE J. Television culture: popular pleasures and politics [M]. London: Routledge, 1987.

4. FISKE J. Understanding popular culture [M]. Boston: Unwin Hyinan. 1989.

5. CARENS J. Culture, citizenship community [M]. Oxford: Oxford University Press, 2000.

6. MCQUAIL D. Audience analysis [M]. London: Sage Publication, 1997.

7. EAGLETON T. Ideology: an introduction [M]. London: Veros, 1991.

后 记

本书为教育部高校示范马克思主义学院和优秀教学科研团队建设项目（优秀中青年思想政治理论课教师择优资助计划）"社会主义核心价值观引领网络流行文化的机制研究"（18JDSZK128）的阶段性成果。

习近平《在文艺工作座谈会上的讲话》中指出，"实现中华民族伟大复兴需要中华文化繁荣兴盛，中国精神是文艺的灵魂，要创作出无愧于时代的优秀作品，坚持以人民为中心的创作导向，加强和改进党对文艺工作的领导"。习近平总书记文艺座谈会讲话精神深刻指出了文艺与中国精神的关系，这对于研究社会主义核心价值观主导大众文化具有重要的指导意义。大众文化日益成为中国特色社会主义文化的一种重要形态，成为人们日常生活的反映形式，对人们的精神世界乃至行为方式都产生了深刻的影响。针对近些年大众文化市场出现的有文化无价值、有消遣无内涵、有市场无秩序等价值观乱象，本书以大众文化发展的价值观困境为着力点，聚焦于社会主义核心价值观主导大众文化发展的价值导向，以马克思主义意识形态主导性理论为基础，同时借鉴世界先进国家核心价值观主导大众文化发展的经验，创造性地提出社会主义核心价值观从宏观、中观、微观三个向度对大众文化进行价值引领、价值规范和价值嵌入。在研究过程中，我先后在《思想政治教育研究》《求是网》《光明网》等学术期刊和学术网站发表系列成果，论文多次被多家学术网站转载，这进一步坚定了我对核心价值观主导大众文化研究的信心和决心。由于网络大众文化发展迅速，研究过程中往往要针对新出现的文化现象、典型个案作出新的价值观预判，因此，关于社会主义核心价值观主导大众文化的研究没有结束，只是一个开端。

感谢暨南大学马克思主义学院领导对我的支持和帮助。感谢我的学术引路人李辉教授对我的悉心指导和不吝栽培，感谢师母赵洪艳老师多年来默默的鼓励和支持。感谢母校中山大学郑永廷教授、李萍教授、钟明华教授、郭文亮教授、叶启绩教授等的授课和指导，感谢母校经常开设前沿讲座、举办高端学术论坛，提供诸多与国内知名专家学者切磋交流的宝贵机会。他们精彩的讲座和学术会议发言开阔了我的理论视野，启迪了我的学术思维和学术逻辑，使我受益颇多。

谁言寸草心，报得三春晖。感谢一直默默支持我的学业和工作的父母！感谢在精神上给予我莫大支持的爱人李江林和儿子李毅卓。感谢所有关心我、鼓励我、支持我的亲朋好友，你们的关爱是我不断克服困难、不懈努力的动力支撑。

本书在编写和出版过程中，得到了暨南大学出版社姚晓莉编辑的大力支持，在此表示衷心的感谢。

2022 年 3 月

于暨南园